儿童上网之
机会与风险

KIDS ONLINE opportunities and risks for children

索尼娅·利文斯通
莱斯利·哈　登　　编著
李　　淼　　译

中国社会科学出版社

图书在版编目（CIP）数据

儿童上网之机会与风险／（荷）索尼娅等编著；李淼译．—北京：
中国社会科学出版社，2011.11

ISBN 978 - 7 - 5004 - 8465 - 3

Ⅰ．①儿…　Ⅱ．①索…②李…　Ⅲ．①互联网络 - 影响 - 儿童 -
文集　Ⅳ．①C913.5 - 53

中国版本图书馆 CIP 数据核字（2011）第 171139 号

图字：01 - 2010 - 6823 号

出版策划　任　明
特邀编辑　夏　侠
责任校对　王俊超
技术编辑　李　建

出版发行　中国社会科学出版社
社　　址　北京鼓楼西大街甲 158 号　　　　邮　编　100720
电　　话　010 - 84029450（邮购）
网　　址　http://www.csspw.cn
经　　销　新华书店
印　　刷　北京奥隆印刷厂　　　　　　　装　订　广增装订厂
版　　次　2011 年 11 月第 1 版　　　　　印　次　2011 年 11 月第 1 次印刷
开　　本　710×1000　1/16
印　　张　17　　　　　　　　　　　　　插　页　2
字　　数　247 千字
定　　价　35.00 元

目 录

第二部分　上网带来新机会吗？

第 一 章

导　言[*]

在过去的十年中，很少有问题像孩子作为网络使用先锋（他们是探索和感受互联网上的新机会的"先锋"）这样成为新闻头条、激发公众的想象力。尽管许多成年人也上网，尽管父母们做了相当大的努力来跟上他们的孩子，他们养育孩子，教育他们需要知道什么，并制定政策来确保他们的幸福；然而，似乎在大家获得网络技术的使用权后的十年间，儿童和未成年人仍生活在一个不同于成年人所熟悉的世界里。我们曾对自己的孩子有过的所有希望和恐惧也日渐带入了这个新世界，不过是带有戏剧性的新的曲解，因为新世界里的一切似乎更唾手可得。我们不必再去图书馆或靠老师获得专业知识。结识人的机会不再明显地受到时间、空间和金钱的限制。更多的人有机会参与有关地方、国家，甚至是国际事务的决定。而且多数人能找到分享自己的特殊嗜好或兴趣的志趣相投的人。这一切都超出了在十年前才成长起来的孩子们的掌控范围。而机会的扩大更为宽广，一是因为如今互联网在发达国家是司空见惯之物，二是因为一切人类生活都能在互联网上找到。

互联网引导全世界的父母、学校和政府在信息通信技术上进行投资，从而给孩子们新的机会、更开阔的视野和更好的人生机会，尽管希望很大，但占据着新闻头条的却是各种联想到的互联网相关的风险。

---

* 本章作者为索尼娅·利文斯通、莱斯利·哈登。

由于如今人类所有生活都上了网，这会包含着很多风险：恐吓、种族歧视、欺骗和最恐惧的事——性奴役。尽管以前孩子们一直以这样或那样的形式遭遇过这些危险，但是如今危险在网络世界里更无孔不入，它们轻易地越过国界，在任何时间、任何地点到达孩子们面前，它们太容易逃脱地方和国家的儿童福利和法律实施的体系。许多成年人注意到在家里，甚至在卧室里，这一系列扩大的危险出现在孩子面前时，他们的第一个本能反应就是关上电脑、禁用手机和阻止技术进步。然而，许多孩子的第一个本能反应却是耸耸肩、一笑置之并告诉担忧的成年人他们知道自己在做什么。

对许多国家的父母、教育工作者和决策者来说，摆脱这一困境业已证明是一项有吸引力而复杂的任务。这要求进行新颖的实验来了解儿童和年轻人到底在网上做什么：他们喜欢什么，他们学到了什么，他们擅长什么以及他们努力的方式。各学科的专家，如儿童发展、家庭动态、在线技术、青年文化、社会学、媒体与传播、教育和更多学科的专家，在许多国家进行了这方面研究，用多种语言发表研究论文并在许多国际会议上进行讨论。这就可能形成一段宝贵的均衡评估的时期来质疑：年轻人的在线活动真有好处吗？好处的分布合理吗？孩子们需要教育或其他形式的支持吗？就风险而言，研究已经涉及孩子们在网上遭遇的各种潜在有害的内容、交流和行为是否确实令人担心，并且如果真是这样，那么如何才能控制这些风险，并确实地把它们降到最低？

近年来，大家一致认为找不到解决在线风险的"神奇子弹"。而且，尽管简单的解决方法（信任孩子、依靠父母或关掉电脑）并不起作用，但更复杂的解决方法只有在涉及的多个利益相关方发挥各自的作用并且社会没有设定太高的期望值时才能实现。儿童心理学家会说绝对安全的童年是难以实现的，并且那并不令人向往，但是一个比较安全的童年是合理且可能的。类似的结论适用于在线技术所提供的各种机会。在此，"神奇子弹"式的解决办法是行不通的。给每个孩子提供电脑并不意味着所有孩子都会使用，也不意味着他们必然会按计划的或"被认可的"方式使用它们。再者，使用和不使用的模式由长期建立的社会期望所形成，并复制着各种熟悉的社会不平等模式。总之，政策着眼于使用权而不是经常偏离正道的使用或技能，而且让所有儿童均等受益的政策设计经常造成"富者更富"的结果。另外，如果互联网的好处将被更广泛而公平地享用，那么这要求包含多个参与方的综合解决方法，即包括课程设计者、教师培训、地方社团、儿童慈善组织、公共服务广播公司、行业合作伙伴等在内的解决方法。

通过吸取近些年的教训，为了预料未来可能发生的情况，本书对关于儿童和年轻人的当前研究、现行政策，尤其是其现行实践作了最新的描述，因为这些与互联网和在线技术有关。快速的变化给研究者、政策制定者和公众带来了特殊挑战，因为欧洲儿童已经以惊人的速度接触到了新的在线、移动通信和网络化技术（见本书附录2）。到2008年12月，欧盟27国的互联网普及率已达61%，从罗马尼亚和保加利亚的33%到荷兰与芬兰的83%（《世界互联网统计》）不等。儿童和年轻人在互联网使用上领先，因为欧盟27国中有75%的6岁至17岁的儿童使用互联网，儿童上网普及率从意大利的不到一半（45%）、希腊和塞浦路斯的约一半（都是50%）、到许多国家三分之二的儿童使用互联网并上升到英国和瑞典的91%、荷兰和丹麦的93%以及芬兰的94%（欧委会，2008）。在多数欧洲国家，家长最近也获得了数量可观的上网机会，使用互联网的家长几乎和孩子一样多。

这些变化对决策者、监控者、互联网行业和公众已经产生了紧迫的问题。最显而易见的问题是如何鼓励儿童和年轻人无论在家、学校还是其他地方获得使用权并充分利用互联网提供的各种机会：包括学习、交流、娱乐、创造、自我表达和公民参与的机会。一个更深层的问题是在鼓励儿童上网的时候，社会是否会无意识地增加儿童在日常生活中遭遇到的风险，包括遭遇暴力或浏览仇恨内容、不适宜的性内容和性接触、性骚扰、恐吓或滥用个人信息。人们也可能会相反地看这个问题，因为决策者肯定也会被问及减少在线风险的努力是否会无意间制约了儿童对互联网提供的各种有益之处的探索。针对这些及更多的问题，现在绝大多数的研究人员和决策者正在调查、辩论并以建设性的新方式发展儿童的互联网使用。对这些活动的描述是以下几章的重点，但我们首先以理论框架的形式设定一些指导原则。

一、理论框架

机会和风险在社会层面和作为个人在日常生活中所经历的事物不可分割地交织在一起。因此，在当今复杂而现代的社会中，明显却有些自相矛盾的是，利用科学和商业进步通向伟大的目标的努力，本身就产生了风险；而典型的风险是与互联网有关的风险，其他例子包括有关各种新型能源、作物和药品的风险。在思考贝克（Beck）称之为"风险社会"的时候，他认为现代生活同时包含了"威胁和从它自己造成的威胁中释放的希望"（1986/2005：183），因此，乐观主义和悲观主义的大众说法与包括互联网在内的多种形式的创新被广泛地联系在一起。然而，社会和历史变革的过程总是不可预知的，它们在世界的不同地方、不同的时间段以不同的变化形式呈现。因此，即使在欧洲内部，儿童在互联网上的遭遇在重要的方面也有所不同，这就是为什么我们在本书中要采用比较研究法。

人们在日常生活中也通常权衡一系列互相联系的机会和风险，希望建立一种有意义的生活方式、一种有价值的身份和与他人令人满意的交往。如吉登斯（Giddens）所言，目前，"自我认识被理解为机会和风险之间的一种平衡"（1991：78）。所谓的"童年研究的新社会学家"已经发展了这一想法，这表明了青少年的一项至关重要的职业任务，即有意义身份的建立，如何不再仅仅是达到目的的方法（也就是从父母处获得心理和经济独立的方法），而是成为自己的关注点和满足感的来源，这是一个要凭自身实力实现的目标（Qvortrup，1994；

James and James, 2008)。同时，年轻人专注于身份、表现方式和社会性的实验性探索，许多探索由互联网介入，而社会已经提高了对自身的新危险的意识。因此，在后现代性中，"不仅是儿童被视为'处于危险中'，而且童年制度本身也如此"（Jackson and Scott, 1999：86）。

风险研究或风险策略常独立于机会的研究或机会策略而进行，反之亦然。但是正如对互联网使用的不同方面的调查中不断发现的，这两者不能绝对地分开，一定程度上因为成年人认为是危险的（例如，见陌生人），孩子们通常看做是机会（例如，结识新朋友）。尽管如贝克所预见的那样：恰是网上机会的建立伴随着各种新风险而来，例如，要在网上表达自己，肯定要透露个人信息；而在一个社交网络上这样做，孩子们肯定为各种新的营销形式提供了资料。为了了解机会和风险之间的关系，研究必须既考虑孩子们的能动性，即他们的动机、兴趣和知识，也要考虑复杂的结构、在线和离线情况，这些因素使一些行为成为可能，却阻止了另一些行为（Giddens, 1984）。

研究提供了一些可靠的、充分的理由来赞美儿童与在线机会有关的能动性、动机和知识，但研究同时承认孩子们也有犯错的能动性，不管是无意的还是恶意的。但是，孩子们的活动是受到高度限制的，网上（通过网站、界面和服务设施的提供、建立和设计）和网下（通过学校、家庭和社区的定义和制约性角色）都受限（Livingston, 2009）。在本书中，我们采用以儿童为中心的研究方法，探索能动性和复杂结构之间的关系。这意味着要首先确定孩子们的体验、心声和行动，然后将它们置于构成社会影响（家庭、社区和文化）的同心圆中进行研究（Bronfenbrenner, 1979）。一方面，这让我们认识到孩子们对其生活中所发生之事的决定方式；另一方面，让我们认识到制度制定者的力量：那些多方利益相关者，在政策方面，对于孩子们利用互联网不一定有益。这些人包括父母、教师，不过也包括与互联网相关的服务设施和资源的提供商。没有整体结构的研究法，我们可能会陷入夸大孩子能动性的陷阱：通过对照他们被称为"数字移民"的父母和老师，把他们称之为"数字化土著"（Prensky，2001）；并因此未能充分支持他们的发展或充分地阐述他们不可避免的问题。

至今，在审视要用到的概念和思想时，我们借鉴了来自心理学、社会学或社会理论的见解。另外，我们增加了一些来自互联网和新技术的社会学研究的观点（Mansell and Silverstone，1996；MacKenzie and Wajcman，1999；Haddon，2004；Berker et al，2006）。首先是在公众和政治论述（引起开头是"互联网对……作用/影响/结果"的问题或断言）中拒绝司空见惯的技术决定论。毕竟，社会对技术创新和它在特定历史文化背景下的传播、采用和实现的过程有重大影响。因此，我们必须仔细询问这些问题，它们有关使用者和技术、新技术的社会形成和社会后果的实践之间（Lievrouw and Livingstone，2006）的动态和不可预见的关系。询问互联网可能会（或不会）怎样与众不同地提供某些社会实践的启示语言，它抓住了这样一个认识，即互联网造成某些后果正是因为它被塑造成这样（Hutchby，2001）。

与流行的说法不同，另一个贯穿整个新媒体历史、来自实证研究的见解是，很少有证据能说明互联网正彻底变革着社会、转变着童年或从根本上改变着家庭或教育。不可否认，互联网包含在社会变化的复杂过程之中，它促进了一些可能，也阻碍了一些可能。但是像互联网学习是否根本上有别于基于印刷品的学习，或者网上恐吓是否真的不同于网下恐吓这样的问题，最佳处理方法是承认新旧两种方式的共同影响。在谈到重组或者再混合媒介文本和格式，或重新配置、改进社会实践时，许多人使用前缀"再（re）"来标志这种连续性和改变的结合。

同样来自实验研究的第三个见解是，在线"虚拟"世界和离线"真实"世界之间存在着大量的连续性。因此，如今的研究正摒弃早期把"网络空间"作为一个实质上截然不同的空间（Woolgar，2002）的概念。确实，作为研究人员、政策制定者和公众，我们与互联网越熟悉，就越能意识到尽管互联网扩展并重新影响了信息和交流，但它并没有构成一个完全与离线世界脱离的虚拟世界（Orgad，2007）。离线世界里的行为，无论是社会网络、社会等级或是社会敌对的行为，通常会复制到网上并得以加强。同样，法规越来越坚持认为，凡在现实中是非法的或被约束的，在网上也是非法的并应在线上进行规范。总之，在线和离线范围内的活动和结构是互相影响的，重要的原因是两个世界里的行动者是同一个。

二、欧盟儿童在线：将原则付诸实践

这些理论怎么样才能指导实验研究呢？目前的撰稿人和他们的同事已在 2006 年至 2009 年间就一个被称为欧盟儿童在线项目的"主题网络"进行了密切的合作，它由欧洲委员会更安全网络及方案（领导人信息社会和媒介的部分）提供资金，确切地说是为了确定实验基础以通告有关欧洲儿童、年轻人和互联网的政策。来自欧洲 21 个国家的约 60 名经过挑选的是有多种形式专业知识的，研究人员组成该主题网络。它不是通过资助来进行新的实验研究，而是确定、评价和比较许多最近在全欧洲进行并正在继续的研究（见本书附表 3）。研究采用理解儿童的在线体验的方式进行，它以四个"C"开头的词为特点：以儿童为中心（child-centred）、前后相关（contextual）、可比性（comparative）和批判性（critical）。

自然，在学术、公共部门和私营机构工作的研究人员正不断地为了各种目的开展新项目，他们在每个国家或多或少地使用了一系列的方法。但是识别这一研究并跟踪新的发展情况是一项很费力的任务，尤其是在一个自世纪之交以来发展如此迅猛的领域（Livingstone，2003）。决策者也许缺乏所要求的专业知识来对现有研究的重要性进行定位、评估和解释。用一种语言进行工作的研究人员也许从不知道别人已用另一种语言发表了什么研究结果。那些有资源在一个国家委托研究的人也许从不知道在另一个国家什么被证明是有用的。出于这些原因，实验研究的专家范围和有关儿童互联网的首创活动的政策紧迫感之间需要有座桥梁。而且，如果在不同国家获得的研究结果要彼此在意义上相关，则要求进行跨国对比。因此，通过检查欧洲对儿童在安全利用互联网和网络技术中的文化、背景和风险问题的研究（国家和多国的），设计好欧盟儿童在线项目的网络来确保现有的实验证据能报告政策上的考虑事项。

首要的任务是确定和评定现有的研究，记录已进行的各种研究中的模式和偏差，检查是否有更多或不同类型的研究已在不同国家或不同组别的儿童中进行了，并在数据库中准确地描述了差别。结果是一个公众可获得的、可检索的在线数据库，它将在欧洲进行的差不多400项达到充分质量阈值的实验研究编入目录（见本书附录3）。尽管这包含了许多儿童总体的互联网访问和使用的研究，但是我们的主要兴趣是儿童的在线机会和风险。如表1.1所示，这些根据主题被分类，以第二个水平维度区分由互联网提供的三种沟通模式：一对多（儿童作为大量分散内容的接受者）；成人对儿童（儿童作为主要由成年人主导的互动情景中的参与者）；对等的模式（儿童作为互动中的行动者，他/她在其中可能是发起者或者是行动者）。

表 1.1　　　　　　　儿童在线机会和危险的分类

	内容：儿童作为接受者	联系：儿童作为参与者	行动：儿童作为行动者
机会			
教育、学习和知识	教育资源	与有共同兴趣的人接触	自我学习或合作学习
参与、公民参与	全球信息	兴趣小组间的交换	公民参与的具体形式
创造力	资源的多样性	受邀/受激发进行创造或参与	用户产生的内容创作
身份和社会联系	建议（个人/健康/性等）	社交网络，与他人分享经验	身份的表达

续表

	内容: 儿童作为接受者	联系: 儿童作为参与者	行动: 儿童作为行动者
危险			
商业的	广告、垃圾邮件和赞助式广告	跟踪/获得个人信息	赌博、非法下载和黑客
侵略性的	暴力的/可怕的/可恶的内容	被欺负/骚扰或追踪	欺负或骚扰另一个
性	黄色的/有害的色情内容	遇见陌生人、精心修饰的	创作/上传黄色资料
价值观	种族歧视者、带偏见的信息/建议（例如毒品）	自我伤害、不受欢迎的劝说	提供建议，例如，自杀/支持厌食症

　　将研究结果分类后，第二个任务是在不同类别的儿童和不同的国家中比较这些结果。为了完成这一任务，我们制定了一个以儿童的在线活动为中心的分析模型（如图1.1所示）。并且通过把更广泛的研究领域分成分析的个体层面和分析的国家层面（宏观社会的）（Hasebrink et al，2009），该模型将这些活动放进背景因素中进行研究。个体层面的分析考察了机会和风险是否因儿童的年龄、性别和社会经济地位连同关于由父母、老师和同事所扮演的介入角色的调查结果而变化，以及如何变化。基于先前研究的初始假设是：这些因素可能会在全欧洲以类似的方式影响儿童的机会和危险。然而，既然有好的理论和实验理由来预料跨国差异，那么我们制定了一个基于国家的次要分析层面来根据诸如媒体环境、信息通信技术规定等背景因素对比各国的情况，如图1.1所示，这可对在欧洲儿童的机会和风险中观察到的差异进行解释。

　　实际上，考虑到它们在方法、样本、方法论和质量方面的许多不同，直接对在线数据库所确认的大约400项独立研究的结果进行比较是不可行的。确实，欧盟儿童在线网络建立了一系列研究问题和要测

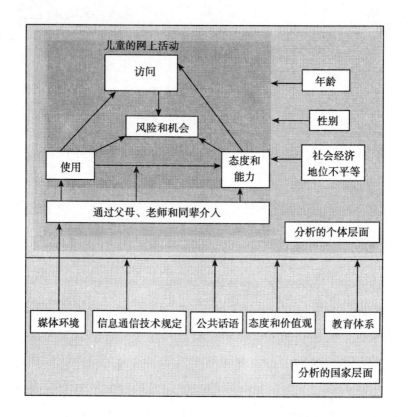

图 1.1 形成儿童网上活动的个体和国家层面因素的分析模型

试结果的假设，例如：在互联网访问中有性别差异吗？父母如何介入儿童的互联网使用？来自中产阶级家庭的孩子要比来自工人阶级家庭的孩子享有更多的上网机会吗？还有，为了判断每个国家是否有足够的证据来回答每个研究问题，支持或反驳每个假设，每个国家的研究机构都会受到来自该国的项目组成员的询问。这种方法经证明是有效的，我们以此得出了适合于现有证据的合格结论。

三、通向以证据为基础的政策

本书完成于距许多儿童和年轻人首次上网约 10 年之后。在政策界，已经率先开展了许多行动，有些取得了成功，尽管也犯了一些错误，但是较早地吸取了教训。研究确实揭示了孩子们在网上做什么。他们喜欢互联网，喜欢和朋友们保持不断的联系，并在网络世界里感到自由和安全，只要他们身边有手机。他们投入数小时进行艺术或音乐创作并和协作社区的其他人分享；知道信息总是在他们的掌控之中，并能在私下获得最个人的意见，这些让他们获得自信。而且，最简单的是，他们感谢一个巨大的娱乐来源一直对他们开放。这种开放很大程度上是公共和私营部门的政策发展所允许的，它们鼓励在家庭、工作、学校、闲暇、政府和商业活动中采用和适当利用互联网。

但是，研究也揭示了构想不周全的政策的一些失败之处。研究表明了父母们与难以理解的手册、安全指南，与被忽视在教室里未用过的电脑，与逃避成年人监督的"调皮"的孩子们，与再次处于不利境地的贫困儿童，和与面对通晓数字化的小学生，与技能过时的老师等人进行斗争的情形。今天，焦点正从专注于提高基本接入的努力转移到保证有技能或数字化知识的人充分利用互联网这个更难的任务上来。同样困难的是如何应对越来越多的在线风险的证据（Livingstone and Millwood Hargrave，2009），如国际终止童妓组织（终止儿童卖淫、儿童色情和拐卖儿童）在为联合国写的评论中说，尽管其中的许多风险对社会来说也不是什么新鲜事，但是网络环境的关键特征（日益增加的网络化和移动性，传播的便利性，形象的永久性和操纵信息及匿名和隐私条件的能力）正重新构成了儿童线上和线下的危险体验（Muir，2005；ISTTF，2008）。

数年前，教育部提倡在线机会，而司法部则为在线风险担忧。不过人们越来越意识到，既然研究和实践都表明了机会和风险之间的许多相关性，儿童在线的政策必须以彼此合作的方式进行制定。在制定这样的政策中，出现了两点共识：第一点，政策应从多方参与的对话中产生，并由多方利益主体而不是仅由政府执行；第二点，政策应该以证据为基础，牢牢地根植于儿童和家庭在各种日常环境中的体验并接受它们的检验。近些年我们已经目睹了（专为召集各参与方或多方利益主体参加的会议、政府磋商和国际事件，因为他们与互联网如何及应该赋予儿童和青少年权利又保护他们存在利害关系（偶尔，这也包括父母，直接包括儿童的情况极少）。这些并不总是轻松的活动，仍有许多问题要解决，不过国家和国际联盟都正处于发展中，而有用的政策也正在产生。要求政策基于证据会变得更复杂，因为研究结果会很快过时，而技术、宣传和介入它们的制度和儿童自己的行为都促成了变化。此外，研究议程也许与政策议程不一致，部分原因是政策议程并不总是可为研究团体所得，部分是因为研究人员寻求一种融入背景因素的复杂理解，它可能产生不了明确的政策含义。

在审视这一系列相关政策时，欧盟儿童在线网络已经确认了许多方面，它们对形成儿童与互联网密切关系的情形十分重要。一个是儿童权利①的问题，它包括电子覆盖②和平等性考虑、提供积极内容和促进创新、公民和学习的机会。意识提高也很重要，它将父母的介入以及教育和学校中互联网的角色③纳入了考虑范围。要大力鼓励有效的行业自律措施，这需要制定一系列行为规范和制度实践，它们与内容分类、年龄核实和社交网络有关；包括执法机构的运作在内的对儿童福利和儿童保

---

① 《联合国儿童权利公约》宣称儿童有权对影响他们的事物自由地表达他们的意见（第12条），通过任何由儿童选择的媒介进行表达的自由（第13条），结社与和平集会的自由（第15条），保护隐私（第16条），保护将有社会和文化利益的信息和资料传播给儿童的大众传媒，尤其是保护少数/土著群体的语言需要和保护儿童的福利不受重大损害（第17条）。

② "电子覆盖"的意思是包括一切的信息通信技术和使用它来达到更广泛的覆盖目标。它专注于信息社会方方面面中所有个人和社区的参与（http：//ec. europa. eu/information_ society/events/ict_ riga_ 2006/doc/declaration_ riga. pdf）。

③ 尤其要发展后者，欧洲委员会连续的互联网更安全方案寻求增加知识库来指导促进建立一个对欧洲的儿童和青少年更安全的上网环境。方案首创了一系列活动，将在线危害降到最低限度（通过国际网络检举热线联盟），并在父母、老师和包括儿童在内的其他利益相关人中最大程度地提高在线风险的意识（通过意识节点的内部安全网络）。

护的努力也一样要大力鼓励。另外，研究人员对推动媒体与数字化知识[①]以及隐私规则的方案越来越有兴趣，隐私规则包括了数据保护和个人信息处理。

为了阐述这些以及相关的议程，本书包含了一系列广泛的研究结果和政策，它们与互联网提供的网上机会和风险有关。迄今，许多已进行的研究主要描述了儿童活动及与互联网相关的问题。研究人员更希望能超出描述的界限，以期更直接地指导政策。在某种程度上，该研究的议程必须由决策者来告知：因为他们在决定欧盟和政府行动的方向中起了至关重要的作用，而他们反过来又依靠这些知识。例如，过滤软件或家长监督是否对儿童在网上更安全、更有效，男孩和女孩是否从互联网中同样受益，或者一个对互联网仍陌生的国家能否应用和适应有关互联网的政策（而政策是依照有着长期互联网经验的国家情况制定的）。但是，在某种程度上，研究议程必须独立于政策，因为它更广泛地利用研究人员所了解的儿童生活、教育体系、风险社会或抚养孩子过程中的文化价值观，并用这些来告知并不时地评论或改变政策议程的方向。本书中，不同的撰稿人采用不同的方法，但是我们希望随着互联网在欧洲的广泛传播，这些章节的内容能为21世纪头十年的儿童利用互联网提供一个深刻、有价值和多方面的概况。

参考文献

Aufderheide, P. (1993) *Media literacy: A report of the national leadership conference on media literacy*, Aspen, CO: Aspen Institute.

---

① 广泛地被定义为通过各种上下文，使用、分析、评价和创建信息的"能力"（Aufderheide，1993：1），这越来越被认为对儿童和成年人同样至关重要。欧盟已组成了一个媒体知识方面的专家组，而它的提高是视听媒体服务（AVMS）指令（2007年11月）所要求的，并受到欧洲理事会和联合国教科文组织的支持。

Beck, U. (1986/2005) *Risk socity: Towards a new modernity*, London: Sage Publications.

Berker, T. , Hartmann, M. , Punie, Y. and Ward, K. J. (eds) (2006) *The domestication of media and technology*, Maidenhead: Open University Press.

Bronfenbrenner, U. (1979) *The ecology of human development*, Cambridge, MA: Harvard Uneversith Press.

EC(European Commission) (2008) *Towards a safer use of the internet for children in the EU – A parents' perspective, Analyticl report*, Flash Eurobaromerer Series # 248, conducted by The Gallup Organisation, Hungary, Luxembourg: EC(http: ec. europa. eu/information_ society/activities/sip/docs/eurobarpmeter/analyticalreport_ 2008. pdf) .

Giddens, A(1984) *The constitution of society: Outline of the theory of structuration*, Cambridge: Polity.

Giddens, A. (1991) *Modernity and self-identity: Self and society in the late modern age*, Cambridge: Polity.

Haddon, L. (2004) *Information and communication technologies in everyday life: A concise introduction and research guide*, Oxford: Berg.

Hasebrink, U. , Livingstone, S. , Haddon, L. and Ólafsson, K. (2009) *Comparing children's oncine opportunities and risks across Europe: Crossnational comparisons for EU Kids Online* (2nd edn) , Lindon: London School of Economics and Political Science EU Kids Online (Deliverable D3. 2 for the EC Safer Inernet Plus Programme) .

Hutchby, I. (2001) ' Technologies, texts and affordances' , *Sociology*, vol 35, no 2: 441—56.

ISTTF(Internet Safety Technical Task Force) (2008) *Enhancing child safety and online technologies: Final Report of the ISTTF to the Multistate Working Group on Social Networking of State Attorney Generals of the United States*, Cambridge, MA: Berkman Center for Internet and Society, Harvard Unitversity (http//cyber. law. harvard. edu/node/ 4021) .

Jackson, S. and Scott, S. (1999) ' Risk anxiety and the social construction of childhood' , in D. Lupton(ed) *Risk*, Cambridge: Cambridge University Press: 86—107.

James, A. and James, A. L. (eds) (2008) *European childhoods: Cultures, politics and childhoods in Europe*, Basingstoke: Palgrave Macmillan.

Lievrouw, L. and Livingstone, S. (eds) (2006) *Handbook of new media: Social shaping and social consequences*(Updated student edn) , London: Sage Publications.

Livingstone, S. (2003) ' Children' s use of the interner: refletions on the emerging research agenda' , *New Media εSociety*, vol 5, no 2: 147—66.

Livingstone, S. (2009) *Children and the internet: Great expectations*, challenging realities, Cambridge: Polity.

Livingstone, S. and Millwood Hargrave, A. (2009) *Harm and offence in media content: A review of the empirical literature*(2nd edn) , Brisstol: Intellect.

MacKenzie, D. and Wajcman, J. (eds) (1999) *The social shaping of technology*(2nd edn) , Buckingham: Open University Press.

Mansell, R. and Silverstone, R. (eds) (1996) *Communication by design: The politics of information and communication technologies*, New York, NY: Oxford University Press.

Muir, D. (2005) *Violence against children in cyberspace: A Contribution to the United Nations study on violence against children*, Bangkok, Thailand: ECPAT International (www. ecpat. net/EI/Publications/ICT/Cyberspace_ ENG. pdf) .

Orgad, S. (2007) ' The interrelations between"online" and"offline": questions, issues and implications' , in R. Mansell, C. Avgerou, D. Quah and R. Silverstone(eds) *The Oxford handbook of information and communication techologies*, Oxford: Oxford University Press, pp. 514—36.

Prensky, M. (2001) ' Digital natives, digital immigrants' , *On the Horizon*, vol 9, no 5: 1—2.

Qvortrup, J. (1994) *Childhood matters: Social theory, practice and politics*, Avebury: Aldershot.

Woolgar, S. (2002) ' Five rules of virtuality' , in S. Woolgar(ed) *virtual society? Technology, cyberbole, reality, Oxford: Oxford University Press*: 1—22.

第一部分

研究欧洲儿童上网情况

第 二 章

我们所知和所不知的[*]

未成年人比成年人更适应未来、更灵活，并且对技术更有意识和更感兴趣（Rushkoff，1996），这并非是个新假设。在一定程度上，我们相信未成年人对诸如互联网这样的新媒体和技术较早接受和适应，主要是假定青少年对新技术有着天生的兴趣以及他们在正规教育环境中大量使用的结果（Lee，2005）。这个被塔普斯科特（Tapscott）称为"网络一代"的群体很重要，因为尽管他们很可能代表了未来，实际上又是"先锋"，但他们也构成了一个脆弱的群体，可能处于来自一些新信息和通信技术的"危险"中（Livingstone，2002：2）。

但是我们对这个年龄组和他们的在线行为知道些什么呢？最近关于儿童网上体验的研究告诉了我们什么？研究提供了儿童使用互联网的积极和消极结果的充分证据吗？基于对欧洲有关儿童及其在线行为的大约 400 项研究的验证和分析，本章试图确定关于儿童接触和使用互联网及相关在线技术的重点研究问题。[①] 在此我们也尝试勾勒出正在涌现的研究议程，同时反映当前亟待解决的研究差距，以及迄今一直指导我们的原则和那些应该指导该领域未来研究的原则。

---

[*] 本章作者为维罗妮卡·多诺索、基嘉坦·奥拉夫逊和索佰乔思·布罗达索。

[①] 后来这些研究中的一小部分由于重复登记而被从数据库中删除。

一、现有可行研究的概况

为了获得欧洲现行研究的最可能情况，欧盟儿童在线项目在 21 个参与该网络的国家中筹划了有关儿童访问和使用互联网及相关在线技术的可行研究（Staksrud et al，2009）。

为了完成该研究，研究人员决定建立一个数据库，这包含主要是 2000—2008 年间在该领域内所进行的研究的相关数据；如果早期的一些研究和现有研究密切相关①，也可以将它们加入其中。研究人员总共收集并分析了 408 项有关儿童和互联网的研究（见图 2.1，它包括多国研究及单个国家的研究）。对其中的每一项研究，以及其采样的策略、采用的方法、研究的主题、包括的国家、数据收集的年份和出版细节，包括研究的其他一些方面，都将登记、编码并存入同一数据库。

尽管我们的目标是全面集合欧洲在该领域的研究，但是它不可能达到绝对全面。而且，至于要包括哪些研究，难免会有遗漏的地方。确实，即使研究网络尽可能为数据收集提供一个清晰的抽样框架，但研究的选择不可避免地在某种程度上取决于收集数据的个人，取决于他们对在其国家正在进行的研究的接触和了解，也取决于他们对什么要包含和什么要从数据库中删除的判断。虽然存在这方面的因素，但是我们仍相信收集的数据给欧洲儿童和互联网的研究提供了一个非常准确的概况。

---

① 必须作出诸如数据库要包括什么、要删除什么的许多决定。例如，根据研究进行的年份而非发表的年份对研究进行归类的决定，作为一种确保所收集数据的可比性的方法。为了描绘出现有的研究情况，进一步的决定是将那些研究有限的国家的硕士和博士论文都收录进去。由于它的特别关注点，一些后来进行的分析排除了这些以及多国研究，例如在本书第五章中对影响因素研究的那些分析。

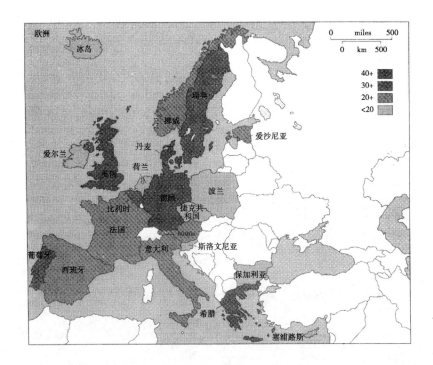

图 2.1　按国家确认的研究数（多重编码）

注释：本图既包括了多国研究，也包括了单个国家的研究。

二、我们能从现有的研究中学到什么

如图 2.2 所示，自 2000 年以来，除了 2007 年和 2008 年以外，对儿童和互联网的研究一直在稳步上升。然而，我们注意到，图 2.2 中所报道的年份与数据收集开始的日期一致而与发表的日期不一致。这可以解释为什么 2007 年和 2008 年的研究数量下降了，最大可能是由于我们数据库中的数据在收集之时未能发表。

至于研究参与者，青少年是最受研究关注的群体（见图 2.3）。确实，几乎三分之二的研究对象包括 14—15 岁的青少年。这种倾向自 2000 年以来保持得相当稳定。对青少年的大量研究可能是因为时常表达出来的对青少年和他们接触、使用互联网的担忧。另一个可能的解

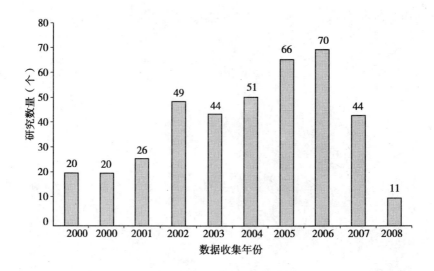

图 2.2　按数据收集年份统计的研究数

释是该年龄段的孩子相对于更小和更大的儿童和青少年更容易被召集来参加研究。

　　然而，研究也提供了 5 岁或 5 岁以下儿童使用互联网的证据（Attwell et al，2003；EC，2005）。图2.3 表明只有一些研究考虑了该年龄组的孩子。如上所见，对非常年幼儿童的研究数量很有限，对此一个可能的解释是该年龄组的数据收集所涉及的情况复杂。可能与此相关的是这样一个事实：对 5 岁以下儿童的研究中仅有 40% 使用了计量法，与之相比对 9 岁至 12 岁年龄组儿童的研究中差不多 60% 使用了计量法。

　　一些对成年人接触和使用互联网的研究也包括未成年人，反之亦然。因此，成年人本身既可作为参与者或者作为与未成年人相关的个体（例如，父母或老师）出现在某一研究中。对非常年幼儿童（0 岁至 5 岁）的研究最有可能将父母包括在内。相反，参加研究的儿童年龄越大，父母参与其中的可能性越小。遗憾的是，我们对父母在多大程度上成为被调查对象的代言人没有准确的信息，尽管我们倾向于相信这是父母为什么被包括在对年纪较小儿童的研究中的主要原因。

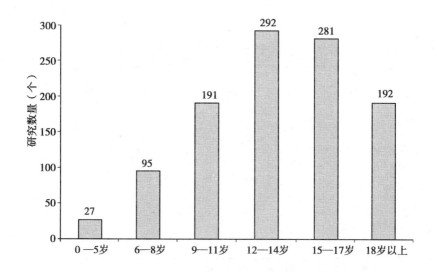

图2.3 根据年龄段的研究数（多重编码）

三、已研究过什么？

当我们看到研究的主题如何随着时间而改变时，有两个方面值得一提。首先，研究涵盖的主题数量正在上升。在2000年及更早所进行的研究中，涵盖的平均主题数大约为7个，而2007—2008年涵盖的平均主题数为11个。其次，如图2.4所示，尽管关于父母介入的研究数量有波动，但是总体上以风险为中心的研究还是增加的。这也许是研究人员对风险意识加强的一个指标，它反过来可能又反映了公众对这个问题有更多了解的需求。有趣的是，我们注意到至少非赢利性组织、管理者和欧盟委员会对以风险为主题的研究有着浓厚的兴趣（Stald and Haddon，2008：51）。

当转向对所研究的对象和40个在欧盟儿童在线数据库中确定的主题进行更详细的分析时，研究人员发现研究互联网接触和使用的最为广泛，这个主题几乎涵盖了所有国家。表2.1表明，所分析的研究中83%包括在线使用方面的信息，而65%包括在线访问方面的信息。不

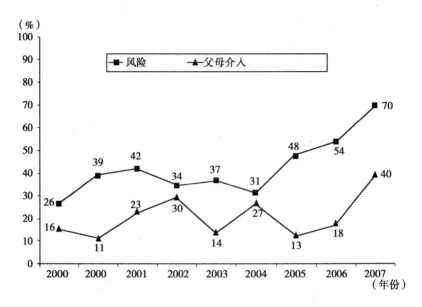

图 2.4　按数据收集的年份统计的以风险/父母介入为主题的研究比例

足为奇的是，64%的研究包括在线兴趣和活动方面的相关信息。尽管下面这些主题不像与在线访问和使用有关的问题那么常见，但也广泛地出现，如网络技能（42%）、儿童互联网体验的性别差异（32%）、儿童社交网络（31%）以及在线游戏（25%）。环顾参与研究的各国，虽然对后面这些主题的研究不如有关互联网访问和一般在线使用的主题多，但还是被很好地涵盖了。

　　目前还有一些重要的研究缺口，从某种意义上说，有关网上公民/政治参与较少（8%），对网上内容（有关最近对数字知识的兴趣的内容）的解释也少（12%）。当前研究议程缺乏的也是这些因素，这导致了一些未成年人缺少与互联网的接触，以及缺乏对诸如博客或播客这样的最新应用的研究。

表 2.1　　　　　　　　　　按研究主题统计的百分比情况　　　　　　（单位:%）

有关儿童的研究主题		有关危险的研究主题	
在线使用	83	遭遇有害或攻击性的内容	25
在线访问	65	与陌生人接触	25

续表

有关儿童的研究主题		有关危险的研究主题	
在线兴趣和活动	64	遭遇性/种族歧视/仇恨内容	22
网络技能	42	公布个人信息	22
性别差异	32	遭遇非法内容	17
社交网络	31	网络恐吓	15
在线游戏	25	隐私	13
上网的效果	23	广告—商业炒作	11
在线学习	23	非法下载	10
担忧和挫折	21	网络跟踪	9
身份游戏	19	误传	8
创建在线内容	17	使用者生成的内容	7
寻找东西的方法	13	黑客	6
解释网上内容	12	赌博	4
寻找网上建议	12	访问有问题的站点	3
公民/政治参与	8	包括以上之一或更多	46
包括以上之一或更多	96		
有关父母规定的研究主题		与父母有关的其他研究主题	
管理模式	25	父母的资格能力	17
对儿童行为的了解	21	对在线技术的担忧	17
父母对在线风险的意识	17	对在线技术的态度	15
父母的媒介/信息知识	11	包括以上之一或更多	22
儿童对规定的反应	10		
过滤等的有效性	8		
包括以上之一或更多	37		

总之，有45%的研究至少包括一个有关风险的主题，而36%的研究包含一些关于管理的信息，尤其是管理模式（25%）和父母对儿童在线行为的了解（21%）。研究得更多的风险领域是遭遇有害或攻击性内容（25%），与陌生人接触（25%），遭遇性/种族歧视或仇恨内容（22%）以及公布个人信息（22%）。研究得最少的主题是黑客（6%）、赌博（4%）和访问有问题的站点（例如关于厌食症或自杀的网站）（3%）。很显然，还有更多的研究空间，也有与用户自创内容

相关的风险的研究空间（7%），特别是考虑到社交网络站点的普及程度在上升。

最后，尽管某些平台如手机、游戏机和其他装置，可能让孩子们获得接触网络应用的机会，但电脑仍是他们接触互联网的主要途径。可能由于这些选择性平台受欢迎的程度比电脑低，直到今天，有关未成年人使用它们的研究还很少。因此，这似乎与探索未成年人占用这些较新平台的方法有关，也似乎与发现它们可能提供给未成年人的潜在机会和风险有关。

四、正在采用什么研究方法？

分析过的研究中大约有60%采用数量法，而仅有20%的研究采用纯定性法，余下的研究综合采用数量法和定性法。即使近些年来研究的数量明显增加了，但是这些比例保持得相当稳定。李（Lee）（2005）主张研究应该转移当前的定量对象，而利文斯通（2002）提到调查的主导作用已产生了可靠的和有代表性的，但往往没有理论依据的研究结果。调查方法的其他问题是常常未能将"真实的生活世界"（Schutz，1974）或日常的生活世界考虑进去，这意味着它们缺乏对儿童自身体验更深入的理解和对其在线行为的认知。

即便如此，定性研究本身也有其局限性：它一般依靠小样本，选择这种方法是因小样本的多样性而非其统计上的代表性，并且即使想要通过这些方法获得体验的多样性，这些多样性虽然有助于深刻理解互联网使用的背景和本质，但它们却支持不了有关分布或比例的论断，也解决不了代表性和人口分布的问题（Livingstone，2002，2003）。

因此，有一种情况鼓励采用范围更广泛的系列方法，以及结合定量和定性研究方法，这样能确保所获数据的质量和可说明性（Denzin，1978；Campbell and Holland，2005）。而且，各种方法的系统性结合会提高效力，而研究结果的一致性会给所研究的现象提供更详细、更多层次和更多方面的观点（Kopinak，1999）。

五、所获得的主要教训

可以确定的是，过去十年对未成年人和互联网的研究一直在迅速扩张。随着知识基础被建立起来，几个关键的概念性论断也越来越一致（Haebrink et al，2009）。除了之前概括过的一些研究差距之外，这些论断还能得出未来的研究议程。

第一，研究者认为，尽管互联网接入是一个重要因素，因为它是使用的先决条件，但接入并不一定等于使用。所以，我们需要更多有关儿童对网络世界的不同方面利用（不利用）的影响因素。

第二，难以就新技术本身的实际影响作出总体的论断，因为它们在由独特的社会制度、规范和价值观框定的特定的文化背景中存在和发展。因此，需要进行更多的跨国研究来弄清这些背景因素的影响。

第三，隐含在术语中的两极化，"真实"对应"虚拟"，"在线"对应"离线"，这是有问题的。互联网是真实的并对真实的人（包括真实的孩子）有真实的影响。它也表明了在更广阔的背景下研究儿童使用互联网的必要性，即儿童的日常生活和一般的媒介利用情况的背景。

第四，如在本书的其他几章中所讨论的那样，如果儿童和青少年要获得必要的技能从互联网获益，这也许需要试验、冒险和推动成年人设定的界限。对风险的研究尤其需要对此敏感。

第五，研究未成年人观看电视节目的牢固传统已经扩展到了对互联网的研究。然而，互联网是一种复杂得多的媒介，它并不等同于电视、收音机或电脑。相反，它修复、复制和重新设定与这些技术相关的各个方面和社会生活习惯（Bolter and Grusin，1999）。因此，尽管研究未成年人和互联网的关系能利用一些研究电视的框架，但它总是需要将上述不同因素考虑进去。

六、结语

如果我们问及未成年人和互联网的研究是否标志着新的方向的拓展或传统的延续，那么电视研究的历史本身是相关的。为了回答这个问题，回顾一些电视传统产生的观察结果是有所帮助的。例如，如果我们一路追溯到电视研究的开始时期，我们发现赫克托·赫瑟林顿（Hector Hetherington）先生提出了（给 Hilde T. Himmelweit 和她的合作者的开创性著作的前言）一个能同样很好地适用于当代互联网研究的观点——"此类研究是没有尽头的。情况本身在变化，而调查方法更是变得精心设计了"（Hetherington，1958：vi）。此外，他还发表了一个仍适用于我们最新对未成年人面临的网络风险担忧的看法——"每种新的通信媒介在当时都引起不安……现在该轮到电视了"（1958：xiii）。当然，对 21 世纪的研究人员来说，电视不再是一种"新媒介"，而同时其他的"新媒介"成了巨大的担忧目标。可以这样诠释赫克托先生的话——现在该轮到互联网了。

几年后，在大西洋的另一边，在施拉姆（Schramm）与其同事的开创性著作中，我们很清楚的是，如今对研究未成年人和互联网关系的紧迫感曾经也同样出现在与电视的关系上："没有什么大众传媒像电视那样于 20 世纪 50 年代在北美的激增，在这块大陆的迅速增长……比任何地方都要快，电视渗入了有年幼儿童的千家万户"（Schramm et al，1961：11）。另外，这些研究人员提出了一个观点——而不是用单独的一个词替代——它仍能充当当前儿童使用新媒体的研究的战斗口号："孩子们在这个关系中是最活跃的。是他们利用了电视，而非电视利用了他们"（Schramm et al，1961：1）。

再来看最近的资料，有一篇进行过深入调查和思考的文章，由两位著名的作者多萝西（Dorothy）和杰罗姆·辛格（Jerome Singer）合著，发表在 20 世纪末的一期《美国政治和社会科学学会编年史》中。

值得注意的是，该出版物专注于"儿童和电视"问题。它强烈主张学校增加媒体知识方面的课程，这也许是当前呼吁具备数字化知识的先驱。作者指出"教儿童去了解电视，能产生更有批判性和更聪明的一代观众"（Singer and Singer，1998：175）。当儿童开始陆续被互联网引诱而离开电视时，提出这个明智的建议是符合历史转折趋势的，虽然该文并没承认这点。

除了研究转移到互联网上，对电视的研究本身也发生着变化。在利文斯通关于"欧洲年轻人和变化着的媒体环境"的一期特刊《欧洲通讯期刊》的介绍中，她已经提到了"从电视"向"新媒体环境"的转变（1998：437），并还用一个当前互联网研究人员的经验说："研究'新媒体'意味着研究一个移动着的目标"（1998：437）。这在1998年是适合的论述，在进入21世纪后的10年，仍完全正确。

本章中所讨论的研究清楚地表示了与电视研究传统至少有部分差距。这个差距是20世纪最后几年年轻人的媒体和通信关系中质的变化所造成的。虽然如此，但是在一些传统中被问及的问题、研究动机、使用的主要框架和对研究对象性质的理解，这些仍旧适用于有关未成年人和互联网关系的研究。我们可以有把握地下结论：尽管我们很容易看到研究的不连续性，但是它也有清晰而重要的连续性。

参考文献

Attwell, P. , Suazo-Garcia, B. and Battle, J. (2003)'Computers and young children: social benefit or social problem', Social Forces, vol 82, no 1: 277—96.

Bolter, J. D. and Grusin, G. (1999) *Remediation: Understanding new media*, Cambridge, MA: MIT Press.

Campbell, J. , and Holland, J. (2005) *Methods in development risearch: Combining qualiatative and quantitative approaches*, Rugby: ITDG Publishing.

Denzin, K. (1978) *The research act*, New York, NY: McGraw-Hill.

EC(European Commission) (2005) *Eurobarometer survey on safer internet*, Luxembourg: EC.

Hasebrink, U. , Livingstone, S. , Haddon, L. and Ólafsson, K. (2009) *Comparing children's oline opportunities and risks across Europe: Crossnational comparisons for EU Kids Online(2nd edn)*, London: London School of Ecolomics and Politial Science, EU Kids Online (Deliverable D3. 2 for the EC Safer Internet Plus Programme).

Hetherington, H. (1958) ' Foreword' , in H. T. Himmelweit, A. N. Oppenheim and P. Vince(eds) *Television and the child*, London: Oxford Univiersity Press: i-xiii.

Kopinak, J. K. (1999) ' The use of triangulation in a study of refugee well-being, ' *Quntity and Quality*, vol 33, no 2: 169—83.

Lee, L. (2005) ' Young people and the internet: from theory to practice' , *Young*, vol 13, no 4: 315—26.

Livingstone, S. (1998) ' Introduction' , *European Journal of Communication*, vol 13, no 4: 435—51.

Livingstone, S. (2002) *Children's use of the internet: A review of the research literature*, Report to the National Children' Bureau, London).

Livingstone, S. (2003) ' Children' s use of the internet: reflections on the emerging risearch agenda' , *New media & Society*, vol 5, no 2: 147—66.

Rushkoff, D(1996) *Media virus! Hidden agendas in popular culture*, New York. NY: Ballantine Books.

Schramm, W. , Lyle, J. and Parker, E. (1961) *Television in the lives of our children*, Stanford, CA: Stanford University Press.

Schutz, A. (1974) *The structures of the life world*, Oxford: Heinemann.

Singer, D. G. and Singer, J. L. (1998) ' Developing cirtical viewing skills and media literacy in childen' , *The Annals of the American Academy of Political and Social Science*, vol 557: 164—79.

Staksrud, E. , Livingstone, S. , Haddon, L. and Ólafsson, K. (2009) *What do we know about childrem's use of online technologies?A report on data availability and research gaps in Europe*, London: London School of Economics and Political Science, EU Kids Online (Deliverable D 1. 1 for the EC Safer Internet Plus Programme).

Stald, G. and Haddon, L. (2008) *Cross-cultural contents of research: Factors influencing the study of children and the internet in Europe*, London: London School of Economics and Political Science, EU Kids Online (Deliverable D3.2 for the EC Safer Internet Plus Programme).

Tapscott, D. (1998) *Growing up digital: The rise of the net geneation*, New York, NY: McGraw-Hill.

第 三 章

儿童参与的研究[*]

一、导言

本章将阐明研究年轻人，尤其是数字媒体和互联网用户的方法，以及如何才能接近他们。第一部分是对"儿童和年少者"这个政策概念的简要讨论，因为这对如何设定研究议程有着明确的启示作用。第二部分将仔细探讨关于儿童是否应直接参与到研究项目这个问题的不同理论研究方法。换句话说，我们应该进行"有儿童"的研究，还是"对儿童"的研究？这个区别，无论是从实际操作的角度还是从理论（认识论的）的角度看，都很重要。本章的最后部分将论述我们应"如何"研究儿童的互联网和数字媒体使用及体验的问题。更具体地说，我们考虑是否为了与孩子们一起进行研究而必须设计全新的方法，或者只是根据现有的研究方法做简单的改变？我们还将讨论什么方法最适合研究儿童的媒体/互联网利用和体验。

二、为数字媒体的研究定义童年期和青年期

我们从一个看似显而易见的表述开始本部分，不过它对我们的讨

---

[*] 本章作者为博贾纳·洛贝、乔斯·艾伯托·西蒙斯和比克·扎曼。

论仍然最重要：即儿童期和青年期是社会的定义；它们既不是自然范畴，也不是普遍范畴。这个假设可以轻而易举地用事实来证明：就是儿童时期和青年时期都已随时间而改变，并且它们在不同的文化和社会背景下往往呈现出不同的形态（Buckingham，2000，2007）。不同的人和机构已用各种方式（有时是矛盾的），从法律、公共政策到家庭内部的关系，从媒体表现形式到人际沟通，认可和阐述儿童和年少者，他们为定义儿童和年少者是什么或应该是什么作出了贡献。

媒体在这个过程中起了至关重要的作用。我们可以说媒体在更大程度上定义着童年和青年时期。这不仅仅是因为媒体上刊载的内容反映了儿童和年轻人生活的某些方面，也因为儿童和年轻人将他们的时间越来越多地花费在与媒体有关的许多产品上，几十年来媒体行业就是将儿童和年轻人作为这些商品的目标用户（Buckingham，2007）。[①] 与媒体相关的商品，不仅作为简单的产品，更重要的是作为建立特定文化和定义身份的资源，它们在儿童和年轻人的生活中变得越来越重要。

青年文化是否是媒体的产物，或者是否仅是媒体倾向于复制青年文化？这个问题至少从 20 世纪 50 年代中期起就一直在讨论了，当时一种以青年人为目标的消费者文化开始出现。现在，这种青年文化无疑已经变得全球化了。一些服务于青年人的商品几乎为全世界的年轻人所共享，即使它们能以不同的方式为各地所占用（Bennett，2000）。但是，即使我们能在地球上偏远而想不到的地方找到相同的产品，这并不意味着世界在文化上已变得趋同了（Featherstone，1995）。在这样的背景下，在线技术为自我表达和沟通提供了新的机会，因为它们的出现已经不可避免地向传播者和接受者、生产者和消费者之间

---

① 值得注意的是，儿童正日益变成全球范围内的营销目标（尤其是跨国娱乐业的结果），而且这些孩子年纪也越来越小（换句话说，他们正变成年幼的老资格），这最终将影响构成儿童时期的方式。

传统的权力关系提出了挑战。

研究人员对于这些变化并未达成共识。对于一般技术和可能会对儿童和年轻人带来影响的特定技术的著述，存在相似之处。这与媒体重复自身的历史倾向有关：某一特定媒体的出现通常伴随着对立的观点，要么因其绝对的创新性而广受欢迎，如对"信息社会"的 大部分不恰当的比喻（Webster，1995；May，2002）；要么因该媒体所包含的威胁而将其妖魔化。这些观点不仅代表了对媒体影响社会的简单化观点（它强调了某些特征，却忽视了其他），还显示出用某种决定论看待技术的倾向（Robins and Webster，1999）。该倾向忽略了这样一个事实：即技术和社会之间的关系更复杂也更有互动性。

我们可以列举出不同版本的对技术的夸张说法，它们都明确阐述了儿童和青年对数字媒体利用的情况。一方面，年青一代被视为赋予了技术上的能力。他们是"专家"、"数字天才"（Prensky，2001）；通常，人们认为他们使用电脑和技术的能力是"天生的"（Tapscott，1998）。这个假设产生了"技术超能儿童"这样的概念，这是一种把儿童视为"数字化一代"的概念，他们不知为何就能自然地把握和技术的关系（Buckingham，2007：16-17）。另一方面，儿童和青年（特别是前者）又被看做易受伤害、需要保护的对象。这种观点把数字化媒体描绘成麻烦的根源，因此必须不惜任何代价地保护儿童，使其远离数字化，"电子媒体被视为具有非凡的力量，它能利用儿童的弱点，削弱他们的个性并破坏他们的天真"（Buckingham，2000：41）。

有关儿童和青年使用数字化媒体的不同观点，不仅影响了媒体管理规则建立的方式和如何确定公共政策①，也影响到确定研究目标主次的方式。此外，不同的观点，研究的对象也不同，"它们确定了我

---

① 除了媒体，公共政策也可视为童年和青年的社会关系的一个主要来源，因为在公众观点中，尤其是认为他们存在问题的时候，公共政策有助于将他们作为需要特别关注的政策目标。

们要问的问题、我们要采取的调查方法和我们用来定义怎样才算是有效知识的标准"（Buckingham，2000：104）。

最后，事实就更清楚了：我们需要进一步研究（揭示的方法）儿童的实际技术利用和体验。许多关于媒体影响的假设并不都是建立在深入研究的基础上。为了找到问题的正确答案，我们需要集中精力研究"实际"利用和体验以及使用技术的背景。

三、"对"儿童的研究或"有"儿童的研究

传统上，关于儿童和儿童体验的社会学研究一直倾向于使用观察法而非参与法，它们不了解作为观察中心的儿童（Pole，2007：69）。通常这样的研究一直以学校为基础（Hargreaves，1967；Ball，1967）。更多的有关儿童研究的例子常常把诸如父母或儿童看护者、老师和教育工作者这样的代表提供的信息当作儿童体验的可靠信息。尽管这种研究方法在人员招募和伦理问题上成本更低且更容易，但是我们必须特别指出，在试图描述儿童的体验方面，这样是非常不可靠的，甚至是有误导的。

因此，我们必须承认，用成年人或官方对儿童体验的记录、父母对儿童使用媒体的描述、学校提供的测试分数（例如，成绩和阅读）或老师的报告（例如注意力、攻击性和社交能力的报告）（Lobe et al，2007）来进行研究，却没有用包括儿童自己的描述在内的方法（Van Evra，2004）进行补充，虽然研究起来很方便，但结果会有问题，因为儿童的描述也许有别于以成年人对儿童的看法为基础的描述。

近年来，我们看到日益强调儿童自身权利的情况（Morgan et al，2002）和在社会研究中给他们"发言权"的需求（Buckingham，1993；Mahon et al，1996；Morrow and Richards，1996；Greig and Taylor，1999）。那些儿童研究者为此期待将儿童的生活定位为研究中心的方法，这强化了儿童作为一个"积极的研究参与者"而非一个"消

极的研究对象"的定位（Pole，2007：70）。这些研究人员认为童年的地位与生命历程中任何其他阶段是一样重要的。

这种转变的标志是从"对"儿童进行研究转变为"有"儿童参与的研究（Lobe et al，2007）。从认识论上讲，这种转变是由关于童年的最新社会学研究打下的基础，它主张儿童的能动性，尽管这是其所处的社会和文化背景所形成和定义的（cf James et al，1998）。以儿童为中心的研究方法认为儿童有能力讲述自身体验，并具有自反性，该方法给予了儿童发言权并重视他们所说的（Mayall，1996）。持该观点的研究人员在研究的设计、数据收集到数据报告等研究过程的各层次中"有"儿童参与的研究、"为"儿童进行研究，而非"对"儿童进行研究。这种方法对拟定"有"儿童参与的研究具有指导意义，它强调了将日常场景包括在研究范围内的重要性（例如，在调查儿童时并不把儿童作为"实验对象"带进实验室或忽视其家庭或街坊的特性）。这种方法也往往偏好定性研究而不喜欢定量研究（Lobe et al，2007）。

在一个结构化的、经常被干涉或受到严格决定的成年人环境中强调儿童的能动性，研究儿童时期的新社会学家认为儿童经常活在成人空间或时间表的间隙中，并认为儿童有可能回避、逃避或破坏成年人对其行为的期望或规范。因此，研究人员必须通过认可这些日常生活的微观策略的方式设计他们的研究方法（de Certeau，1984；Corsaro，1997）。孩子们毕竟是爱玩的，有时愚蠢或顽皮，有时认真而直率。关键是我们的研究方法要在其行为中找到意义。

最后，但也同样重要的一点是，这种以儿童为中心的研究方法也要求对伦理问题有敏感性（Morrow and Richars，1996）。人员的召集、取样、数据的收集和分析必须遵照伦理标准。通常，第一步将是通过给儿童提供有关研究的准确信息，让他们知情，从而获得他们的同意，这些信息包括如何将数据进行匿名处理并储存，以及研究结果将如何传播。研究需要保证儿童是完全匿名提供信息的。儿童必须始终明白他们能自愿地决定是否参加研究（而非由他们的父母来决定）。研究人员和儿童调查对象之间的互动关系需要得到保证（Lobe et al，2007）。最后，在数据收集阶段，研究人员需要满怀同情地倾听儿童讲述。

四、研究儿童的数字化使用和体验的方法问题

本部分论述了有关研究儿童的在线与数字化风险和机会的方法问题。首先，我们讨论在方法论上成年人和儿童之间的不同点。接着，我们将详细地说明哪些方法最适合研究儿童的媒体/互联网使用和体验。最后，我们讨论在研究儿童中混合方法的有效性。

每个研究项目，无论参加者的年龄大小，都是从细述研究目的开始的，这是研究方法的必然选择。通常，某一理论框架的选择和相应的研究方法密不可分（或关于数据的三角验证方法）（Greene and Hogan，2005：16）。例如，从"童年的新社会学"角度看，把儿童当作"积极的"实验对象的方法要比把儿童当作"消极的"实验对象的方法更受欢迎。

在选择正确的研究方法时，我们可能会考虑现有的为与成年人参与的研究而设计的研究方法是否也适用于有儿童参与的研究。为此，研究方法应就儿童的理解、知识和兴趣水平以及他们在社会中的具体位置进行评估（Greene and Hill，2005：8）。这种做法比简单地验证适龄儿童应该发展成怎样或能理解什么的方法更复杂。研究儿童应该放在社会背景中进行，因此他们在社会结构中的利益和角色也应予以考虑。儿童是或者有可能成为主动而有意识的媒体用户，在研究中应如此对待。

当评估用于成人的方法是否适合于儿童时，研究者必须将成年人与儿童间的三个不同予以考虑：即影响程度、参与者的能力和脆弱性。这表示，在许多方面我们也许会得出这样的结论：即儿童和成年人之间的相似点有可能多于不同点，并且，把焦点集中到儿童之间的不同

点上可能确实更有价值。例如，即使在一个相同的年龄段中，儿童之间也有许多不同，比如由于他们的性别或种族背景而产生的不同。

当研究儿童的数字化和在线媒体的使用和体验情况时，首先关心的肯定是问题如何表达。儿童也许使用与成年人不同的用语。确认这些不同的用语不仅对获得有效的研究结果至关重要，而且也为儿童自身看待媒体的视角提供了有效途径（Lobe et al，2007）。其次，当研究儿童的在线风险时，儿童首要关注的在线危险（例如恐吓、病毒、垃圾邮件和恶作剧程序）明显与成年人所关注（例如色情、暴力、恋童癖者和"种族"仇恨）的在线危险不同。一个可能的负面作用是，面对面的调查会将成年人的担忧强加在儿童的关注点上，却未能发现儿童自己担忧的方面（Lobe et al，2007）。

讨论适合研究儿童的媒体/互联网使用和体验的方法，从确定要获得哪种类型的数据开始。其中有三个重要的研究点，每个点都对应一种具体的研究方法。首先，研究人员也许想理解儿童的在线和数字化的主观经验。其次，研究点可能会更广，它们以了解儿童在环境中的体验为目的。最后，研究人员可能希望了解儿童的在线和数字化访问及使用的信息，或者记录儿童与年龄相关的能力（Greene and Hogan，2005）。

"观察、面谈或更有创造性的方法"最适合分析儿童对数字和在线媒体的主观体验。如果集中了同辈文化中的动态情况和各种体验，那么进行群组研究可能更合适（Lobe et al，2007）。"体验"是一个解释性的范畴，要考虑上下文、推论或视觉的描述，并需要获取多方面的丰富特性、个性化和意义方面的方法（Greene and Hogan，2005）。"如果在儿童的环境中接近他们"，那么人种论研究方法更合适。尽管人种论研究方法能给儿童的日常生活提供有用的见解，但对自然主义研究来说，它也有一个缺点。这种研究的典型特点是难以控制，并难以从发生在某一特定背景下的行为得出推论（Greene and Hogan，2005：97）。如果要提供详细的儿童在线和数字化访问与使用的信息，诸如标准化问卷那样的定量法会更合适。此外，测评行为模式中的相同点与不同点也要求采用恰当的统计方法（Greene and Hogan，2005）。

这种简明的方法概述把我们带回到"与孩子一起进行研究，应该适应还是扩展现有的研究方法"的问题上（Lobe et al，2007）。一些研究人员认为，儿童作为研究参与者的不稳定性意味着他们需要特定的研究方法。而其他研究人员主张儿童不需要一套特定的方法来参与研究，他们反而把儿童视为有能力和自主的社会行动者。在决定如何对待儿童合作者和试图在这两种极端之间找到一条中间道路时，需要研究人员采用自省和自律的方法。总之，了解儿童的（复杂）体验、态度和行为需要多样性的研究方法（Punch，2002；Greene and Hogan，2005）。

至于混合法，给人一种直观的印象，即一系列的方法策略比依靠单独一种方法更能获得广泛和深刻的儿童感觉和体验（Darbyshire et al，2005）。每种方法往往只提供了片面的描述，还需要其他方法来补足。此外，使用多种方法本身也能刺激和保持参与者的兴趣（Lobe，2008）。实际上，采用不同方法的研究并非比仅依靠一种方法的研究略胜一筹。研究人员应该采用最有效解决具体研究问题的方法，即使其研究仅用单独一个方法就能进行。尽管混合法并不是使有儿童参与的研究项目的作用在最大程度上得以发挥的唯一方法，但它确实通过转移焦点或使用各种不同的材料，促进了研究方式的多样化，帮助解决儿童注意力时间有限的问题。不仅多种研究方法受欢迎，多方互动也是如此（Rogers et al，2005）。

五、结语

《联合国儿童权利公约》被广泛接受以及"儿童时代的新社会学"为人们的研究带来了新的契机。从那时起，认真对待儿童的声音和想法已越来越为人们所接受和为社会所期望，这种声音和想法把儿童看做是有自己的权利和价值观的可靠之人。结果研究人员面临着要找到合适的框架和方法来积极地将儿童参与到研究项目中的挑战。因为儿童的生活和体验是如此复杂（混合），所以多学科方法更为合适。要了解儿童的世界，没有哪种单一的理论或研究方法占有主导地位。相反，不同的方法应相互补充、互为基础或互相质疑。

当儿童被当作独特的个体对待时（他们是活动主体，正塑造着自己的生活并能表达自己独特的主观体验），定性研究方法是最合适的。而且，如果以包含一切的理念接近儿童，把他们放入社会—文化背景中进行研究，那么人种论研究法也许更合适。相反，如果研究主题的关注点集中在"孩子"上（只要其存在），或者在描述儿童体验的参数上，那么定量法可能更合适。通常，记录儿童与年龄相关能力的发展心理学或提供儿童在线访问和使用信息的研究项目都是依靠定性研究获得数据。

总之，我们想呼吁做更多"有"儿童参与的研究。通常的情况是，研究人员仅停留在描述他们的研究方法，而非更深入地进行批判性分析。同样，研究人员往往提供大量对媒体影响的不同观点，它们并非建立在揭示儿童的实际使用和体验的深入研究的基础上。尤其是随着新技术的出现，成年人并非随之成长，而新技术让儿童成为积极的"职业消费者"，因此，要了解这些新体验经历并揭示相应的风险和机会，好的方法是极其重要的。

参考文献

Ball, S. J. (1967) *Beachside comprehensive: Acase study of secondary schooling*, Cambridge: Cambridge University Press.

Bennett, A. (2000) *Popular music and youth cultllre: Music, identity and place*, London: Macmillan.

Buckingham, D. (1993) *Reading audiences: Young people and the media*, Manchester:

Manchester University Press.

Buckingham, D. (2000) *After the death of childhood. Growing up in the age of electronic media*, Cambridge: Polity.

Buckingham, D. (2007) *Beyond technology: Children's learning in the age of digital culture*, Cambridge: Polity.

Corsaro, W. A. (1997) *The sociology of childhood*, Thousand Oaks, CA: Pine Forge Press.

Darbyshire, P., MacDougall, C. and Schiller, W. (2005) 'Multiple methods in qualitative research with children: more insight or just more?', *Qualitative Research*, vol 5, no 4: 417—36.

de Ceteau, M. (1984) *The practices of everyday life*, Los Angeles, CA: University of California Press.

Featherstone, M. (1995) *Undoing culture: Globalization, postmodernism and identity*, London: Sage Publications.

Greene, S. and Hogan, D. (2005) *Researching children's experience. Approaches and methods*, London: Sage Publications.

Greig, A. and Taylor, J. (1999) *Doing research with children*, London: Sage Publications.

Hargreaves, D. H. (1967) *Social relations in a secondary school*, London: Routledge and Kegan Paul.

James, A., Jenks, C. and Prout, A. (1998) *Theorizing childhood*, Cambridge: Cambridge University Press.

Lobe, B. (2008) *Integration of online research methods*, Ljubljana, Slovenia: Faculty of Social Sciences Press.

Lobe, B., Livingstone, S. and Haddon, L. (eds) (2007) *Researching children's experiences online across countries: Issues and problems in methodology*, London: London School of Economics and Political Science, EU Kids Online(Deliverable D4. 1 methodological issues review for the EC Safer Internet Plus Programme).

Mahon, A., Glendinning, C., Clarke, K. and Craig, G. (1996) 'Researching children: methods and ethics', *Children ε Society*, vol 10, no 2: 145—54.

May, C. (2002) *The information society. A sceptical view*, Cambridge: Polity.

Mayall, B. (1996) *Children, health and social order*, Buckingham: Open University Press.

Morgan, M., Gibbs, S., Maxwell, K. and Britten, N. (2002) ' Hearing children's voices: methodological issues in conducting focus groups with children aged 7—11', *Qualitative Research*, vol 2, no 1: 5—20.

Morrow, V. and Richards, M. (1996) ' The ethics of social research with children: an overview', *Children & Society*, vol 10, no 2: 90—105.

Pole, C. (2007) ' Researching children and fashion: an embodied ethnography', *Childhood*, vol 14, no 67: 67—84.

Prensky, M. (2001) ' Digital natives, digital immigrants', *Onthe Horizon*, vol 9, no 5: 1—2.

Punch, S. (2002) ' Research with children: the same or different from research with adults?', *Childhood*, vol 9, no 3: 321—41.

Robins, K. and Webster, F. (1999) *Times of the technoculture, From the information society to the virtual life*, London/New York, NY: Routledge.

Rogers, A. G., Casey, M., Ekert, J. and Holland, J. (2005) ' Interviewing children using an interpretive poetics', in S. Greene and D. Hogan(eds) *Researching children's experiences: Approaches and methods*, London: Sage Publications: 157—74.

Tapscott, D. (1998) *Growing up digital: The rise of the net generation*, New York, NY: McGraw-Hill.

van Evra, J. (2004) *Television and child development*(3rd edn), Mahwah, NJ: Lawrence Erlbaum Associates.

Webster, F. (1995) *Theories of the information society*, London: Routledge.

第 四 章

跨国研究的机会和意想不到的困难[*]

在社会科学的研究历史中，超越国界寻求比较研究已有悠久的传统，这能追溯到马克斯·韦伯和埃米尔·迪尔凯姆这样的早期社会科学家所在的年代。而对跨国比较方法的讨论并非一个全新的现象（Rokkan，1968）。不过，也就是在最近几十年间，跨国（或跨文化）比较研究才在社会科学领域真正受欢迎（Hoffmeyer-Zlotnik and Harkness，2005）。在促成该潮流的过程中，我们能确切地列举出学术界的逐步国际化、去除政治化以及通信数字化这些情况。因此，跨越传统的地理、社会和文化的边界变得更容易了。资助机构和政策制定者也越来越多地呼吁进行比较研究，合作的发起者或被邀请参与多国比较研究的研究人员也都赞同这一呼声（Livingstone，2003）。

儿童使用在线媒体这一研究主题也许比多数其他研究主题都能更好地显示跨国比较研究的潜力和未可预见的困难。本章讲述了与跨国比较研究有关的一些重要的理论和方法问题，尤其是在（新）媒体和通信技术的研究领域。通过本章第一部分所作的陈述和一些批判性反思，这些方法中所考虑的方面随后将会应用于儿童在线行为与网络风险和机会的研究主题中，同时将欧盟儿童在线项目中进行过的研究当成具体的实例。

---

[*] 本章作者为尤韦·哈斯布林克、基嘉坦·奥拉夫逊和韦克拉·斯特卡。

一、对儿童和新媒体的现有研究：单个国家占主要地位

如本书第二章所述，欧盟儿童在线项目所采取的步骤之一包括：为参加该项目的 21 国现有的关于儿童接触和使用互联网及相关在线和移动通信技术的研究提供信息（为收集政策和关键研究结果所作的描写详见 Stakstrud et al，2009）。从 2000 年至 2008 年间收集和进行的约 400 项研究的样本来看，跨国研究似乎并非最常见的研究类型。事实上，仅有约 8% 的研究涉及一国以上，而三分之一的"多国研究"只涵盖了两个或三个国家。然而，对于这些数据是否支持之前提到的比较研究正在增加的论点，只是个定义的问题。表 4.1 清楚地表明了多国研究的绝对数量一直在增加，不过单个国家研究的数量也是如此，而且跨国研究因此构成了 2000 年到 2008 年间每年大致相同的研究比例。但没有明显的迹象表明跨国研究在涉及的国家数量上也正在增加。

因此，尽管对儿童和新媒体的比较研究的数量越来越多，研究人员也肯定不会为了涵盖更多国家的研究而放弃仅限于一个国家的研究。当单个国家的研究和跨国研究相比较时，我们注意到国家群组之间有许多相似之处也是很有趣的。单个国家的研究和跨国研究都关注年龄段大致相同的组别，并使用几乎一样的研究方法。就所研究的主题而言，跨国研究往往更关注有关风险（61% 对 44%）和管理（45% 对 36%）的主题。跨国研究的融资结构稍有不同：尽管没有一项跨国研究获得国家监管机构的资助，但是欧盟对 45% 的跨国研究给予全部或部分的资助。跨国研究的资金结构和它们关注的主题之间也可能存在着联系，因为欧盟似乎对探索风险问题的研究特别感兴趣（Stald and Haddon，2008：51）。

表 4.1　　　　　　　　按所包含的国家数统计的每年进行的研究数

数据收集的年份	单个国家进行的研究	在多国内进行的研究		
		跨国研究	包括 2—3 个国家	包括 4 个或更多的国家
2000 年前	19	1	0	1
2000 年	17	3	1	2
2001 年	24	2	2	0
2002 年	44	5	1	4
2003 年	41	3	0	3
2003 年和之前所有年份的总和	145	14	4	10
占总研究数的百分比	91.2	8.8	2.5	6.3
2004 年	47	4	2	5
2005 年	59	7	2	3
2006 年	65	5	2	2
2007 年	42	2	0	2
2008 年	10	1	1	0
2004 年到 2008 年总和	223	19	7	12
占总研究数的百分比	92.1	7.9	2.9	5

二、进行比较研究：好处和困境

在需要进行更多跨国比较研究的意识日益增强的情况下，研究人员也许会饶有兴趣地注意到这类研究并没有更快地发展，只是刚好勉强跟上儿童和互联网研究全面增长的趋势。对此最可能的解释是，在数据收集和解释方面，进行跨国比较研究比在单一国家或文化中进行研究要面临更多问题。这可用数学语言表达：如果在一项单个国家的研究中，研究人员面临的问题为 X 个，那么在跨国研究的环境中，研究人员面临的问题至少是 X 乘以 N，其中 N 表示所包含的国家数。可以理解的是，N 值越大，要处理的潜在问题就越多。

跨国比较研究常常带来有关数据质量和可比性的各种方法问题。这些数据基于各国的具体含义，特别是与比较主题的问题或习惯做法有关的具体含义。但是对国际比较研究同样重要的是，研究问题在社会、政治背景上的不同之处，例如，在所涉及的国家的学术和研究传统上的不同。当在欧盟儿童在线项目的部分成员国这样广泛而多样的国家背景下进行研究时，这些问题之间就显得尤其相关。

我们很容易列举出进行比较研究的理由。最明显的一个理由是基于具体国家数据的调查结果既有普遍性，同时还有独特性的问题，而只有通过与其他国家的数据进行比较，才能显出独特性。在跨国比较研究的其他价值中，最常被提及的可能是拓宽研究视野，并为在某一具体国家背景下研究的问题提供"新的深刻见解"，这意味着这种方法能揭示影响所研究现象的新（和之前隐藏的）变数和因素的巨大差异（Hantrais and Mangen，1996；Livingstone，2003）。

尽管有这些不言而喻的优势和好处，跨国研究还必须妥善处理许多方法上的问题，以及实际的挑战和意想不到的困难，以致一些学者警告不要进行不明智并且无理论基础的跨国探索。在列举跨国或跨文化的合作研究正面临的关键性方法问题时，作者通常提到研究单位（通常是单一国家）的选择以及最初的数据取样和可比性的问题（Tilly，1997），并附带一些更实际的问题，诸如专业学术文化的变化、写作和沟通标准的变化（Livingstone，2003），尽管它们也有严肃的方法论含义。

对于在比较研究项目一开始就需研究人员解决的各种问题，几乎没有一种"默认"的顺利解决方案。埃尔斯·奥思（Else Oyen）认为，"我们没有理由相信存在一条简单而直接的通道进入社会比较研究"（Oyen，1990：1）。前方唯一的道路可能是努力从他人的例子和错误中吸取教训（Livingstone，2003）。为了给未来的比较研究项目提供一个实例，我们在下文中描述并仔细考虑欧盟儿童在线项目的比较程序。

三、挑选要分析的国家

就欧盟儿童在线项目网络而言，欧盟的更安全互联网方案框定了研究目标以及组织背景。最好把欧盟的结构和制度看做超越国家而非跨国的结构和制度。方案策划的许多活动发生在超国家层面，它们旨在告知成员国及各自的发起人推动更安全的互联网发展。并且通常来说，政策是在欧盟和成员国的层面制定的。为了正确了解欧盟的活动，必须进行多大程度的调整以适应各国具体国情，欧盟需要获得有关国家之间共同点和差别的信息。成员国想尽可能多地获得自己国家人口的信息；除此以外，他们需要设定作为基准的比较指标，并据此提供关于各自国家"优势和劣势"的强有力的政治论点。这种框架预先确定了将国家作为分析单位的研究设计。

除了上述将国家作为分析单位的观点之外，对此决定还有进一步的支持。首先，该研究感兴趣的领域实质上仍受国家层面上所规定的结构和程序影响，比如：信息基础设施、信息通信技术的相关规定和教育政策等。其次，欧洲的研究团体在很大程度上是根据国界，或至少是根据语言范围组织起来的。绝大多数关于儿童在线行为的研究以建立在国家（甚至是地区的或当地的）层面上的样本为基础，论文用各自国家的语言发表并在国家级论坛上对它们进行讨论（如上所述，仅有8%的有关儿童和新媒体的研究涵盖了不止一个国家）。

至于哪些国家应该被包括在研究中这个基本问题，还没有"挑选国家"的理论依据，换句话说，国家不是根据研究问题或假设进行挑选的。理想中，为了把欧盟当作一个整体对待，欧盟的所有成员国以及所有候选国都应被包括进去。实际上，三个颇为实际的因素决定了选择哪些国家进入研究项目：（a）项目的总体预算就设定了大约20个国家的限额；（b）将"更大的"欧洲国家包括进去的需要；（c）涉及有儿童在线行为和国际项目方面经验的研究中心。

四、欧盟儿童在线网络的比较程序

当选择一个跨国研究项目的组织结构时，有两个基本的选择。第一个是自上而下的方法，就是单独一队研究人员收集关于所有参与国的数据，并根据一套预先设定的标准对它们进行比较。第二个方法，也是曾被欧盟儿童在线网络使用过的，是一个更彻底的自下而上的方法，其中来自所有参与国的研究团队都被包括在内，并有描述他们各自国家的任务。随后，在交谈确认的过程中对这些描述进行比较。这个方法需要很多的协调工作，并因此需要大额的差旅费预算。不过，需要在所有参与国收集原始数据的第一种方法的花费通常更多。鉴于多数研究项目在国家层面上进行组织，并以各国语言发表研究成果这一事实，所以作为在感兴趣的研究领域是专家的"国家通讯员"，对于各自的实验证据必须有全面而有效的了解。

尽管这种方法似乎简单而直接，但仍面临重重严重的挑战。由国家通讯员提供的实验证据远远没有客观反映所了解的情况。相反，这些实验数据必然是以专家的学科视角以及他们的学术和制度网络为基础而构成的。欧盟儿童在线网络包括不同的研究团队，他们具有从通信、心理学和教育学到社会学这些主要学科的不同视角。另外，有些研究团队具有纯粹的学术背景；而其他团队则与公共机构有更紧密的联系，这让他们充当了欧洲委员会更安全互联网方案的国家联络人。

情况甚至更为复杂，因为不同的国家研究团队或多或少地会以各自国家中盛行的网络安全研究文化和特定论述为特点。值得注意的是，欧盟儿童在线网络对有关儿童和媒体研究的背景做了大量分析工作。分析结果揭示了国家之间的许多不同之处，例如关于研究经费和组织资源的不同，关于某些研究领域和方法论范式的侧重点不同（Stald and Haddon，2008）。儿童的互联网使用和在线风险的问题已经根据不同的主题侧重点，使用不同的方法并从不同的理论视角进行了调查。

图4.1表明欧盟儿童在线网络所采用的研究逻辑由三个层面组成。第一个层面详述了研究人员感兴趣的问题（在这里指网络使用和风险）。第二个层面列举了有关网络使用和风险的实验证据，证据的数量取决于所研究国家的研究基础设施。那么如何在第三个层面，也就是跨国比较层面解释实验证据，还是取决于研究者个人或为特定国家充当通讯员的研究团队。

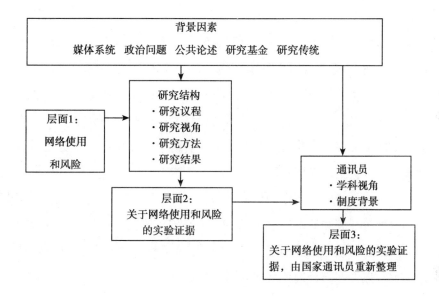

图4.1　影响国家报告的因素

意识到在该过程中共识的重要性，欧盟儿童在线网络投入了大量时间和努力来讨论和制定比较过程的概念框架（Hasebrink et al，2009）。结果，所有研究团队对研究领域和相关变量都有了共识。另一个重要的准备步骤是对所有参与国中的相关研究进行收集和作注解（Stakstrud et al，2009；本书第二章）。这些工作为国家报告奠定了基础（见下文）。

进行主要分析之前，研究人员对三个挑选出来的国家（波兰、葡萄牙和英国）进行了探究性比较。来自这些国家的国家研究团队撰写了报告草案，并以此为基础，起草了第一份比较报告（Hasebrink et al，2007）。各国在这个"小范围实验"中的体验成为完整的比较分析的依据。

这样，研究人员依照两个主要目标逐渐形成了欧盟儿童在线网络的比较研究方法。首先，在儿童和青少年在线行为的指标基础上，国家分类得以确定，它代表了在个体行为聚集的层面上国家之间的异同，比如儿童和青年人经历的在线风险的几率，或儿童和青年人接受的在线机会的几率，或父母介入儿童在线行为活动的性质和程度。其次，欧盟儿童在线网络确认了在宏观社会背景因素中欧洲各国的相似和不同之处：尤其是在（a）媒体环境；（b）信息通信技术的规定；（c）关于儿童互联网使用和它可能存在的风险的公众观点；（d）关于教育、儿童时代和技术的总体价值观和态度；（e）教育体系（见本书第一章图1.1）五个方面。图4.2展示了基于个体指标比较分析的步骤概观。下文更详细地解释了这四个阶段。

第一步：给研究问题和假设下定义。

以准备步骤和筹备会议上的讨论为基础，协调人员制作了一个撰写国家报告的模板，其中包括12个研究问题和15个假设，也包括了选择那些也许能解释国家之间异同的背景因素。

第二步：国家报告。

每个国家的研究团队都批判地调查各自国家现有的研究结果，这些结果可用来回答研究问题、支持或否定假设。接着，通过论述这些研究问题和假设，每个研究团队试图为各自的国家提供最新的信息。这些国家报告也包括了对背景因素的讨论。本阶段的一个重要部分是要集体讨论网络中的所有报告草案，并允许对内容提出批判性的见解。

第三步：单一研究问题的对比分析。

接着，选出的项目团队成员对单一研究问题或假设进行对比分析。他们汇编了国家报告所报道的所有实验调查结果，并核对了特定假设在多少个国家可能得到支持或必须舍弃的情况。因此，研究人员在这个阶段制作了一份国家之间相关异同点的概要。此外，负责中期分析

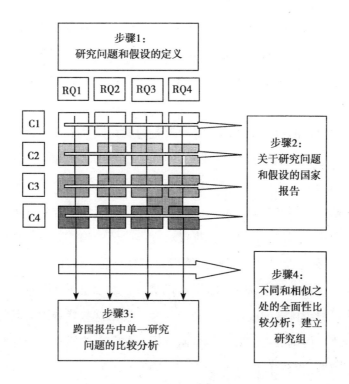

图 4.2 比较分析的步骤概观

的报告撰稿人提议根据背景因素对国家进行分类。在这个阶段，还有新假设发展的空间。来自欧洲民调处最近调查的直接可比较数据（欧洲委员会，2006）允许在这个阶段对某些研究问题进行调查。尽管这组特定的数据建立在对父母的访谈基础上，且为在线风险和机会提供的指标也相当表面化，但事实证明它是卓有成效的，因为它考虑到在所有成员国之间进行一次国际性比较。

第四步：对异同点的全面对比分析；建立研究群组。

第四个也是最后一个阶段，在这个阶段项目协调员分析在第三步制成的文本，以确定它们是否根据异同点为同类国家群体提供了证据。这里最重要的指标是儿童对在线媒体的利用和有关互联网风险的证据。因此，用这两个指标来对国家进行分类。

在比较国家之间异同点这个最后阶段，辅以所有研究团队对报告草案和各自的分类情况进行讨论的项目会议。作为沟通验证的一个过程，要求国家研究团队对各自的国家归属于某一具体研究群发表看法，并提出修订建议。这个程序产生了一个被视为有效描述实验证据的文本。

比较分析的第一步概述了欧洲现有的就儿童和十几岁青少年的互联网使用和有关网上机会与风险的研究。遵循研究领域的一般模式，比较分析的第二步着手界定和收集相关的背景因素或背景变量，它们有助于解释国家之间的异同点。研究程序遵照与作为背景的国家层面相同的原则，因此，研究人员将仅对它作简要的描述。根据模板指定的五个主要背景因素（即媒体情形、信息通信技术的规定、公众观点、价值观和教育体系），国家通讯员在国家报告中写了几个方面，随后由项目组挑选的成员进行分析。为了根据这些背景因素制定一些国家分类，协调员再一次进行全面分析，如前一阶段那样，这些分类有助于解释国家之间的异同点。

除了这些解释有关儿童在线行为的异同之处的探索性方法之外，研究人员通过应用定性比较分析采用了另一种方法（Rihoux，2006，关于一般方法，和本书的第十四章，关于欧盟儿童在线数据的应用）。这种研究方法允许进行背景因素的分析，如他们在比较分析的第一步所观察到的那样，这些因素结合起来能解释不同点和相似之处。

五、结语

如前几部分所示，组成欧盟儿童在线网络的 21 个国家的研究团队已拟定了建设性的工作安排，目的是为了获得成员国之间的相似性和多样性，以便得出研究的常见模式、常见主题和最佳做法。这样可以有效利用认可差异和得出共识之间的密切关系。对那些正考虑对研究结果进行一次异同点的跨国分析的相似或相关领域，我们认为自己的分析框架和工作方法是相当有价值的。

特别是，我们的方法允许将跨国研究的三个主要逻辑依据清楚地转化成一个在多个纬度比较各国情况的有效策略，就如通过一个明晰的理论框架组织的。首先，分析能尊重泛欧洲各国的既有相似又有不同之处的研究结果。其次，它能检验具体假设，也能论述开放的研究问题。最后，它可使各国置于其他国家的背景中，并且可将儿童个体置于国家文化因素的背景中。

另外，就每个国家研究团队的工作，以及对一个高度合作和重复的过程的管理和义务来说，这个过程无疑是要求很高的。分析也受到现有证据的质量和范围的限制：许多数据上的不足和许多定义、样本与方法上的不同，存在于像网络使用和风险这样的核心问题中，这些情况意味着必须把所有的论断和结论视为陈述性而非结论性的。

简而言之，一些数据不如所愿，一些数据缺失而一些数据难以解释。因此，我们继续这个大胆的假设，即进行比较研究比对泛欧洲模式只字不提更可取，因为研究人员必须从许多已经进行过的研究中提取一些有附加值的东西。不过，我们特别谨慎，尤其是为了激励今后更多和更好的研究。

除了在网络中找出相关数据并商讨其重要性之外，最艰难的任务在于编制国家分类法。一些研究人员可能认为这些太有还原性了，将程度上的差异变成了绝对的差异。但是由于理论和实际方面的缘故，我们提出国家分类法是有用的，它为讨论异同点并将注意力集中在政策重点上（显而易见，重点是高风险国家）奠定了基础。

尽管多数现有的研究结果来自国家研究，但在许多时候，欧洲比较数据（主要来自欧盟民意调查，尽管其他来源也有用）为跨国分析奠定了良好的基础，这一点值得注意。就质量控制而言，通过让分析可能追溯到得出结论的国家报告和实际的数据源头，我们已尽量为网络成员和其他人解释我们一贯的论断和结论的基础。因此，我们在项目网站上不但可以找到最终报告，也可找到国家报告（www. lse. ac. uk/collections/EUKidsOnline/），从而有助于使整个研究过程更透明，并让研究人员个人能够比较其对研究所作的贡献，并能从彼此的做法以及错误中互相学习。

许多比较研究为跨国比较提供了经验基础，但是在制作一系列国家报告或国家概况的阶段终止了他们的工作，实际上，这将识别和解释观察到的异同点这个任务留给了读者。我们希望我们现在的工作能为比较研究的关键阶段提供一个模型，将跨国研究的好处系统化和最大化。因为在未来几年对泛欧洲比较研究的需求（在欧盟现有的边界内或甚至超出现有的边界）只会增长，所以研究人员需要清晰而可靠的创新比较研究方法。尽管它远非理想的（如它依然存在弱点的记录），但是以上所示的例子可能对未来儿童和新媒体领域以及一般社会科学研究领域的比较研究有所启发。

参考文献

EC(European Commission) (2006) *Eurobarometer survey on safer internet. Special Eurobarometer* 250, Brussels (http://ec. europa. en/information _ society/activities/sip/docs/eurobarometer/eurobarometer_ 2005_ 25_ ms. pdf).

Hantrais, L. and Mangen, S. (1996) 'Method and management of cross-national social research', in L. Hantrais and S. Mangen(eds) *Cross-national research methods in the social sciences*, New York, NY and london: Pinter: 1—12.

Hasebrink, U, Livingstone, S. , Haddon, L. and Ólafsson, K. (2009) *Comparing children's onlie opportunities and risks across Europe: Crossnational comparisons for EU Kids Online*(2nd edn) , London: london School of Economics and Political Science, EU Kids Online (Deliverable D3. 2 for the EC Safer Internet Plus Programme).

Hasebrink, U. , Livingstone, S. , Haddon, L. , Kirwil, L. and Pontfe, C. (2007) *Comparing children's online activities and risks across Europe. A preliminary riport comparing fundings for Poland, Portugal and UK*, London: London School of Economics and Political Science, EU Kids Online(Deliverable D3. 1 for the EC Safer Intfernet Plus Programme).

Hoffmeyer-Zlotmik, J. H. P. and Harkness, J. (2005) 'Methodological aspects in cross-national research', *ZUMA-Nachrichten Spezial*, no 11.

Livingstone, S. (2003) 'On the challenges of cross-national compartive media research', *European Journal of Communication*, vol 18, no 4: 477—500.

φyen, E. (1990) *Comparative methodology: theory and practice in internatinal socisl research*, London: Sage.

Rihoux, B. (2006) 'Qualitative comparative analysis (QCA) and related systematic comparative methods: recent advances and remaining challenges for social science research', *International Socilolgy*, vol 21, no 5: 679—706.

Rokkan, S. (ed) (1968) *Comparative research across cultures and nations*, Paris: Mouton.

Staksrud, E., Livingstone, S, Haddon, L. and Ólafsson, K. (2009) *What do we know about children's use of online technologies?A report on data availability and research gaps in Europe*(2nd edn), London: (Deliverable D1. 1 for the EC Safer Internet Plus Programme).

Stald, G. and Haddon, L. (2008) *Cross-cultural contexts of research: Factors influencing the study of children and the internet in Europe*, London: London School of Economics and Political Science, EU Kids Online (Deliverable D3. 2 for the EC Safer Internet Plus Programme).

Tilly, C. (1997) *Micro, macro, or megrim?*, New York, NY: Columbia University (www. asu. edu/clas/polisci/cqrm/papers/Tilly/TillyMicromacro. pdf).

第 五 章

欧洲的研究及政策文化[*]

    欧洲在传统上被视为一个有着统一历史渊源、价值观、体系和制度的文化体。这在单一层面上为欧洲境内外提供了一个共同的出发点。但是，凯文（2003：2）指出"欧洲的定义在逻辑上不能局限于特定的政治、文化或地理描述"。考虑到可能在多种层面上理解欧洲时，我们必须注意到欧盟在政治和经济层面比在文化和传统方面更加一体化。于是，邦德杰格（Bondebjerg）和戈尔丁（Golding）就已了解到的欧洲共同的文化要素进行了讨论：

    所有描述都认识到一份共同财产——民主、启蒙主义价值观、科学、推理和个人主义注入到一个强大的综合体中，该综合体具有独特的欧洲特色。欧盟这个令人陶醉的统一体中，有源于古希腊—罗马传统的强大历史感，以及这些价值观和所谓"文明"的松散联合。（2004：12）

    然而，他们也表明理解"欧洲文化或统一体的这个变化多端的神话"仍存在困难。他们指出"在欧洲制度和泛国家机构正在形成的大潮中，欧洲的政策领域也有一个明显的矛盾"（Bondebjerg and Golding，2004：13）。

    在欧洲拥有共同财产，尤其是在欧盟政策均等化倾向及多样化的国家制度和文化历史共存的情况下，整个欧洲一直存在着相似度或差

---

    [*] 本章作者为莱斯利·哈登、吉特·斯泰尔德。

异度有多大这样的问题。这适用于在任何领域开展的研究，包括对儿童互联网体验的研究。各个国家的研究背景有多大共同之处，有多少国家特色？对这些研究背景的了解能够解释跨国研究中的差异吗？哪些方面可能进行比较分析？在欧洲不同的国家，为什么没有开展儿童和互联网关系的不同方面的研究？

面临的挑战是要理解研究的社会构成情况。确实，进行什么样的研究以及如何进行，这部分地反映了具体研究者和研究组的兴趣和研究方向。但是本文关注的是可能影响这个过程的更广泛的社会因素，以及它们是否会有跨国差异。尽管本书第二章和第四章提及一个新兴的跨国研究机构，但是总体上有关研究形成及其政策含义的问题却很少被问及，更不用说与儿童和互联网有关。因此，本章讨论的研究是本着詹森（Jensen）（2002：273）所理解的精神进行的。

媒体研究如其分析对象，源于特定的社会和历史背景。媒体研究的一部分相关性是它们可能会影响未来通信的社会条件。像媒体本身一样，那么大学里的系和其他研究组织在理论上可视为有相同意见的机构，让我们才能（从第二层面上）反思媒体在社会中的作用。

一、我们的方法

本章力求解释已在本书第二章中讨论过的国家研究模式（并如在Staksrud et al（2009）的文中详细论及的）。为了当前的各种目的，我们排除了多国研究，因为我们的兴趣在于那些影响研究的国家因素，尽管我们确实探讨了欧洲委员会在资助研究中的作用，尤其是在缺乏研究经费的国家。虽然实验研究有限的国家其欧盟儿童在线数据库中有硕士论文和博士论文，但这次讨论会将它们排除在外。欧盟儿童在线项目的研究网络讨论了国家报告的模板，其中包含了一系列有关国家背景因素和历史因素的问题。国家研究组通过找出合适的信息、与同事讨论相关的问题，完成了这些条理性的报告。进一步的分工使个人和群体组织从而可分析各个国家的具体问题。

分割背景因素并非全都轻而易举。然而，在不同社会中对是否进行研究可能产生影响的社会发展情况，以及由于具体国家研究团体的性质和历史因素，可以得出最初的差异。前者包括互联网本身的传播以及关于儿童和互联网更广泛的社会认知，而我们重在关注媒体的表达方式。我们从更详细的层面上探寻是否有关于特定主题的辩论（例如，童年时期的商业化），这些辩论似乎导致了研究机构关注这样的主题。了解特定机构的作用，例如活跃在研究领域中的非政府组织；以及了解对研究似乎有一些影响的政治措施（广义上的）甚至是特定事件的相关证据，这似乎都是恰当的做法。

与国家研究团体的性质和历史有关的因素包括：它们的相对大小，最早研究的时机是否重要，特定学科的存在是否促进了某些研究，而现有的数据采集是否或多或少地引起了有关儿童互联网经历的研究。关于制度形成过程、惯例和趋势的问题，研究人员要看它们是否促进或妨碍了该领域的研究。最后要说明的是，我们调查了不同国家获得研究经费的来源。

背景材料会以数字的形式（关于互联网采用的比率）或以适合于多国研究团体（例如，某些研究开始的日期）的形式出现。但是，其中的多数内容，例如关于媒体报道的性质或在某项制度中起作用的过程，它们可能更具推论性并且更定性。这种材料有时甚至会被整理归入类型学，然后研究人员可在按某些标准划分的国家组群间发现系统性的差别，但这并不总是可行。有时，国家报告的撰稿人增加了很多的附加说明，以致对纯群组型的国家有失公平。有时，仅有一些国家研究组会提供证据，而其他的则仅是对某些情形作出推测，但是难以提供实例。

由于这些原因，科恩（Kohn）（1989）的跨国分析方法（Livingstone，2003）采用了两种不同的逻辑。把国家本身当作研究对象的个体特质研究法，可让一些国家合作考察国家（群组）间的不同之处。

另外，国家事实上成为研究的背景，这意味着为了调查在全欧洲起作用的共同因素（它们可能对研究过程有重大影响），尽管他们承认不同国家的研究过程也许会呈现出稍许不同的形式，研究人员还是汇集来自不同国家的反馈信息。

二、研究所受的社会影响

互联网使用率和研究数量之间存在着较大的相关性。但是，英国和德国的研究数量远远超出其互联网使用情况。这反映出这样一个事实：某些过程影响了数字，其中之一是人口规模以及按人口规模进行研究的院校数量（见图 5.1）。图 5.1 中为了控制了人口规模，由于居民较少，冰岛和爱沙尼亚这样的国家被排除在外。不过，研究人员清楚，互联网普及率与关于儿童和互联网的研究的数量之间有关联。

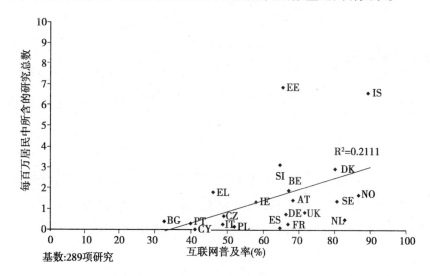

图 5.1　根据 2008 年末的互联网普及率，单个国家每百万居民的
研究总数（不包括硕士/博士论文）

如本书第十三章所述，为了支持对媒体角色进行的分析，欧盟儿童在线团队进行了一项包括分析新闻报道内容在内的 14 国研究。这项

研究得出的一点重要结论是，媒体报道因国家不同而有变化，而且更为特别的是，本书所讨论的媒体报道在风险平衡点的问题上也因不同国家而异：各国对内容、接触和行为上的危险有不同程度的看法。由此得到的启示是，不但公众可能会对不同国家的不同风险敏感（因为这会影响到他们如何回答调查问题），而且不同的研究团体（或它们的投资者，或该领域内的鼓动性政治活动）可能也会如此。

另外，比利时、丹麦、德国、意大利、爱尔兰、荷兰和英国的国家研究组织报告了一般学术研究和受媒体报道影响的具体项目的详细例子。例如，在英国，"媒体逐渐注意到了作恶取乐的现象。一些非政府组织委托的研究可能源于此类报道。网上恐吓的研究肯定是受到某个非政府组织的委托"（Stald and Haddon，2008：60）。对德国而言，"似乎就作恶取乐和网上恐吓而言，研究受到媒体报道的影响，因为这种现象首先是由媒体报道而知的（通过介绍发生在其他国家的孤立事件，例如英国）"（Stald and Haddon，2008：60）。而在荷兰，"如果有的话，大众舆论仅仅间接地影响了荷兰的研究。报纸和电视上的讨论，特别是对虚拟装饰和网络成瘾的讨论，让该国更安全互联网方案和政策对这些事件越来越关注。由于这种情况，研究人员又进行了更多的研究"（Stald and Haddon，2008：60）。

这些例子表明，也许包括道德恐慌在内的媒体表现形式有时影响设置研究议程，或者至少会推动研究。这反过来又能有助于在不同国家产生不同的研究类型（或者有助于产生类似的研究类型，如上面提到的德国的例子）。更多具体的大众舆论，诸如关于童年时期的商业化和儿童权利之类的辩论，也因国家不同而有变化。至于童年时期的商业化，某些迹象表明，在某些国家争论或不怎么争论，与对该问题的研究的数量有关。但是关于儿童权利，这就不是很清楚了，因为它一般不那么吸引媒体的关注。

国家政治新举措，例如将互联网引进学校的尝试，或率先对教师使用互联网进行培训以增强互联网意识的行为，会引起评估这些方案的研究，并因此造成国家间的差异吗？由此可见，国家政府是创造有关儿童和互联网领域研究氛围的最核心的行动者。在我们所分析的国家中，约半数国家报道了这种由政府发起的研究调查。而且，这样的政府新举措也会扩充已收集的关于儿童使用互联网的数据。有关采取这种新举措的机构的例子，有时也包括地方政府和管理者。另一个重要的观察结果是欧盟的新举措对资助研究的实施、融资和扩大至关重要，并对现有的国际比较数据的形成起到了主要作用。

各个国家的研究团队也报告了非政府组织的活动，让媒体继续报道研究问题并让政客们关注它们，这些活动可能又间接地影响了研究。以比利时的情况为例：

> 很清楚，他们在这件事情上发挥了积极的作用，就是让公众继续讨论儿童上网安全问题以及儿童和父母的安全意识问题。例如，一个家庭问题的非政府组织"Bond（Flanders）/Ligue des Families（Wallonia）"经常在它们的杂志和网站上关注父母的教育新举措这个问题。同样的，这个非政府组织让公众和政界对这个问题保持敏感。（Stald and Haddon，2008：61）。

有一些非政府组织甚至自己加入到国家研究机构中来。例如，在英国，"除了游说，一些非政府组织也进行研究。儿童慈善组织活跃在这个领域，并定期委托开展新研究来引起人们关注互联网/移动通信技术对儿童安全带来的主要挑战，这样的例子包括最近有关恐吓的调查、国际儿童网的活动以及巴纳多（Barnardo）对网络陷阱中儿童受害者的研究等"（Stald and Haddon，2008：61）。

同时，若问及是否有某事件引起了特别的国家研究，经确认有两类事件影响研究：即特定的一次性事件和看到同类事件不断重复的累积即"滴水"效应。但是，如同政治新举措那样，就非政府组织和事

件而言，除了证明这些因素有时是如何影响研究的之外，难以进一步
开展比较分析的研究。

三、国家研究团体对研究的影响

一个国家总的研究数量与特别针对儿童和互联网研究的数量有某
种关系吗？在所有可充当研究数量代表的各国中，最容易获得的数据
是高等院校的研究数量。即使是计算这种习以为常的"学院依据"，
也绝不是一项容易完成的任务。比如在法国，除了名义上的定义之外，
"大学"和"高等学院"都是大学；而在英国，伦敦大学实际上是几
个大学组成的庞大组织。这种情况部分基于欧盟儿童在线研究团队的
解释，考虑具体国情而做了各种调整。

如前面所提到的，欧洲各国的学院基础经证明与人口数量密切相
关，即使在欧盟儿童在线项目实施的国家中也有一些明显的例外情况；
例如爱沙尼亚、爱尔兰和保加利亚，相对于它们不多的人口，它们的
"学院基础"更大，希腊和意大利的稍微小点。在本章的关注点中，
图5.2表明，学院基础可直接但并不确切地预测该国关于儿童使用互
联网的研究数量。

要调查研究时机的效果，研究人员收集了关于互联网的首次国家
研究的日期（以及对大众传播和介入的人际沟通，即"电话服务"的
首次研究的日期）。如很大程度发生在大众传播研究上的情况一样，
互联网研究也是伴随着互联网本身的普及而发生的。因此，随着互联
网的出现和迅速发展到普及，多数欧洲国家在20世纪90年代开始对
它进行研究。许多最近才开始互联网研究的国家，诸如捷克共和国、
塞浦路斯、比利时和希腊，它们的互联网普及率较低，这反映了市场
发展较晚的事实。这样，作为一个重要而令人感兴趣的研究领域，互
联网的普及和它的学术意识之间出现了一些可理解的联系。

下一个问题是国家学科的传统对国家在该领域的研究是否有影响。

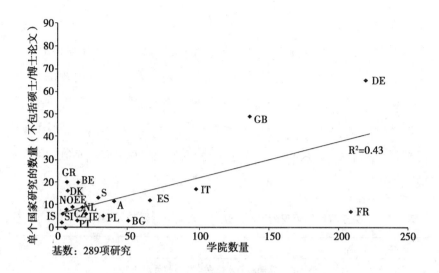

图 5.2 按学院数量计算的单个国家研究的数量

这里又有几个问题：许多研究，特别是更加以市场为导向的研究，难以轻易归入学科，因为有些研究是跨学科的，而有些难以对其进行归类。所以，还未将这种信息收集进数据库。尽管如此，很明显，教育学、心理学和社会学是重要的研究来源。接下来，计算这些学科的数量不会为了比较而按国家划分，因为多数参与国中的多数大学都设有这些学科。于是，关注点转向了可能进行儿童和互联网研究的学科（媒体研究和通信研究），它们相对较新，在一些国家仍在发展中。

可惜，业已证明统计这些学科甚至比统计大学的数量还复杂。许多进行媒体研究以及有时进行通信研究的学系非常务实，它们教授制作技能或新闻学，而非进行研究。尽管可能存在对传媒和通信研究问题的研究，但是研究和教学可能是在社会学系和社会心理学系开展的。若有单独的媒体和通信研究学系，它们的研究方向取决于它们所在的更大的学院。例如在丹麦，如果它们在人文学科中，那么它们则更面向哲学、文学和美学，但是在社会科学中，它们则更以实证为方向。经过多次调整后，我们最多可以说，那些在大学中很好地建立了媒体和通信研究的国家似乎进行了更多有关儿童和互联网的研究，例如比利时、瑞典和英国。但是考虑到上面提到的问题，这必定是一个非常无力或"不是说服力"的论述。

可能争论更激烈的方面与互联网使用率的一般调查数据有关。无论是在官方调查中（如表 5.1 所示），还是在非政府组织的调查中，调查发现，关于互联网使用的较低年龄限制，各国间存在相当大的差别。这意味着与其他国家相比，有些国家（例如北欧国家）可获得更多有关（更年幼的）儿童的数据，因为它们包括在这些一般调查中。

表 5.1   关于互联网使用的政府调查中的较低年龄限制（按总人口统计）

较低年龄限制	国家
16 岁	奥地利、塞浦路斯、捷克共和国和英国
15 岁	比利时、爱沙尼亚、爱尔兰、葡萄牙和西班牙
14 岁	德国
13 岁	希腊
12 岁	保加利亚、法国和荷兰
11 岁	意大利
10 岁	斯洛文尼亚
9 岁	挪威和瑞典
7 岁	丹麦

关于研究人员申请研究的实用性，对于是否有必须通过的提议阶段或必须核查提议的程度，存在着国家间的差异。但是最终由国家研究团队提供的评论表明这和该领域内的研究数量几乎无关，即更复杂的程序并未显得更有限制性。各国进行的研究也不是由道德因素决定的。但是，研究过程受伦理准则影响的程度则有国别差异，这主要表现在制度检查和规则评估阶段，例如，获得接受研究的儿童的父母许可。

一般来说，大多数的国家报告提及制度对研究（尤其是发表研究结果）日益增强的压力。这关系到潜在地促进学术发展的机会，关系到作为衡量所在学系的研究水平的通用标准而获得进一步的资助和发表。所以，这种压力可能会促进这个特定领域的研究数量，因为它影响了总体的研究数量。

有证据显示，在政治和制度层面上，业界和学术界之间合作的需求日益增加，情况因不同国家而有变化，并且这些机构彼此接触的程度不同。有人再次提议：这会影响研究的数量和方向。最后，研究委员会的资助越来越倾向策略性研究，如比利时的情况就证实了这一点。

在比利时，公共基金组织"联邦科学政策"有一个名为"未来与社会"的研究方案，它明确地邀请研究人员进行有关信息通信技术的研究。在佛兰德斯，科技创新推广学会是一个基金组织，它致力于鼓励和支持技术与科学创新。信息通信技术是主要的研究主题之一，该组织邀请研究人员提交有关信息通信技术的研究计划（Stald and Haddon，2008：44）。

所有这些发展情况都可能在某些方面推动有关儿童和互联网的研究，或影响研究数量和形式在各国的变化。然而，因为难以获得更详细的、也许实际上可表明这些因素相互关系的信息。参与的国家研究团队可就影响自己研究的各种考虑因素发表意见，但是当评判他们同行的研究时，他们通常是"局外人"。

最后是研究经费的问题。表5.2显示了按国家进行分类的资助结构的类型，其中考虑到资助范围及公众、学术和商业来源的相对优势。除了说明资助的具体问题，表5.2也表明了一种经常与背景材料结合的探索型分析。

我们的假设是资助结构会引起国家差异。但实际上，资助的总体结构和研究总量之间没有明显的相关性。此外，尽管证明了有多种资助来源的国家（英国、比利时、德国和瑞典）对一系列相对广泛的课题进行了研究，但这种情况也能在没有那么多资助来源的国家发生。令人惊奇的是，似乎资助的总体模式在不同的国家对哪些课题进行研究几乎没什么影响。

表5.2   为儿童和互联网研究的资助类型

资助结构	资助的特点	国家
公共资助的优势	公共资助为主（超过75%）。其他资助形式（商业、非营利或学术的）扮演了次要角色或根本不存在	保加利亚、捷克共和国、丹麦、爱沙尼亚、法国、希腊、冰岛、爱尔兰、荷兰、挪威、波兰、斯洛文尼亚和瑞典
主要的公共及学术资助	公共资助是融资的最主要形式，但它有一个更朴实的角色。学术资助重要。非营利和商业资助相当低或不存在	奥地利、比利时、塞浦路斯、葡萄牙和西班牙
主要的公共及商业资助	除了公共机构外，商业公司和同业协会也重要。学术和非营利性资助很少或不相关	德国和丹麦
混合资助结构	公共资助的比例至多为60%，公共、商业和学术资助起了重要作用	英国和意大利

　　这是因为欧洲各国具体的研究捐助者兴趣不同。像一个国家中的全国性或地区政府、（政府）部委、监管机构或研究委员会这样的公共机构，有时从在其他国家的同行中搜索不同类型的数据，然而就商业公司来说，德国的商业公司有时比英国的商业公司对儿童在线使用的不同方面更感兴趣。

　　然而，当抛开以上的资助结构来考虑不同类型的投资者的角色时，我们可以得出几点结论。有许多主要由公共机构或一小部分由学术资助解决的问题：如在线内容、身份游戏、社交网络和在线学习。商业资助对忧虑和挫折感、搜索策略、隐私风险和在线游戏的研究相对重要。欧盟儿童在线项目特别感兴趣的是风险研究，这类研究往往是由商业机构和公共机构资助的。

四、结语

　　在方法论上，欧盟儿童在线项目的这部分总是面临制约。国家研究团队在各学科中都有分布，并从不同的学术背景来完成它们的国家报告中应解决的问题。某些信息的可及性在不同的国家也会有变化

（例如，这取决于研究团体的规模和信息是否容易定位）。如上所述，这与能在多大程度上遵循某些分析路线有关。尽管如此，通常需要进行大量搜索和咨询，得到大量信息供项目开始解决以下问题：即背景因素如何影响研究以及研究可以采用怎样不同的分析逻辑。

本章已阐明了在实质性的层面上，有时不同的研究如何能因一系列的原因受不同的参与者鼓动，以至行业、媒体、公众、学术、政府和非政府组织的活动和兴趣也许都有助于建立有关儿童和互联网的实验研究的国家数据库。像互联网总体使用程度这样的社会因素导致了跨国研究中的差异，比如国家研究团体的一系列特点所起的作用，互联网研究的规模和时机或历史，这本身与国家互联网市场的发展有关。

让我们回到本章前面詹森的引语："研究环境受到其文化背景的影响，就有关儿童和互联网的研究来说，涉及到不同国家的关于风险的文化价值观。"然而，本章至多提供了一个速写，因为影响研究的各种因素可能也会随时间而变化；在与新媒体、国家文化价值观、社会条件以及学术机构行为本身不断变化的接触和使用的复杂互动关系中，正如观察所得，"对欧洲变化着的媒体的研究也是对变化着的欧洲的研究，因为社会正经历着极其重要的变化，如同政治协会和联盟、人口结构、工作、闲暇和家庭生活、流动、教育、政治活动和通信，这些都正在经历着重要的转变"（Bondebjerg and Golding，2004：7）。所以这需要该领域的决策者不只留心互联网这样的新媒体的发展，还要注意在更广阔的社会背景中的各种变化，以及这些变化如何体现在研究环境中。

参考文献

Bondebjerg, I. B. and Golding, P. (2004) *European culture and the media, Changing media, changing Europe, vol* 1, Bristol Intellect.

Jensen, K. B. (ed) (2002) *A handbook of media and communication research*, London:

Routledge.

Kevin, D. (2003) *Europe in the media, A comparison of riporting, representation, and rhetoric in national media systems in Europe*, London: Lawrence Erlbaum Associates.

Kohn, M. L. (1989)' Intriduciton' , in M. L. Kohn(ed) *Cross-national research in sociology*, Newbury Park, CA: Sage Publications.

Livingstone, S. (2003) ' On the challenges of cross-national comparative media research' , *European Journal of Communication*, vol 18, no 4: 477—500.

Staksrud, E. , Livingstone, S. , Haddon, L. and Ólafsson, K. (2009) *What do we know about children's use of online technologies? A report on data availabilety and research gaps in Europe*(2nd edn) , London: London School of Economics and Political Science, EU Kids Online (Deliverable D1. 1 for the EC Safer Internet plus Programme) .

Stald, G. and Haddon, L. (2008) *Cross-cultural contexts of research: Factors influencing the study of children and the enternet in Europe*, London: London School of Economics and Political Science, *EU Kids Online (Deliverable D3. 2 for the EC Safer Internet plus Programme)*.

第二部分

上网带来新机会吗？

第 六 章

网络带来的机会和好处[*]

互联网和其他在线技术为欧洲各国的儿童提供了一系列的机会和好处。机会主要可归为四类：教育、学习和数字知识；参与活动和参与政治；创造性和自我表现；以及身份和社会联系（Livingstone and Haddon，2009；本书第一章）。研究证据表明，成年人和孩子们都认同儿童主要把互联网当作一种教育资源，人们为了娱乐、游戏和玩耍，为了在全球范围内检索信息以及与他人进行远距离社交和经历分享而使用网络（Hasebrink et al，2009）。

关于儿童的在线机会和益处这个问题，可以通过"框架"和"能动性"这两个概念把它放进理论的背景中进行研究。框架指的是"规则和资源"，由于制度和能动性之间的内在联系，两者总是既互为促进又互为制约的关系（Giddens，1984：169）。与儿童使用互联网有关的规则和资源包括父母指导、规则和限制、在家中和学校使用互联网的物质资源（例如，宽带连接和儿童的个人电脑）以及可花费在网上的时间等等。同时，能动性的概念与一长串术语有关，包括自由、创造性、自我性、选择、动机、意志、主动权等等（Emirbayer and Mische，1998），在此，"能动性不是指人们做事时的意图，而首先是指他们做这些事情的能力"（Giddens，1984：9）。

网上机会本身是互相关联的，并且它们都取决于儿童的能动性

---

[*] 本章作者为韦罗妮卡·卡尔穆斯、皮尔·朗内尔和安德拉·斯巴克。

与数字知识。互联网对参与性活动的重要性在于它从"传统的"公共领域转变为在高度多样化和开放的网络型公共空间中积极参与日常的活动（Burgess，2007）。但是利用任何参与活动和参与政治的网络机会，在很大程度上取决于一般的沟通能力和特殊的数字技能。因此，数字知识可看做是对民主实践非常重要的一项基本技能（Dahlgren，2006）。数字知识通过用户的创造性行为也和参与活动有关，即通过包括在线内容创作在内的各种实践活动。再者，这样的创造性本质上是社会性的，因为它需要个体能够用某种方式利用、转换和拓展信息，通过这种行为被社会领域中的其他个体能够识别和获得该信息（Csikszentmihalyi，1996）。因此，作为一种人际媒介的互联网，也同社会联系和认同有关，因为它提供了在网上结识他人和进行在线交流的机会。

儿童参与在线活动发生在一个更广阔的背景中，其中包含众多因素：国内的、家庭的、社会的、文化的、政治的和经济的（Hasebrink et al，2009）。国际研究（Alakeson，2003；本书第九章）也报道过数字覆盖情况在不同国家间和特定国家中的明显差别。最明显的例子是，社会经济地位的不平等会影响到儿童的在线机会：其中占有更多资源、地位更高的父母比那些地位较低的父母更有可能给他们的孩子提供在家上网的机会（Livingstone and Haddon，2009）。

利文斯通和赫尔斯培（Helsper）（2007）提出了数字覆盖的连续发展阶段——从不使用、很少使用到更经常使用的理论。他们认为"上网是个阶梯式的过程，那些取得更多机会和那些获得较少机会的儿童间存在着系统性的差别"（2007：683）。在第一阶段，孩子们使用互联网主要是为了学校或一般目的的信息查询。在第二阶段，他们增加了在线游戏和使用电子邮件的目的。在第三阶段，孩子们也开始为了即时通信和音乐下载这样的目的而使用互联网。第四阶段包括互动性和创造性活动在内的多种目的的使用。这个研究发现多数在线活动随着儿童的年龄增长而变得更寻常，因为孩子们似乎爬上了网络机会之梯（Livingstone and Helpser，2007）。

我们在本章关注欧洲各国儿童所获取的不同类型的网上机会。我们在跨国的应用数字覆盖层次上利用了利文斯通和赫尔斯培（2007）的理论。我们也分析了一些框架方面的内容与儿童的网上活动存在着怎样的联系。

一、获取网上机会的层次

在这个部分，我们将仔细研究儿童在网上获得了什么机会。为了回答这个问题，我们把在欧盟儿童在线项目网络参与国家的研究结果和一份对8个欧洲国家的"媒体利用"调查的更详尽分析结合起来（Mediappro，2006）。我们选择了"媒体利用"的数据库，因为它是为数不多的一个致力于儿童占据和使用数字媒体的跨国研究，也因为它提供了一些影响那些行为的结构方面的相关指标。

在表6.1中，参与"媒体利用"调查的国家根据其在互联网使用的多样性指数上（水平轴）的递减得分进行排列，而网上机会则根据它们的获取频率进行排序，如最后一栏所示。每个国家至少半数的调查对象所获得的机会在图中用粗体字标明。在许多方面，新兴的模式与利文斯通和赫尔斯培（2007）所说明的数字覆盖的层次理论相似。但是也存在一些差异和例外。

1. 受学校青睐的使用

第一阶段，像利文斯通和赫尔斯培（2007）理论中的第一阶段一样，以信息查询和教育使用为主。在所有参与"媒体利用"调查的国家中，多数年轻的互联网用户已经获取了这些机会。在现代教学和课程设置的背景下，这促使学生为了学习而使用互联网，我们可把这个获取网上机会的阶段称为受学校青睐的使用。很明显，互联网已变成了一种新型的教育媒介；它也给孩子提供了激励他们的资源，否则他们仍是非常被动的用户。这与泛欧洲研究得出的结论有关：即（Hasebrink et al，2009）孩子们自己更多地把互联网的使用与寓教于乐联系起来，孩子们告诉研究人员，他们搜索自己感觉有趣和开心的信息。

2. 广泛使用

第二阶段添加了四项有关沟通和娱乐的活动（见表6.1）。多数参与"媒体利用"调查国家中的60%至70%的儿童获得了这些机会。在欧盟儿童在线网络的大多数参加国中，年轻人看重互联网主要是因为它提供了各种交流和网络化的环境（Hasebrink et al，2009）。因此，我们可以把获取网上机会的这个阶段称为"广泛使用阶段"。对照利文斯通和赫尔斯培（2007）的研究结果，以英国2004年春季的数据为基础，到2005年秋季，使用即时通信工具和下载音乐及其他文件在欧洲儿童中已明显变得更普遍了，这将它们带入到普遍使用而非更高阶使用的范畴。

表6.1　　　　　参与"媒体利用"调查国家中的网上机会

（至少"有时"获得，%）

		爱沙尼亚	英国	波兰	丹麦	葡萄牙	比利时	法国	希腊	平均值
使用多样化指数（平均值）		6.49	5.92	5.71	5.58	5.45	4.90	4.88	4.73	5.44
机会										
第一阶段	使用搜索引擎	90	98	91	92	95	95	94	81	91
	为学习（在校）使用	80	91	81	92	84	85	86	76	84
第二阶段	使用即时通信	88	78	75	87	77	81	69	39	71
	听音乐、广播	87	68	67	69	70	58	57	70	66
	发送和阅读电子邮件	69	81	62	66	69	74	67	46	65
	下载音乐、电影、软件和电子游戏	73	60	67	50	60	58	49	65	60
第三阶段	看录像、电视	71	47	53	52	64	46	46	58	53
	玩在线游戏	56	67	57	52	50	33	31	76	51

续表

		爱沙尼亚	英国	波兰	丹麦	葡萄牙	比利时	法国	希腊	平均值
第四阶段	去聊天室	33	20	34	26	38	28	32	41	32
	有博客或个人主页	30	35	29	21	26	38	30	25	29
	填写调查表、参加竞争	44	22	24	29	16	25	23	19	25
	购物	10	45	28	20	11	9	28	10	19
	打电话	28	11	30	15	11	14	15	8	16

注：样本以 11 岁到 18 岁的儿童为基础，2005 年秋季，他们在各自国家的普通学校就读，并且使用过互联网（N=4558，占人口的 96%）。在线活动按 5 分制的比例衡量（1 分代表"从未"…5 分代表"经常"）。使用多样化的指数以 11 个指标为基础；起码"有时"参加每项活动给指数加了 1 分。

比利时（Depandelaere et al，2006）、荷兰（Valkenburg et al，2005）和奥地利（Rathmoser，2008）的研究表明，使用即时通信和社交网站会被认为是青少年发展社会性的一个新机会。这些工具被视为对在同龄人中营造社区、扩大社会接触和为各种社会关系做准备特别有用，特别是为害羞的孩子克服其社交恐惧感提供了新的机会（Valkenburg et al，2005）。此外，孩子们使用即时通信不仅是为了和朋友们交流与约会，而且也是为了分享照片和音乐文件或功课上的信息（Depandelaere et al，2006）。因此，这一应用方式的受欢迎程度可以用媒介的普遍性解释。

3. 受资源制约的使用

第三阶段增加了两个与娱乐有关的机会：看录像、电影和电视节目及玩在线游戏，这要求有更多的资源，比如高速宽带连接和花更多时间在线的机会。于是，我们可以把这个获取更多上网机会的阶段称为"受资源制约的使用阶段"。"媒体利用"样本中的半数多一点的儿童参与了那些活动，调查发现国家之间有明显差异，尤其在玩游戏的频率方面（见表 6.1）。

玩在线游戏也是最受欢迎的并与娱乐有关的机会之一，在欧盟儿童在线数据库中有对它们的研究结果。冰岛（81％的年轻互联网用户；见 Olafsson and Jonsson，2008）、英国（70％；见 Livingstone and Bober，2004）、捷克共和国（57％；见 Steka，2008）和意大利（55％；见 Eurispes Telefono Azzurro，2006）的儿童特别喜欢玩在线游戏。尽管很多成年人可能把玩电脑游戏当成是浪费时间，但是欧盟儿童在线网络的研究人员建议我们应把这个活动看做在通向成为"'被接纳的'活动途中激励性的一步"（Hasebrink et al，2009：48）。来自"媒体利用"调查的结果证实了这个观点，因为50％的孩子宣称玩电脑游戏可以引导他们利用互联网来获得其他信息，32％的孩子说玩游戏引导他们使用互联网结识其他玩家，而28％的孩子已经通过在线游戏结交了新朋友。因此，孩子们参与电脑游戏也给他们提供了有关学习和社交联系的机会。

4. 高阶使用

第四阶段增加了一系列互动性和创造性的活动，与利文斯通和赫尔斯培（2007）所描述的第四阶段一致。所有参与"媒体利用"的国家中不到一半的儿童参与了这些活动（见表6.1），这可以被称为"高阶使用"。这个阶段存在着相当多的跨文化差别，尤其是孩子的经济参与活动（网上购物）。至于写博客和制作主页，"媒体利用"的调查结果与欧盟儿童在线数据库中显示的趋势相符。根据该趋势，那些互联网使用普及率高或较高的国家的儿童获得与创造性有关的机会往往更多（例如比利时、法国、英国、丹麦和爱沙尼亚；Hasebrink et al，2009）。我们之前的分析已说明尽管基本的技能不可或缺，但是孩子们的个体能动性、创造性和他们通过时间分配所表示出的轻重缓急次序，这些在发展其参与在线内容创造的活动中甚至更为重要（Kalmus et al，2009a）。

5. 攀登网上机会之梯

"媒体利用"的调查数据支持利文斯通和赫尔斯培（2007）的论

断，即当孩子们长大，他们爬上了网上机会之梯。多数网上机会随着年龄的增长而变得更普遍，并且年龄大的儿童也是比年幼儿童有更多数字技能的互联网用户（参见本书第八章，关于年龄差异）。然而，总体趋势也存在着一些例外。玩游戏实际上随着儿童年龄增长而变得较不常见，但是关于观看在线录像和电视、去聊天室、写博客和制作主页却没有显著的年龄差异。2007 年，爱沙尼亚对小学生进行调查得到的数据非常清楚地揭示了创造性活动的特殊性：随着孩子长大，他们对创建在线内容不再那么积极了（Kalmus et al，2009b）。相同的数据也表明创建个人主页的积极性在较大年龄组明显下降了。

于是，我们可以假设除了孩子们攀登网上机会之梯的趋势之外，他们获取不同机会时的轻重缓急次序随着年龄的增长而改变。我们可以假设这样的变化是由成长引起的，即年龄较大的学生正好随年龄的增长改变了玩在线游戏的习惯，他们将注意力转向其他活动。换句话说，年龄较大的儿童倾向于把他们的空闲时间当作一种稀缺资源用来获取稍微不同于年幼儿童的机会。就内容创造来说，一些国家中缺少年龄差别或者年长孩子消极性更大的现象（例如爱沙尼亚），这可能也是由于年次效应造成的，即较大年龄段儿童较晚才首次接触互联网这个事实（Livingstone and Helsper，2007），这让他们的电脑技能较差，而较差的技能又制约了他们的能力，例如创建主页。

二、资源和规则

为了解释在跨文化层面上获取网上机会中的主要趋势和例外情况，我们分析了在参与"媒体利用"调查的国家利用互联网和父母规定的资源分配情况。表 6.2 显示儿童的在线活动在那些利用互联网的物质资源（宽带连接到家，或是孩子卧室中的电脑接入了互联网，或者两者都有）更普及的国家（即，在丹麦、爱沙尼亚、英国和波兰）往往更多姿多彩。因此，儿童能获得高速网络连接和在卧室这样隐私的环境使用互联网的机会（大概相当长的一段时间），增加了儿童获取更多网上机会的可能性。

　　父母的规定对网上机会的获取也有影响。表6.3表明了在线活动的频率和父母禁止同一活动的频率之间的相互关系，这和参与"媒体利用"调查国家的孩子所认为的相同。显著的负相关表明制定这样的规定从某种程度上来说是有效果的。

　　与利文斯通和赫尔斯培（2008）关于父母介入英国儿童使用互联网的研究结果一致，参与"媒体利用"调查国家的儿童认真对待父母的规定，它们涉及下载资料、即时通信、发送和阅读邮件以及在聊天室交谈。就玩在线游戏而言，父母的规定似乎并不那么有效。在丹麦，那些经常被父母禁止玩在线游戏的孩子实际上往往更热衷于参与这项活动。

表6.2　　　参与"媒体利用"调查国家中利用互联网的资源

	爱沙尼亚	英国	波兰	丹麦	葡萄牙	比利时	法国	希腊	平均数
使用多样化指数（平均值）	6.49	5.92	5.71	5.58	5.45	4.90	4.88	4.73	5.44
资源									
宽带连接到家	75	65	40	76	52	52	58	21	54
孩子卧室的电脑接上互联网	52	34	51	59	43	32	35	49	44

表6.3　　　在参与"媒体利用"调查国家父母规定禁止的活动与实际活动之间的关系

活动	爱沙尼亚	英国	波兰	丹麦	葡萄牙	比利时	法国	希腊	平均数
下载音乐或电影	-0.14 **	-0.19 **	-0.25 **	-0.18 **	—	-0.23 **	-0.28 **	-0.14 **	-0.22 **
即时通信	-0.12 *	-0.18 **	-0.26 **	-0.19 **	-0.12 *	-0.21 **	-0.19 **	—	-0.19 **
电子邮件	—	—	-0.20 **	—	—	-0.18 **	-0.23 **	—	-0.12 **
在聊天室交谈	0.11 *	-0.17 **	—	—	—	-0.21 **	-0.14 **	-0.15 **	-0.11 **
玩在线游戏	—	—	—	0.12 **	—	—	—	—	—

　　注释：样本以11岁到18岁的孩子为基础，2005年秋季，他们在各自国家的普通学校就读并使用过互联网（N＝4558，占人口的96%），＊p＜0.05，＊＊p＜0.01。

总之，父母的禁令似乎在比利时、法国、波兰和英国更有效（参见本书第十四章和第十六章，关于父母介入）。

三、结语

尽管欧洲各国儿童获取网上机会的情况在细节上有不同，但是大体上遵照了一个普遍模式，根据这个模式，随着孩子们年龄的增长，他们不断丰富的互联网使用经验和变化着的轻重缓急次序，以及不断变化的动机引起了在线活动的更大变化。因此，获取网上机会可视为数字覆盖中的渐变阶段（Livingstone and Helsper，2007），其中向前发展的阶段意味着用户能动性的提高，而这是一个适用于所有国家的模式。我们的跨国分析也说明了在线机会获取的多样性与如居家使用互联网所需的物质资源这样的因素有关。

我们讨论的主要问题是获取在线机会是否对孩子重要或有益，以及重要性和益处如何。我们的分析表明最频繁进行的在线活动——查询信息和教学使用——部分是由于互联网作为一种新的并受学校青睐的教育媒介造成的。也就是说，这些活动，尽管在获得一般知识和数字知识方面显然很重要，但这只是用户能动性的一个方面。

在下一个阶段，获取有关通信和娱乐方面的在线机会占据了孩子们与社交能力有关的动机的最显著位置，这促进了社区营造并扩展了和同龄人的关系。而且，那些非常受欢迎的活动是令许多孩子兴奋和开心的来源。

进入第三阶段中的与娱乐有关的机会（观看网上录像和电视、玩在线游戏），由于需要占用大量资源，特别是时间，而经常是父母介入的重点。这些机会在儿童发展中的作用却是不明确的。例如，我们看到，当从"网上机会之梯"的角度看待儿童时，他们可被解释为构成迈向更多"受认可"的互联网利用方式的动力源泉。然而，我们还得学习如何将与娱乐有关的机会有效地应用到教育实践中。

最复杂的阶段，包括了写博客和制作主页，欧洲各国中只有少数年轻用户到达了该阶段。其中许多互动式和创造性机会牵涉到各种形式的社会参与，这潜在地导致了公民通过网络参与政治的发展。值得注意的是，获取这些机会并不一定需要大量其他的互联网资源，而是很大程度上取决于用户的能动性——动机、创造性和其轻重缓急次序的设定。此外，之前的研究表明，写博客和制作主页这两种行为都有助于先进数字知识的发展，积极参与这些实践活动和对发帖及网上评论的内容采取总体上负责任的态度有关（Kalmus et al，2009a）。因此，媒介知识教育能把更多的注意力转移到鼓励儿童在不那么死板的环境中（诸如博客和主页）进行创造性的活动上。

我们的分析说明了父母的限制对欧洲各国儿童获取在线机会有一些影响。然而，因为一些与娱乐和通信有关的活动能导致获取更多"受认可"的机会，所以约束像在线游戏或即时通信这样的应用方式的效用变得让人怀疑。恰恰相反，父母和教师应该更加注意教导孩子如何做明确的在线选择。

尽管本章已经收集了现有的证据，但是欧盟儿童在线网络显示关于儿童在线机会的发生率和获取率的跨国可比证据仍很少（Livingstone and Haddon，2009）。目前对这个问题所掌握的知识，大部分基于各国在不同时期进行的研究所获得的数据，其中研究方法的变化可能妨碍了进行可靠的比较。到目前为止，"媒体利用"项目依然是极少数提供跨国同步观测的研究之一。因而，我们需要进行更多的定量和定性的研究，以更深入地了解儿童是怎样获取并受益于不同的网上机会，特别是在线内容创作和参与政治活动。

四、致谢

"媒体利用"研究项目和欧盟儿童在线网络专题由"欧洲委员会更安全互联网方案"资助。本章的准备工作受到科研津贴（批准号：

6968）的资助，是爱沙尼亚科学基金为本次研究提供的资金；第 SF0180017s07 号项目由爱沙尼亚政府科学研究计划提供资金。

参考文献

Alakeson, V. (2003) *Inclusion in the information society: A case study with AOL Europe: Final report,* London: Forum for the Future (www. forumforthefuture. org/files/Degitaleurope Inclusionxasestudy. pdf).

Burgess, J. (2007) 'Vernadcular creativity and new media', Unpublished doctoral dissrtation, Queensland University of Technology, Austalia(http://eprints. qut. edu. au/10076/1/Burgess_ PhD_ FINL. pdf).

Csíkszentmihályi, M. (1996) *Creativity: Flow and the psychology of discocery and invention,* New York, NY: Harper collins Publishers.

Dahlgren, P. (2006) 'Civic particiation and practices: beyond 'deliberative democracy', in N. Carpentiet, P. Pruulmann Vengerfeldt, K. Nordenstreng, M. Hartmann, P. Vihalemm and B. Camma erts(eds) *Researching media, democracy and participation,* Tartu, Estonia: Tartu University Press: 23—34.

Depandelaere, M., Gabriels B., Huylebroeck J., Jonckheere L., Jutten S-et al (2006) *Kamedi@ leon: I love media: De invloed van nieuwe media op de identiteitsvorming bij jongeren*(Kamedi@ leon: I love media: The impact of new media on the identity-building of young people), Gent: Graffiti Jeugddienst ism UGent (Ghent: Graffiti Youth Service in cooperation with the Universty of Ghent) (www. apestaarjaren. be/sites/default/files/kamedialeon. doc). Report in Flemish.

Emirbayer, M. and Mische, A. (1998) 'What is agency?', *The American Jounal of Sociology,* vol 103, no 4: 962—1023.

Eurispes Telefono Azzurro(2006) *Seventh report on childhood and youth,* Rome: Eurispes.

Giddens, A. (1984) *The constitution of society: Outline of ehe theory of structuration,* Cambridge: Polity Press.

Hasebrink, U., Livingstone, S., Haddon, L. and Ólafsson, k. (2009) *Comparing chil-*

dren's online opportunities and risks across Europe: Crossnational comparisons for EU Kids Online(2nd edn) , London: London School of Economics and Political Science, EU Kids Online(Deliverable D3. 2 for the EC Safer Internet Plus Progamme) .

Kalmus, V. , Pruulmann-Vengerfeldt, P. , Runnel, P. and Siibak, A. (2009a) ' Mapping the terrain of"Generation C": places and practices of online content creation among Estonian teenagers' , *Journal of ComputerMed iated Communication,* vol 14, no 4.

Kalmus, V. , Pruulmann-Vengerfeldt, P. , Runnel, P. and Siibak, A. (2009b) ' Online content creation practices of Estonean schoolchildren in a comparative perspective' , *Journal of Children and Media,* vol 3, no 4.

Livingstone, S. and Bober, M. (2004) UK *children go online: Surveuing the experiences of young people and their parents*(www. york. ac. uk/res/esociety/projects/1/UKCGOsurveyexec. pdf) .

Livingstone, S. and Haddon, L. (2009) *EU Kids Online: Final report,* London: London School of Economics and Political Science, EU Kids Online (Deliverable D6. 5 for the EC Safer Internet Plus Programme) .

Livingstone, S. and Helsper, E. J(2007) ' Gradations in digital inclusion: children, young people and the digital divide' , *New Media ε Society,* vol 9, no 4: 671—96.

Livingstone, S. and Helsper, E. J. (2008) ' Parental mediation of children' s internet use' , *Journal of Broadcasting ε Electronic Media,* vol 52, no 4: 581—99.

Mediappro(2006) *The approprition of new media by youth,* A European research project, Brussels: Chaptal Communication with the Support of the European Commission/Saffer Internet Action Plan.

Ólafsson, K. and Jónsson, G, K, (2008) ' National report for Iceland' , in U. Hasebrink, S. Livingstone, L. Haddon and K. Ólafsson (2009) *Comparing children's online opportunities and risks across Europe: Cross-national compareson for EU Kids Online* (2nd edn) , London: London School of Economics and Political Science, EU Kids Online(Deliverable D3. 2 for the EC Safer Internet Plus Programme) (www. lse. ac. uk/collections. EUKidsOnline/Reports/WP3NationalReportIceland. pdf) .

Rathmorser, M. (2008) ' National report for Austria' , in U. Hasebrink, S. Livingstone, L. Haddon and K. Ólafsson (2009) *Comparing childrens ' online opportunities and risks across Europe: Cross-national comparisons for EU Kids Online*(2nd edn), London: London School of Economics and Political Science, EU Kids Online (Deliverable D3.2 for the EC Safer Internet Plus Programme) (www. lse. ac. uk/collections/EUKidsOnline/Reports/ WP3NationalReportAustria. pdf).

Štětka, V. (2008)'National report for the Czech Republic', in U. Hasebrink, S. Livingstone, L. Hoddon and K. Ólafsson(2009) *Comparing children's online opportunities and risks across Europe: Cross-national comparisons for EU Kids Online* (2nd edn), London: London School of Economics and Political Science, EU Kids Online (Deliverable D3.2 for the EC Safer Internet Plus Programme) (www. lse. ac. uk/collections/EUKidsOnline/Reports/WP3NationalReportCzech. pdf).

Valkenburg, P. M. , Schouten, A. P. and Peter, J. (2005)'Adolescents' identity experiments on the internet, *New Media ε Society*, vol 7, no 3: 383—402.

第 七 章

青少年与社交网站：
网络身份、友谊和隐私*

在过去的五年中，欧洲许多十几岁的青少年已开始使用像聚友网（Myspace）、脸谱网（Facebook）和贝博交友网（Bebo）这样的社交网站。社交网站的定义是"基于网络的服务设施允许个人（1）在一个封闭的系统里建立公开或半公开的个人资料；（2）清楚地列出与他们共享链接的其他用户的名单；（3）查看并转至他们的联系人名单和系统中其他用户所列的联系名单"（Boyd and Ellison，2007：211）。尽管在欧洲各国最受十几岁青少年欢迎的具体的社交网站不尽相同，但是它们最重要的共同目标都是使这些青少年能与其拓展的社交网络中的其他联系人进行沟通。不同于聊天室那样基于网络的早期社交应用方式，社交网站鼓励激活已存在于现实环境中的潜在联系，而不是创建纯粹基于在线的新联系（Haythornwaite，2005；Valkenburg et al，2006；Ellison et al，2007）。

尽管社交网站的本质与公众对孤独的青少年（他们与陌生人在线进行联系）的担忧相矛盾，但是公众对青少年使用社交网站一直持批评的态度。有人提出，"使用聚友网的一代"自恋地沉迷于数字的自我展示中，他们喜欢友谊的数量胜过质量，并在公开透露个人信息时缺乏隐私保护意识（评论摘要，Hindjua and Patchin，2008；Living-

---

* 本章作者为乔切·彼得、帕特·M. 瓦尔肯堡和塞德里克·弗拉克格。

stone，2008）。尽管这些担心似乎与每项新技术出现而引发的担忧类似（McRobbie & Thornton，1995），但它们确实指出了青少年使用社交网站的三个重要方面：（a）网络身份的构建；（b）友谊；（c）隐私。

构建网络身份，发展稳定而令人满足的友谊以及在合适的情况下以适合的方式披露私人信息的能力，是青少年时期上网时的重要发展任务。尽管这些发展任务很重要，并且它们与青少年使用社交网站有潜在的关系，但是对这个问题的研究却依然较少而且分散。因此，本章对现有的文献进行了系统梳理，并对它们进行了重新探讨，试图回答青少年利用社交网站对以上提到的三个重要发展任务有何影响，又如何受这三个发展任务影响的问题。在文献综述部分，为了使其更适合研究背景，研究者简要地介绍他们所知的情况——关于欧洲青少年使用社交网站和父母关注其孩子在这些网站上的活动。

一、社交网站的使用和父母的关注

鉴于社交网站的新奇性、用户在线喜好的快速变化和欧洲各国研究活动的不同之处，因此研究者难以获得关于青少年使用这些网站的最新跨国可比数据。所以，我们依据网络流量测量所获得的最新商业数据（comScore，2009）。为了说明父母关注其孩子在社交网站上活动的情况，我们利用了最新的欧洲民意调查的数据（欧洲委员会，2008）。

图7.1中的黑色条块所示为16个欧洲国家的15岁或以上的互联网用户在2008年12月访问过某个社交网站的百分比。白色条块所示为父母从未检查过自己的孩子是否在这样的网站上有注册信息的百分比。在所有国家中，在2008年12月，所有15岁及以上的互联网用户中有66%访问过某社交网站。那么，总的来说，大部分的互联网年轻用户活跃在这些网站上。但是，有一些显著的国家间差异。在英国（80%）、西班牙（74%）和葡萄牙（73%），大约四分之三的互联网

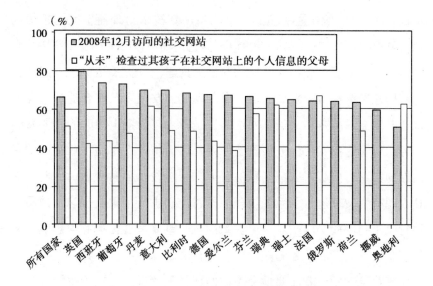

图 7.1 欧洲的社交网站的使用情况和父母的关注

备注：黑色条块数据来自康姆斯克网络流量检测公司（2009）的数据，而白色条块数据来自欧洲民调处（2008）的数据。瑞士、俄罗斯和挪威没有父母关注这方面的数据。

基数：（康姆斯克）2008 年 12 月上过网的 2.827 亿 15 岁或以上的欧洲用户的流量（欧洲民调，N＝欧盟 27 个成员国中的 12803 位父母）。

年轻用户是社交网站的用户。相比之下，在荷兰（63%）、挪威（59%）和奥地利（50%），不到三分之二的年轻互联网用户访问这些网站。

父母对其孩子在社交网站上活动的关注，似乎没有对他们大量使用这些网站所应表明的那么明显。如图 7.1 所示，超过半数的欧洲家长从未检查过其孩子是否在这些网站上注册。在丹麦（61%）、芬兰（57%）和瑞典（62%），以及法国（67%）和奥地利（62%）这些国家，这些数字甚至更高。与此相反，鉴于"仅有"约40%的父母从未检查过他们的孩子是否有注册信息，爱尔兰、德国和西班牙的父母似乎相对更关心他们的孩子在社交网站上的活动。尽管没有出现一种普遍模式，不过北欧国家（丹麦、芬兰和瑞典）的父母对他们的孩子在这些网站上做什么好像普遍不如欧洲其他国家的父母那样担心。

总而言之，现有的关于青少年利用社交网站的数据显示，对这些网站的利用不局限于特定的欧洲国家，而是所有欧洲国家。大多数互联网用户活跃在这些网站上，这已成为 15 岁及以上的青少年中一种普遍存在的现象。总的来说，欧洲的父母似乎并不过分担心他们的孩子使用这些社交网站。社交网站的广泛使用，以及来自家长控制的相对自主性，这些因素构成了青少年构建网络身份、发展友谊和探索自我的公私界限的重要条件。

二、网络身份构建

学者赞同社交网站至少有 5 个特点促进了青少年的网络身份构建这一说法（Hinduja and Patchin，2008；Lewis et al，2008；Manago et al，2008；Zhao et al，2008；Livingtone and Brake，in press）。第一，这些网站便于访问的特性使之成为青少年探索身份的便利场所。第二，社交网站的"用户友好特性"使青少年能够迅速创建标准化的自我注册信息。同时，多数网站允许通过上传诸如个人照片或私人信息之类的用户自创内容将注册信息个性化。第三，尽管一些社交网站包括了像即时通信这样的同步网络应用软件，但是这些网站"非同步的主要特性"确保了对"自我介绍更大的可控性"。这种可控性可通过各种方式进一步得以提高，使自创内容能进行重组或重新处理。第四，对自我展示的更严格控制由社交网站的"网络管理"选项进行补充。通过调整他们对其注册信息的具体查看群组的个人设置，网站用户能针对其社交网络中的不同群组公开自己的不同信息。同时，他人的反馈信息可以为青少年提供有关核实和验证他们展示在网站上的身份的信息。第五，作为通过社交网站进行沟通的典型特征，视觉和听觉暗示的减少，可能促使青少年提供在面对面交流中也许会不恰当和令人尴尬的信息。总之，这些网站对青少年的网络身份构建是简单、快捷又强大的工具。

虽然有一些研究调查了青少年在聊天室和个人网站上的自我展示（Doring，2002；Valkenburg et al，2005；Subrahmanyam et al，2006），但是有关青少年网络身份构建的研究仍处于起步阶段。不过，现有的研究对青少年如何在社交网站上构建其身份的许多一般特征达成了一致意见。第一个特征，网络身份构建伴随着委婉的和明确的连续身份声明发生（Zhao et al，2008）。委婉的身份声明主要是视觉上的，并把自己塑造成一个社会行动者，尤其在与同龄人的联系中，比如通过张贴聚会照片（即"关系自我"）。相反，明确的身份声明主要是叙述式描写并把自己描绘为一个个体行动者（即"个体自我"），比如青少年在社交网站上描写自己是谁。在委婉和明确身份声明这种连续体中间，有一种混合的方式，它在一定程度上是列举式的，以表明具有消费偏好和品位的自我（即"文化自我"）。"文化自我"的典型表达方式是提到最喜爱的音乐风格、音乐家或品牌。

在所有的身份声明中，最常出现的是委婉声明及由此产生的关系自我的描绘（Van Cleemput，2008；Zhao et al，2008）。此外，自身的发展变化是青少年身份声明的基础。尽管年龄较小的青少年倾向于展示其文化自我，而年龄较大的青少年和正走向成年的人则更强烈地强调他们的关系自我（Fluckiger，2008；Livingstone，2008）。青少年这么做时，他们就越来越设法离开其父母而过上独立的文化和社交生活。因此，在社交网站上发出的身份声明也表达了青少年摆脱家长束缚的愿望。

第二个特征，由于关系自我的描述在个人简介中占主要地位，不足为奇的是在这些网站上的身份构建也是社会身份构建的一部分，它需要通过自我分类过程将一个群组的属性和地位内化（Hogg，2003）。许多学者指出社交网站上的个人简介通常是一个社交群体中的身份标志，而非真实的自我写照（Fluckiger，2008；Livingstone，2008）。因此，有关身份的信息经常被用来加强或提高其在一个群体中的地位。在这个过程中重要的是讲圈中成员才懂的笑话（Livingstone，2008；

Manago et al，2008），因为这使圈外成员难以接近，所以这再次确认了其在小群体中的位置，并最终确认了其关系自我。

在社交网站上构建身份的第三个特征是在个人简介中声明其社交欢迎度的优势（Fluckiger，2008；Livingstone，2008；Manago et al，2008；van Cleemput，2008；Zhao et al，2008）。青少年普遍地把自己表现为值得成为朋友的个体。为了展现这项品质，他们与他人竞争其交友网络的规模或曝光其朋友的私人发帖。同样，他们重点突出其社交能力的特质，如思想开放、体贴、乐观和自然（Zhao et al，2008）。

网络身份构建的第四个特征是社交网站对自我确认的反馈作用。尽管这些网站上的身份构建在一定程度上需要展示自我的理想部分，但是他人的正面反馈使这种自我展示具有社会合理性（Fluckiger，2008；Livingstone，2008；Manago et al，2008；Van Cleemput，2008）。于是，青少年获得了关于其理想的身份如何与他人产生共鸣的重要信息。这种自我确认更重要，因为社交网站上的联系人很少来自虚拟的联系人，而是基于各种面对面的关系（boyd and Ellison，2007；Fluckiger，2008）。总的说来，如果对青少年网络身份构建的反馈是正面的，那么这似乎会增强他们的自尊心，而负面的反馈则会伤害青少年的自尊心（Valkenburg et al，2006）。负面的反馈经常是由过分理想化或不真实身份的自我表现引发的。社交网站对自我介绍的判断一般根据它的真实性和确实性进行，而违反这些标准往往会受到负面评价的惩罚（Manago et al，2008；van Cleemput，2008）。

在社交网站上构建身份的最后一个特征是它和青少年生活方式的表达紧密联系在一起。选择某个社交网站本质上包含了对如何表达一种特定生活方式的考虑（Livingstone，2008）。同样，青少年通过展示对特殊的非主流文化的喜欢或厌恶而精心地编织着他们的文化自我（van Cleemput，2008）。特别是，青少年利用其消费偏好和对电影、音乐和书籍这样的文化产品的喜好而将他们的身份定位在某种文化空间中（Fluckiger，2008）。

总之，社交网站给青少年提供了一个既简单又吸引人的机会让其构建身份。尽管青少年可以强调其自我的不同方面：关系的、文化的和个体的自我，但是这些网站却由显示青少年与他人关系的身份声明占主要地位。在社交网站上，身份构建是一种社会建构。身份只存在于人际关系中：它是为他人塑造的，并由他人合理化或认可。

三、友谊

最近的研究明确表明，使用即时通信这样的互联网社交软件增强了青少年的社会联结（Valkenburg & Peter，2009）。但是，就社交网站而言，我们才刚开始理解它们对青少年友谊的数量和质量的含义。就社交网站上的朋友"数量"而言，值得注意的是，青少年使用这些网站是受到在网络上与他们的朋友保持联系这个愿望的激励（Fluckiger，2006；Ellison et al，2007；Lenhart and Madden，2007）。不过，这并不排除激发潜在、较远的联系或形成新的友谊的可能性。例如，研究人员发现如果青少年更频繁地使用社交网站，那么他们更有可能建立起新的友谊（Valkenburg et al，2006）。同样，当研究者跟踪这些网站的用户如何在一年中发展了众多朋友时，他们发现网站的使用量显著增加（Steinfield et al，2008）。这些研究结果表明，使用社交网站增加了青少年朋友的数量。

关于社交网站上青少年友谊的质量，研究主要集中在青少年的社会资本发展上。广义上讲，社会资本指的是人们通过各种关系积累的资源（Coleman，1988）。Putnam（2000）进一步区分了桥接式和结合式社会资本。桥接式社会资本包含人与人之间较弱的联系。这些联系也许可提供有用的信息，但是缺乏感情深度。与之相反，结合式社会资本指的是情感上亲近的关系，往往可以在好朋友中找到的那种关系。纵向和横向的研究已显示社交网站的使用增加了桥接式社会资本（Ellison et al，2007；Steinfield et al，2008；Subrahmanyam et al，2008），因为它对与"广泛的熟人"建立和保持"轻微的接触"特别有用（Steinfield et al，2008：443）。有趣的是，自尊心较弱的用户从社交网站获益最大，研究人员总是发现他们比自尊心强的用户积累了更多的桥接式社会资本（Ellison et al，2007；Steinfield et al，2008）。

也有一些第一手的证据证明：使用社交网站与更多的结合式社会资本有关（Ellison et al，2007）。但是，这个结果也有两个问题。首先，社交网站的使用和结合式社会资本的因果关系目前尚不清楚。可能的关系是：（a）使用这些网站增加了结合式社会资本；（b）结合式社会资本增加了社交网站的使用；（c）两种影响同时发生。其次，社交网站的使用解释了结合式社会资本的积累不如桥接式社会资本的积累（Ellison et al，2007）。所以，社交网站提供的平台似乎更利于建立松散的联系，而不太适合创建结合式社会资本这种特有的情感上亲密的关系。

总之，社交网站似乎在帮助青少年保持和扩展社交网络上做得不错。似乎也存在着"穷变富"效应：自尊心弱的个体比自尊心强的个体交的朋友更多。尽管使用这些网站和更亲近、更含感情的关系有关，但社交网站的多数用户似乎在这些网站上建立和保持着松散联系且对这种关系不那么投入。

四、隐私

在关于社交网站具有的风险的公开辩论中，经常出现对青少年在这些网站上缺乏隐私保护的担心。然而，对这个问题的研究不仅很少，而且得出的结论还相互矛盾。例如，对脸谱网的4000份自我简介进行分析后，格罗斯（Gross）和埃奎斯特（Acquisti）（2005）得出了这样的结论——"根据他们在线提供的信息，用户将自己置身于各种各样的人身和网络风险中，并让第三方能非常容易地创建他们行为的数字档案"（2005：79）。更具体地说，格罗斯和埃奎斯特指出很少有用户利用更有限制性的隐私设置，而是乐意接受默认设置，这将用户最大程度地暴露于他人面前。相比之下，2006年对脸谱网个人简介的调查发现，40%的青少年用户限制了对其个人简介的访问（Hinduja and Patchin，2008）。在任何人都可以看到其注册信息的那些人中，只有不到10%的青少年列出了自己的全名。不过，欣德嘉（Hinduja）和帕特切（Patchin）明确指出，"用年轻人在该网站上提供的少量信息，就很可能找到他们"（2008：138）。

对社交网站上的个人简介分析的结果与来自调查或基于访问的研究的结果并不完全一致。例如，在2006年进行的一项调查研究中，66%的青少年说他们在网站上限制了别人访问其注册信息（Lenhart and Madden，2007）。同样，在2007年与16名青少年进行了开放式的面谈后，利文斯通（Livingstone）（2008）强调了"十几岁的青少年对其隐私不关心的结论是错误的"（2008：404）。

至少有三个原因可以解释这些有分歧的研究结果。首先，鉴于社交网站的使用和用户在过去几年中的迅速转型，人们对隐私问题的敏感性，特别是在青少年中，可能也明显提高了。2005年，当格罗斯和埃奎斯特进行研究时，脸谱网仍局限在大学网络中，隐私问题在那时也许并不是那样让人担心（Boyd and Ellison，2007）。但是，随着社交网站更广泛的传播，保护隐私已变得越来越重要了。其次，不同的研究设计可以解释相互矛盾的研究结果。在面谈中（Lenhart and Madden（2007）；Livingstone（2008）），大多数的被调查者可能给予合乎社会期望的回答——他们保护了自己的个人信息；但是对个人简介的分析则表明，实际上只有一小部分被调查者保护了自己的个人信息（Gross & Acquisti（2005）；Hinduja and Patchin（2008））。

最后一点，青少年关于隐私的说法及其在简介上可公开访问到的信息间的不一致情况，可能是用户的隐私愿望和网站上隐私设置的操作之间不匹配。如利文斯通（2008）指出的，用户难以把友谊层次的分级转化成充分的隐私设置。隐私和信息公开之间通常要求的二分法没有反映出青少年拥有的不同类型的友谊。结果，他们可能会不得已显示一些尽管自认为是隐私的信息，或不得已隐瞒他们也许希望与更多的查看者分享的信息。

　　总之，有关青少年在社交网站上隐私的研究仍处于起步阶段。我们对情况缺乏了解，部分是由于学术研究难以与这些网站提供的功能和使用的迅速变化保持步调一致。但同时，对理论上有兴趣且与实际相关的问题，研究者却似乎从未给予足够的重视。例如，最近的一项研究证明：如果社交网站用户的朋友建立了个人信息、在网站上较活跃、是女性以及只喜欢非常流行的音乐，那么他们也很可能会建立个人信息（Lewis et al，2008）。虽然该研究无疑是正确方向上的一步，不过未来的研究应该集中在理论框架上，因为它更加条理清楚地解释社交网站上的隐私和用户的动机与特征之间的关系。

五、结语

　　一些媒体尽管已经分析了"聚友网一代"的出现，他们自恋、爱出风头并且社会纽带不牢固；但是总的来说，研究并不赞同对社交网站用户持这种负面的看法。尽管青少年的网络身份构建一定与"我"有关，但它是一项严肃的社会事业，其中由身份和其他要素共同构建。同样，目前还没有理由假设这些网站上的各种关系（尽管它们也许松散）替代了感情上亲密的关系。最后，尽管这些网站技术上提供的功能也许没有给他们提供为显示不同敏感度信息所需的各种微调功能，但许多青少年似乎已意识到了社交网站上的隐私问题。

　　关于青少年使用社交网站如何发展并怎样受青少年时期的发展任务影响的情况，研究对此提供了最初的见解。不过，将来的研究需要解决一些问题。首先，我们需要在青少年中进行更多的研究。目前多数研究集中在趋向成年的人身上，而重要的身份发展时期发生在18岁之前。其次，现有的研究缺乏一个明确的中心。人们不清楚青少年使用社交网站是如何随着他们的成长而变化。同样不清楚的是青少年对这些网站的使用是怎样不同于成年人。再次，根据斯坦菲尔德（Steinfield）等人（2008）最近的一项纵向研究，尽管所提出的一些问题都以因果关系问题为目标，但是它们缺少内部有效的设计。最后，我们需要开展更多理论上连贯的研究工作。许多研究所参考的理论是为其他目的而建立起来的。然而，对社交网站的未来研究所需要的是理论建设，它真正与这些网站有关并能解释这些网站怎样以及为什么影响了青少年时期的关键性发展任务。

参考文献

boyd, d. m. and Ellison, N. B. (2007) ' Social network sites: definition, history, and scholarship', *Journal of Computer-Mediated Commuication*, vol 13. no 1: 210—30.

Coleman, J. S. (1988) ' Social capital in the creation of human capital', *American Journal of Sociology*, vol 94: S95—S120.

comScore(2009) *Tuenti most popular social networking site in Snain* (www. comscore. com/ press/release. asp? press = 2773) .

Döring, N. (2002) ' Personal home pages on the web: a review of research', *Journal of Computer-Mediated Communication*, vol 7, no 3.

Ellison, N. B. , Steinfield, C. and Lampe, C. (2007) ' The benefits of Facebook ' friends' : social capital and college students' use of online social network sites', *Journal of Computer-Mediated Communication*, vol 12, no 4: 1143—68.

EC(European Commission) (2008) *Towards a safer use of the internet for children in the EU-A parents' perspective, Analytical report* , Flash Eurobarometer Seres#248, conducted by The Gallup Organisation, Hungary, Luxembourg: EC(http: /ec. europa. eu/information_ society/activities/sip/docs/eurobarometer/annexesanlyticalreport_ 2008. pdf) .

Fluckiger, C. (2006) ' Lasociabilitéjuvéniile instrumentée. L' appropriationdes blogs dand un groupe de collégiens', *Réseaux*, vol 138: 111—38.

Fluckiger, C. (2008) ' Teens and blogs network: an online community emerging from a teenage gang', Paper presented at the AOIR Internet Research 9.0 conference: 'Rethinking Community, Rethinking Place', Copenhagen, Denmark, 15 October.

Gross, R. and Acquisti, A. (2005) 'Information revelation and privacy in online social networks (The Facebook case)', Paper presented at the ACM Workshop on Privacy in the Electronic Society(WPES), Alexandria, VA, 7 November.

Haythornwaite, C. (2005) 'Social networks and internet connectivity effects', *Information, Communication, and Society*, vol 8, no 2: 125—47.

Hinduja, S. and Patchin, J. W. (2008) 'Personal information of adolescents on the internet: a quantitative content analysis of MySpaxe', *Journal of Adolescence*, vol 31, no 1: 125—46.

Hogg, M. A. (2003) 'Social identity', in M. R. Leary and J. P. Tangney (eds) *Handbook of self and identity*, New York, NY: Guilford Press: 462—79.

Lenhart, A. and, Madden, M. (2007) *Social networking websites and teens: An overview*, Pew Internet and American Life Project(www. pewinternet. org/Reports/2007/Social-Networking-Websetes-and-Teens. aspx).

Lewis, K., Kaufman, J. and Christakis, N. (2008) 'The taste for privacy: an analysis of college student privacy settings in an online social network', *Journal of Computer-Mediated Communication*, vol 14, no 1: 79—100.

Livingstone, S. (2008) 'Taking risky opportunities in youthful content creation: teenagers' use of social networking sites for intimacy, privacy and self-expression', *New Media ε Society*, vol 10, no 3: 393—411.

Livingstone, S. and Brake, D. (in press) 'On the rapid rise of social networking sites: new findings and policy implications', *Childre ε Society*.

McRobbie, A. and Thornton, S. L. (1995) 'Rethinking moral panic for nulti-mediated social worlds', *British Journal of Socilolgy*, vol 46, no 4: 559—74.

Mamago, A. M., Graham, M. B., Greenfield, P. M. and Salimkhan, G. (2008) 'Self-presentation and gender on MySpace', *Journal of Applied Developmental Psjychology*, vol 29, no 6: 446—58.

Putnam, R. (2000) *Bowling alone: The collapse and revival of American community*, New York, NY: Simon & Schuster.

Steinfield, C. , Ellison, N. B. and Lampe, C. (2008) ' Social capital, selfesteem, and use of online social network sites: a longitudinal anaysis' , *Journal of Applied Developmental Psychology*, , vol 29, no 6: 434—45.

Subrahmanyam, K. , Smahel, D. and Greenfield, P. M. (2006) ' Connecting developmental constructions to the internet: identity presentation and sexual explortion in online teen chat rooms' , *Develonmental Psuychology*, vol 42, no 3: 395—406.

Subrahmanyam, K. , Reich, S. M. , Waechter, N. and Espinoza, G. (2008) ' Online and offfine social networks: use of social networking sites by emerging adults' , *Journal of Applied Developmental Psychology*, vol 29, no 6: 420—33.

Valkenburg, P. M. and Peter, J. (2009) ' Social consequences of the internet for adolescentd: a decade of research' , *Current Directions in Psychological Science*, vol 18, no 1: 1—5.

Valkenburg, P. M. , Peter, J. and Schouten, A. P. (2006) ' Friend networking sites and their relationship to adolescents' well-being and social selfesteem' , *Cyberpsychology ε Behavior*, vol 9, no 5: 584—90.

Valkanburg, P. M. , Schouten, A. P. and Peter, J. (2005) ' Adolescents' identity experiments on the internet' , *New Media ε Society*, vol 7, no 3: 383—402.

van Cleemput, K. (2008) ' Self presentation by Flemish adolescents on profile sites' , *Tijdschrift Voor Communicatiewetenschap*, vol 36, no 4: 253—69.

Zhao, S. Y. , Grasmuck, S. and Martin, J. (2008) ' Identity construction on Facebood: digital empowerment in anchored relationships' , *Computers in Human Behavior*, vol 24, no 5: 1816—36.

第 八 章

青少年上网：性别和年龄的影响[*]

一、背景介绍

数字技术及其在欧洲儿童和年轻人中的使用情况已日益复杂和普遍（Livingstone and Bovill, 2001；Larsson, 2003；Lenhart, 2005）。许多研究表明，年轻人使用数字技术的情况完全不同，然而年龄和性别继续成为使用模式差异特别明显的指标（Wartella et al, 2000）。通常认为年龄差异是线性的：随着年龄增长，孩子们倾向于寻找更多的在线机会和参加更多的冒险行为。研究人员普遍认为性别差异明显，但不可预测（Weiser, 2000）。当研究人员把年幼儿童的在线机会与风险的体验和十几岁青少年的体验进行比较，并把国家之间的文化差异也纳入考虑范围时，性别方面的差异情况就变得更复杂了。由于这些复杂情况，本章中有关性别和基于年龄的不同习惯的研究是在一个理论框架内进行解释，这一框架包括了数字化划分的研究、"使用与满足"理论以及性别社会化理论。

将"数字分界"定义为二元的——非此即彼，不是数字覆盖就是数字排除；这并不是一个有效的方法。因此，用数字覆盖中的分级法描绘连续的媒体使用会更有意义，根据"从不"使用到"很少"使

---

[*] 本章作者为海伦·麦克奎兰和利恩·哈尼斯。

用，最后到"更经常的"使用进行分级。采用形式与在线态度的本质区别是由于社会人口统计以及心理的因素造成的（Broos and Roe，2006）。通过区分不同种类的数字分界（物质的、动机的、技能的和使用的）和可能错过技术介入的良机（在生活机会、资源、参与和能力等方面的机会）的重要性，范迪克（Van Dijk）（2006）分析了数字分界概念实际上所指的不平等情况。利文斯通和赫尔斯培（2007）提出的"网络机会之梯"成为探索数字技术使用在深度与广度上变化的一个非常有用的分析工具。尽管北美和西北欧在访问互联网时的性别界限已经不存在了，但是使用中的性别差异仍然存在。显然，这些证据都不是静态的；因此，至关重要的是要弄明白数字媒体应用以及用户的期望和兴趣是怎样随时间的变化而改变的。

数字技术通常用来满足某些需要或欲求。"使用与满意"理论的研究传统集中研究了影响使用的因素和人们与媒体相关行为的结果（Newhagen and Rafaeli，1996）。将传统和互动的媒体平台融合，这促进了各种同步的用户体验。然而，对欧洲年轻人的访问动机和网络技能、对软件应用和多样性的选择或者缺乏这些的调查，仍然相对较少。因此，对确认和理解不同的采用方式和使用模式的各种尝试构成了一系列卓有成效的研究（Johnsson-Smaragdi，2001）。

"童年时期社会化"观点强调，童年和青少年时期的社会与文化规范在社会的三大社交机构中传递：家庭、学校和同龄人群体。这些规范根据年龄和性别而设定，它们影响了同龄群体和年轻人的行为及遵守情况。

二、目标和范围

范迪克（2006：229）就由于改变定义而出现对数字技术使用的跨国统计数据的"极不可靠"性提出警告。对北美来说，对"皮尤网络与美国生活"项目（2001－07）（见 www. pewinternet. org）和

"UCLA 网络报告"（见 www. worldinternetproject. net）的调查，是评测数字技术使用中最可靠的资料。"欧洲晴雨表"的调查研究（欧洲委员会，2005 年、2007 年和 2008 年），由于其细致的程度，被视作是欧洲最可靠的数据资料，尽管这些调查研究获得了儿童在一些数字平台和应用上花时间的情况，但它们却未能就其使用动机与所寻找和获得的满足感提供独到的见解。本章通过利用来源于多方的跨国实验数据，旨在深入了解使用数字技术的模式和动机（Hasebrink et al，2009）。

组织整理这些跨国比较的数据，并比较全欧洲年轻人的互联网使用情况，这绝不是一件容易的事。希卢勒（Blumler）等人（1992）邀请了研究人员进行跨国文化研究，以确定媒介使用和满足感是否普遍存在，以及它们在不同社会是否有不同的功能。在本章中，我们接受他们的邀请，并集中研究数字技术在欧洲年轻人的日常生活和青年文化中的共同点和差别。我们特别提出：年龄和性别差异在多大程度上成为解释不同的访问动机的关键因素（动机访问被定义为一种为参与不同类型的网上风险以及网上机会活动的不同的预备状态）？接受网上机会和应对网上风险的技能是以什么方式受到年龄和性别差异的影响？这些差异是否是丰富多彩的人生的一部分，或者能否视其为需要政策干预的不公平现象，我们对此也感兴趣。

三、访问和使用

欧盟 27 国儿童中使用互联网的情况很普通，且使用人数在不断增长。"欧洲晴雨表"对更为安全的网络（欧洲委员会，2005 年和 2008 年）的调查显示，互联网用户（6 岁至 17 岁）在三年间增加的百分比从 2005 年的 68% 发展到 2008 年的 75%，这主要是更年幼儿童（6 岁至 13 岁）使用互联网人数的增加。儿童使用互联网取决于年龄和所在国家的互联网的总体发展速度。一个国家每年儿童上网的比例随儿童年龄的增长而上升，但是如今这个比例似乎在 10 岁或 11 岁儿童间处于稳定时期，儿童上网的比例在此到达了最高点（Hasebrink et al, 2009）。在那些实施了强调家庭和学校提高互联网访问率的信息社会政策的国家，所有年龄段的互联网访问和使用率明显高于其他国家。但是，年轻人使用互联网的平均数掩盖了很大的国家间差异，比如比例低的意大利（47%）和比例高的芬兰（94%）。除此以外，互联网使用的更快增长明显出现在最近加入欧盟的中欧和东欧国家中。这让我们想起了跨文化差异，也表明了国家间的数字分界差异。

关于家长对其孩子使用互联网的看法，"即时欧盟民调"（欧盟委员会，2008）得出——家庭和学校仍是互联网访问最常见的场所，欧盟27国的家庭和学校互联网访问平均数分别为65%和57%。年轻人拥有个人电脑的增加是一种新兴的现象。超过三分之一（34%）的年轻人有自己的电脑，并且"欧洲晴雨表"（欧盟委员会，2005）所报告的单独使用互联网和不断发展的卧室文化的趋势仍在继续。再者，这个现象在欧洲范围内有着相当大的差异。例如，尽管爱尔兰的年轻人在家使用互联网的比例相对较高（88%），但仅有9%的用户拥有自己的电脑。与之相比，在丹麦有三分之二（67%）的年轻人拥有自己的电脑。

尽管欧洲国家之间的差距持续存在，但是一个积极的趋势是全欧洲年轻人使用互联网的性别差异正在缩小：如今女孩使用互联网的比例稍高于男孩（76%对74%）。只有6—7岁年龄段中女孩使用互联网的比例低于男孩（46%对48%）。根据"即时欧盟民调"（欧盟委员会，2008），男孩（35%）和女孩（34%），拥有个人电脑的百分比差不多相等。总体上，男孩和女孩的互联网访问的百分比相等，这表明了由学校和家长为了他们的孩子对信息通信技术进行投资而带来的一个积极趋势。

尽管互联网访问的性别差异已经减少了，但是研究人员却注意到青少年的在线活动正在出现更多细微的性别差异（Lenhart, 2005；Livingstone et al, 2005）。与女孩相比，男孩在以下几方面明显有细小却持续出现的差异：在网上花费的时间、从多少地方可以访问互联网以及在自己的卧室接入电脑和互联网。全欧洲的调查证据也表明女孩和男孩有不同的网上体验、偏好选择和习惯，这些不同反过来又影响了他们的各种技能。

四、能力和自信

对互联网的自信心与使用它的频率有关，这种自信心反过来又影响了技能、对技能的自我认识以及对互联网有效而有益的利用。性别通常被看做关于自我理解技能和专门知识变化中的重要变量（Hargittai，Shafer，2006），其中男孩对信息通信技术专业知识的自我认识程度较高。在参加欧盟儿童在线项目网络的21国中，有11个国家就互联网技能的性别差异作了报道。除了英国以外，在年轻人对互联网技能进行自我报告和自我评估的国家（奥地利、保加利亚、荷兰、瑞典、爱沙尼亚、法国、波兰、意大利和德国），男孩往往比女孩把自己估计得更高，他们更多地把自己描述为专家，并自称拥有更多的技能或更高级的技能。

"欧洲晴雨表"（欧洲委员会，2007）显示所有年轻的研究参与者都谈及自学互联网知识的方法，其中观察、游戏、聊天和即时通信是被提到最多的学会使用互联网的方法。在校学习是次要的，正如"媒体利用"项目（2006）的研究所指出的，往往是因为学校的信息通信技术活动与教学主要包括基本的、功能性的应用，而非创造性的或互动式的信息通信技术利用。由于非正规的学习和技能的获得不在欧盟儿童在线研究分析调查的范围内，所以难以证明或反驳关于男孩具有任何更高级技能的假设。证据表明，根据男孩和女孩实际上的不同活动和"使用与满足感"理论的研究传统所解释的不同使用动机因素（据推测这些因素根植于有关互联网访问和利用的效用和价值的不同的主观愿望），孩子们可能正发展着各自不同的技能。

我们用利文斯通和赫尔斯培（2007）"网络机会之梯"的方法探

讨这些技能，他们提出了从信息搜索到互动沟通和游戏，以及到更有创意的利用这样有层次顺序的活动。采用该框架调查全欧洲年轻人的互联网利用情况，我们能观察到一些有关年龄、性别和在线活动广度的共同趋势。年龄和使用频率、年龄和技能、年龄和信心、年龄和对风险的了解以及年龄和冒险行为之间都存在着关系。这些都表明，年纪较小的被研究群体的在线机会更有限。与年长的孩子相比，年纪较小的孩子更多地受到家长的约束，在互联网上花费的时间较少，且有更多的使用限制。但是，因为孩子们较早就上网，对男孩和女孩来说都一样，童年时期的社会化越来越包含将电脑使用、互联网利用和游戏作为休闲活动。

五、年轻人在线机会的广度和深度

随着互联网新的应用方式和更快的连接速度带来的新机会，年轻人利用互联网的深度和广度都在扩大。要描述利用互联网的特性并衡量利用互联网的质量是困难的；但是跨国研究比较的结果表明，利用互联网的好处取决于年龄、性别、社会阶级、时间、专门知识和机会的范围。年轻人冒险登上机会之梯能走多远取决于其动机、技能和信心，也取决于个人背景特征。通常随着孩子们的年龄增长，他们沿着"在线机会之梯"向上前进，而尽管男孩和女孩共有许多类似的活动，但是也存在一些常见的性别差异。

各个年龄段、不同性别的儿童（欧洲委员会，2007）对互联网最广泛的应用是搜寻有趣主题的信息或为了消遣的浏览。欧盟儿童在线数据的跨国比较结果揭示了多数国家中较大年龄段儿童在互联网搜索方面的性别差异，但这些差异并不相同。尽管在保加利亚、德国、意大利、西班牙、荷兰和英国，女孩比男孩可能更多的是为了教育的目的而在互联网上搜索信息，但这在挪威、瑞典和希腊似乎是一项更受男孩欢迎的活动。这显示了跨文化的差异。

与朋友通过电子邮件和聊天室交流正成为一项对十几岁的男孩和女孩同样重要的在线活动，尽管欧洲男孩（在12—14岁年龄段间）与其同年龄段女孩相比，使用电子邮件的可能性更小（欧盟委员会，2007）。个别国家的数据支持该调查结果。例如，德国的研究（JIM，2007）注意到男孩和女孩沟通习惯上的相似之处，其中包括邮件（男孩56%；女孩61%），即时通信（男孩75%；女孩68%）和聊天（男孩和女孩都是30%）。同样的，挪威（SAFT，2006）的调查报告显示，男孩和女孩进行在线聊天（男孩47%；女孩48%）和使用即时通信的人数（男孩32%；女孩30%）基本相等。电子邮件也受到男孩和女孩的欢迎，不过更受女孩（男孩44%；女孩50%）欢迎些。电子邮件和聊天也是波兰年轻人普遍的活动，男孩（44%）比女孩（40%）使用的稍多些。电子邮件也是受葡萄牙年轻人欢迎的一项活动，相比女孩而言，它更受男孩的欢迎（64%对52%）。全欧洲的儿童使用电子邮件、聊天和即时通信的人数在不断增加。比利时的"十几岁的青少年与信息通信技术：风险和机会"（TIRO）的研究项目（Pauwels and Bauwens，2008）调查了年轻人的上网动机，并得出以下结论：12岁至18岁的青少年中，女孩使用互联网主要是为了进行社会接触（61%），然而男孩则把互联网主要视为一种休闲活动（43%）。虽然这个证据缺乏一致性，但是它表明：尽管性别差异在缩小，但女孩对互联网的沟通方面稍微更敏感，而男孩则对游戏和娱乐方面的利用更敏感。

研究报告表明了玩游戏的许多积极方面，包括社会互动、丰富的学习环境和各种体验（Hasebrink et al，2009）。尽管游戏在传统上以男孩为目标，但是更多专门针对女孩的电脑游戏也许有助于在女孩中提高玩游戏受欢迎的程度。但是，欧盟儿童在线网络的所有参与国的研究数据表明，计算机和在线游戏仍然普遍是男性占主要地位的活动。

梅拓（Metton）（2006）考察了法国青年在玩游戏的频率和对游戏的态度方面的性别差异。每天玩游戏的男孩是女孩人数的四倍（44%

对9%）；59%的男孩说他们喜欢玩电脑游戏，与之相比，只有21%的女孩说她们喜欢玩游戏。德国对在线和多用户参与游戏的调查研究（JIM，2007）显示了显著的性别差异（24%的男孩对4%的女孩）。希腊（欧盟委员会，2007）的研究也表明在线游戏主要对年纪大些的男孩有吸引力，而非女孩。同样，在葡萄牙差不多一半的男孩玩在线游戏，与之相比，只有三分之一的女孩玩在线游戏（49%对33%）。波兰的数据也显示了相当大的性别差距，玩在线游戏，男孩是女孩的2倍（71%对35%）。

电脑游戏越来越牵涉到下载——"在线机会之梯"上更远的一步。音乐和视频下载也变成了受欢迎的活动，特别是对年龄较大的孩子来说。9国间的"媒体利用"（2006）合作研究报告显示，从互联网下载资料的做法普遍存在，包括非法下载音乐。法国的研究报告显示，从互联网上下载内容的男孩人数是女孩的两倍，并且男孩更多地浏览视频内容。在葡萄牙，下载音乐在男孩中比在女孩中更受欢迎（26%的男孩对11%的女孩），而下载软件也如此（16%的男孩对5%的女孩）。同样，在瑞典，男孩是更积极的音乐、游戏、软件和电影下载者。希腊出现了一种不同的模式：其中音乐、视频和电影下载对女孩来说是更常见的活动（欧盟，希腊，2007）。

更多有创造性的互联网用户，被利文斯通和赫尔斯培（2007）称为"全才"，他们从事博客写作、网页开发和其他形式的媒体制作。"欧洲晴雨表"的调查（欧盟，2007）表明，在互联网上创建博客、主页与发帖、上传照片和音乐的，主要是年龄较大孩子的活动，尤其是女孩子。在线内容创作是一种相对较新的现象，它通过Web2.0应用软件的开发和推广而得到支持，这鼓舞了年轻人对互联网作出更多的互动贡献。"媒体利用"研究（2006）表明这些活动还处于早期阶段，但是爱沙尼亚最近的更多研究（Kalmus et al, in press）则指出这个领域也出现了明显的性别差异。数据表明女孩比男孩更有可能公布个人信息（50%的女孩对17%的男孩），比如上传自己拍的照片（79%的女孩对46%的男孩）或自行发布文本和诗歌（29%的女孩对11%的男孩）。女孩相对男孩而言，较少在她们的主页上上传视频（40%的女孩对53%的男孩）。欧洲各国的调查结果并不一致：但是在塞浦路斯和冰岛，写博客更受女孩欢迎；而在瑞典、意大利和英国，趋势则相反。

法国的研究（Pasquier，2005）表明，年龄较大的孩子对扩大其社交网络不那么感兴趣，而是利用在线交流来维持现有的友谊和与同龄人的社交网络。但是女孩则更可能利用互联网保持现有的社交网络，而非扩大。在爱尔兰，利用社交网站结交新朋友的男孩人数是女孩的两倍多（16%对7%）。英国的"通信监管机构"研究的结果（2008）表明，社交网站在女孩中比在男孩中（12岁至15岁的）有更高的社会欢迎度。尽管30%的男孩和女孩都有一个网络注册信息或主页，而30%的女孩则拥有两个或多个网站，与之相比只有18%的男孩如此。女孩每周访问这些站点的次数也比男孩多，并给"只是朋友"的人设置访问权限（58%的女孩使用该设置，与之相比，48%的男孩这样做）。

以上的研究结果表明了欧洲各国的年轻人在互联网利用中的多样性超过了一致性，也表明了若把这些不同之处理解为不公平，则需要谨慎。不同的喜好和互联网活动的选择以及不同的上网动机，这些因素为男孩和女孩提供了一系列机会，其广度和深度随着年龄的增长而增加。针对上述情况，"数字多样化"也许是一个更恰当的用语，它代表了选择以及限制，并且相对于性别而言，它也许更受年龄、社会经济地位、社会规范和文化价值观的影响。

六、结语

我们在本章探讨了关于欧洲各国年轻人的互联网行为的重要调查结果，具体的研究主题是性别和年龄，以及这两个因素之间的交互作用。我们利用了三个理论："使用和满意度"（关注个体选择）、"数字分界"（关注结构性限制）和"童年时期社会化"（调查孩子如何在不同时间就选择和限制进行不同的谈判）。

这些有助于我们弄清欧洲各国的年轻人在互联网利用中的性别差异与相似之处的各种数据吗？鉴于这些研究在欧洲各国分布不均和现有研究质量上较大的可变性，这成为一项艰巨的任务。就数字技术利用模式和用来接受在线机会和应对网络风险的策略而言，在欧洲是否有一种穿越年龄和性别界限的普遍青年文化？调查结果表明，欧洲各国的青年数字媒体文化具有广泛的类似活动和共同的风险。总的来说，随着时间的推移，数字技术变得越来越普及，共同点往往会明显多于不同点或分歧。但是，这个简要的论述的确表明了年轻人是完全不同的，而随着新媒体技术应用方式提供的机会逐年扩大，会出现更大的数字多样性。

年龄和性别差异在多大程度上成为解释访问动机（定义为一种为参与不同种类的在线风险以及在线机会的不同预备状态）的关键因素？年龄是一个关键性的解释因素，其中活动的广度与年龄有关，这是由于对年龄较小的年轻人使用互联网的限制多、对互联网风险和安全的担忧和认识更多以及家长的监督更多。随着孩子们年龄增长并登上"在线机会之梯"前行，互联网的使用可能更多的是选择而非限制，并受到与同龄人进行在线沟通的机会和更多互联网使用的公共和社交方面的影响。游戏是性别差异持续存在的单独领域，所有国家都存在这一现象。虽然不同类型的游戏对女孩和男孩都有吸引力，但是女孩游戏玩家成为一个重要的细分市场。

在线技能要以什么方式接受在线机会，并应对受到年龄和性别差异影响的在线风险呢？不同的活动导致不同的风险遭遇和运用各种不同的能力。对年轻人使用互联网的限制越多，他们遇到的风险也就越少。欧洲各国对技能上的性别差异的研究结果并非决定性的，但是需要更密切地跟踪关注，因为媒体知识能力越来越成为必需的生活技能。

与机会和数字多样化相比，研究人员和政策制定者往往更关注数字分界和互联网风险。对互联网利用带给年轻人的好处，或这些好处是否对男孩和女孩存在差异，我们对这些仍然知之甚少。相比一些作出有关性别的普遍性声明的研究，跨文化研究提供的各种证据展现了一幅更细微的画面。有关年轻人网上机会广度和深度的纵向比较研究会帮助我们了解网上体验的复杂性和多样性。我们确定了更多定性研究的真实需要，以此作为定量研究的补充，让年轻人能用自己的声音说话，并反映他们利用互联网的多样化、选择和限制。

参考文献

Blumler, J. G. Mclleod, J. M. and Rosengren, K. E. (1992) 'An introduction to comparative communication research', in J. G. Blumler, J. M. McLeod and K. E. Rosengren (eds) *Comparatively speaking: Communication and culture across space and time*, Newbury Park, CA: Sage Publications: 3—18.

Broos. A. and Roe, K. (2006) 'The digital divide in the playstation generation: self-efficacy, locus of control and ICT adoption among adolescents', *Poetics*, vol 34, nos 4—5: 306—17.

EC(European Commission) (2005) *Eurobarometer survey on safer internet*, Luxembojurg: EC.

EC(2007) *Safer interner for children: Qualitative study in 29 European countries*, Luxembourg: EC (Directorate-General for Information Society and Media).

EC(2008) *Towards a safer use of the internet for children in the EU-A parents' perspective, Analytical riport*, Flash Eurobarometer Series#248, conducted by The Gallup Organisation, Hungary, Luxembourg: EC (http://ec. europe. eu/information_ society/activities/sip/docs/eurovarometer/analyticalreport_ 2008. pdf).

Hargittai. E. and Shafer, S. (2006) 'Differences in actual and perceived online skills: the role of gender', *Social Science Quarterly*, vol 87, no 2: 432—48.

Hasebrink, U. , Livingstone, S. , Haddon, L. and Ólafsson, K. (2009) *Comparing chil-*

dren's online opportunities and risks across Europe: Crossnational comparisons for EU Kids Online(2nd edn), London: London School of Economics and Political Science, EU Kids Online (Deliverable D3. 2 for the EC Safer Internet Plus Programme).

JIM(2007) *JIM-Studie 2005. Jugend, Information (Multi-Media). Basisuntersuchung zum Medienumgang 12-bis 19-Jähriger*, Stuttgart: Medienpädagogischer Forschungsverbund Südwest.

Johnsson-Smaragdi, U. (2001)'Media use styles among the young', in S. Livingstone and M. Bovill(eds) *Children and their cnanging mediaenvironment: A European comparative study, Hillsdale, NJ:* Lawrence Erlbaum Associates: 131—41.

Kalmus, P. , Pruulmann-Vengerfeldt, , P. Runnel, P. and Siibak, A(inpress) ' Online content creation practices of Estonian school children in comparative perspective', *Journal of Children and Media.*

Larsson, K. (2003) ' Children's on-line life-and what parents believe: a survey in five countries', in C. von Feilitzen and U. Carlsson (eds) *Promote or protect?Perspectives on media literacy and media regulations.* Gothenburg, Sweden: Nordicom: 113—20.

Lenhart, A. (2005) *Protecting teens online*, Washington, DC: Pew Internet and American Life Project(www. pewinternet. org/Reports/2005/Protecting-Teens-Online. aspx).

Livingstone, S. and Bovill, M. (eds)(2001) *Children and their changing media environment: A European comparative study*, Hillsdale, NJ: Lawrence Erlbaum Associates.

Livingstone, S. and Helsper, E. J. (2007)' Gradations in digital inclusion: cnildren, young people and the digital divide', *New Media ε Society*, vol 9, no 4: 671—96.

Livingstone, L. , Bober, M. and Helsper, J. (2005)' Active participation or just more information?Young people's take-up of opportunities to act and interact on the internet', *Information, Communication ε Society*, vol 8, no 3: 287—314.

Mediappro(2006) *The appropriation of new media by youth*, A European research project, Brussels: Chaptal Communication with the Support of the European Commission/Safer Internet Action Plan .

Metton, C. (2006) *Devenir grand. Li rôle des technologies de la communication dans la socialsation des collégiens.* Paris: EHESS.

Newhagen, J. E. and Rafaeli, S. (1996)' Why communication researchers should study the internet: a dialogue', *Journal of Communication,* vol 46, no 1: 4—13.

Ofcom(2008) *Media literacy audit: Report on UK children's media literacy,* London: *Ofcom.*

Pasquier, D. (2005) Cultures lycéennes, La tyrannie de la majotité, Paris: Editions Autrement.

Pauwels, C. and Bauwens, J. (2008) *Teens and ICT: Resks and Oppprtunities(TLRO),* *Final repor*(www. belspo. be/belspo/fedra/TA/synTA08_ en. pdf).

SAFT(Safty, Awareness. Facts and Tools) Project(2006) *SAFT 2006 Parent and Children Survey.* 2004—2006, Norwegian Action Plan for Children, Youth and the Internet and the European Commission Safer internet Action Plan, Norwegian Media Authority.

van Dijk, J. (2006)' Digital divide research, achievements and shortcomings', *Poetics,* vol 34, nos 4—5: 221—35.

Wartlla, E. A. , O'Keefe, B. and Scantlin, R. (2000) *Children and interactive media: A compendium of current research and directions for the future,* New York, NY: Markle Foundation.

Weiser, E. B. (2000)' Geden differences in internet use patterns and intirnet application prefences' , *CyberPsychology and Behavior,* vol 3, no 2: 167—77.

第 九 章

数字分界问题[*]

一、数字分界：超越可获取和使用数字技术的层面

自 20 世纪 90 年代中期以来，研究人员对数字分界的性质和程度的兴趣日益浓厚，而在学术界，这个术语本身也逐渐让位给"数字覆盖"这一说法。在 20 世纪 90 年代中期，"数字分界"现象在"信息富裕者"和"信息贫穷者"之间的对立矛盾中可见（Wresch，1996），或者用经济学术语，称为"信息穷人"和"信息富人"（Webster，1995）。最初数字分界的理论之一是以扩散理论为基础（Rogers，1995）。该理论认为，获取并有权使用电脑和互联网设备是克服数字化差异和不平等的一个基本标准。对数字分界现象的这种理解因其对此现象提出了有限的概念化而遭到批评，因为不能认为可获取信息通信技术就足以消除被排斥在新的数字机会之外的情况（Selwyn，2003，2004a，2004b；Warschauser，2003；Bradbrook and Fisher，2004）。卡彭蒂尔（2003）分析了学者和政治家关于数字分界的论述，得出的结论是三条主要的批评适用于：（1）对可获取而非使用类型的关注有限；（2）"富人"和"穷人"是过于简单化的两分法；（3）由于将

  ＊ 本章作者为帕纳约塔·洽特索、皮尔·普卢尔曼—韦格菲尔德和玛丽·弗朗西丝卡·默鲁。

"数字分界"这个概念应用于各种各样的情况而造成的模糊情形。

2000 年后，诸如诺里斯（Norris，2001）那样的学者们提出了一种更复杂的数字分界情形，他们抛开了富人和穷人之间的对立情形，并同时将数字技术利用的质量和效率纳入考虑范围。研究文献日益允许有更详细的见解，反映"对各种程度的信息和通信的不平等状况更加丰富的描述"（Wilhelm，2009：60—70）。社会、文化和教育因素影响了个体通过必要的技能、知识和支持对数字技术有效利用的能力（van Dijk，2006）。物质资源和经济容量、进入主流文化的社会化程度、专门技术和对盛行的技术文化的意识以及社交网络，这些因素都是形成数字分界的力量（Selwyn，2004a）。政策策略和管理实践也明显地影响了特定国家和地区背景下的数字分界的性质（Tsatsou，2008）。因此，数字分界并非一个单独的个体问题，因为它们是由形成具体信息环境的背景和社会资源造成的（Pruulmnn-Vengerfeldt，2006）。同时，我们不能再就"用户"和"非用户"之间不可逾越的差异而争论，因为相对且渐变的差异来自于对新信息通信技术的技能掌握和使用中的结构性不平等（Hacker and van Dijk，2003）。这样，依照利用通信技术和数字技术的质量、广度、持续时间和效率，就用术语"数字覆盖"来讨论信息通信技术和数字技术如何潜在地导致新型的社会融合和排斥（Livingstone，2002；Selwyn，2004a）。这引发了利用数字化技术的质量和程度问题，以及对数字化技术的态度问题，这就远不是可以获取这些技术的人数这个问题了。

下一部分将讨论童年在数字权利、授权和学习期望方面的概念化，该部分关注影响孩子们与信息通信技术打交道方式的介入因素。

二、儿童和数字分界：当今的"数字化一代"、数字化知识和当前的研究

对儿童中的数字分界情况的研究相对较少，并且研究人员只是最

近才论述儿童和年轻人访问和利用互联网中的多层次化现象（Peter and Walkenburg，2006；Livingstone and Helsper，2007）。这些情况表明，与美好的愿望相反，互联网并非本质上具有平等和赋予权利的力量。同时，研究的中心已转向具体的互联网使用和数字知识的推广，以让儿童和青少年能够有益地利用互联网，并鼓励他们正确利用，同时劝阻可能有害的利用。

对儿童中的数字分界现象缺乏关注，部分原因是人们沉浸在所谓的"数字化一代"的乐观主义思想中。塔普斯科特（1998）象征性地提出一种童年和网络自由主义者意识相联系的言论。按照塔普斯科特的观点，恐惧新技术、顽固和保守的成年人与其直观、随性和好玩的孩子们之间存在着代沟。有了本质上民主的网络技术，孩子们能越来越有创造性和自主性地展示自己。虽然多数儿童和青少年拥有平等的互联网访问机会，但是实验证据显示出他们中间使用模式的高度分化。数字差异化现象恰好发生在技能和使用的层面，而非互联网接入的层面，这显示了数字分界现象的递归和分层的本质。

一些研究强调了互联网利用的种类、孩子们在互联网上占用的机会及其对社会经济、认知和文化资源的不平等获得之间的相关性（Peter and Valkenburg，2006；Livingstone and Helsper，2007）。无论是根据普遍存在的娱乐与信息社会使用情况，还是根据从基本用户到互动和有创造性的"全才"区分差别（Livingstone and Helsper，2007：684），研究都清楚地揭示了社会经济背景连同其他诸如性别、年龄、使用体验和技能这些介入因素的直接和间接作用。利文斯通和赫尔斯培的阶段式上网过程的观点（2007：683）考虑了影响儿童与信息通信技术互动的介入因素，并且根据供孩子们使用的各种资本在各种形式的访问和使用之间进行了区分。后者明显地影响了儿童使用信息通信技术（尤其是互联网）时的技能、意愿和效果，然而文化、社会、经济和技术资本的分布差异也导致了相应的数字分界形式。

为了获取信息社会中融合/排斥的不规则程度，近年来的研究尝试通过媒体知识的概念重新构造获得信息通信技术的概念。根据沃斯乔瑟（Warschauser，2002）的理论，无论是人际交流和获取习惯的信息，还是通过创造性的社会话语处理该信息，媒体的有效占用只有通过参与"有意义的社会实践"才能充分实现。那么从更广泛的意义上讲，信息通信技术的文化和符号的结合成为非常类似于"知识"的文化和符号结合的过程，它被描述为"掌控过程，凭此对有文化含义的信息进行处理"（Warschauser，2002：6）。

"媒体知识"这个概念的特点是它含有各种不同的含义，甚至有时是有争议的，当这个概念应用于在互联网使用中激发的能力和技能时，它的含义就变得更复杂了（Livingstone，2004）。互联网使用应视为一个丰富而"厚实"的多媒体实践的平台，它展示了在政治领域、高度竞争的知识经济和文化表达方式及自我实现中的大量机会（Livingstone，2004）。因此，关于儿童数字分界的研究议程结合了在复杂的教育和文化政策框架下获取"信息通信技术"的技术因素。根据白金汉（2000）的观点，媒体知识不应该是为了保护儿童不受媒体影响或传达成年人同样的批判观点的教育策略。相反，它的目的应该是使儿童有参与社会的权利，给他们必要的工具作为自由公民来对"文化表达的方式和实质"作出贡献（Buckingham，2000：206）。因此，这种方法不是将所有社会变化的希望置于本质主义者和感伤主义者的数字化童年时期的概念化中，而是将孩子们在信息通信技术方面的经验设想成一项应受保护和予以实现的"权利"。

三、数字分界对欧洲的儿童有多重要：
　　 实验证据和启示

本部分展示了"欧洲晴雨表"2008年调查的结果（欧洲委员会，2008）和一份由欧盟儿童在线网络对欧洲数据所做的大量跨文化分析（Hasebrink et al，2009）。首先，从地理方面来看，指的是欧洲国家之间和之内的分界。其次，我们考虑访问限制、缺乏兴趣和不太有效利用这三个因素如何强调研究社会经济不平等现象的作用的必要性。再次，我们考虑了技术使用上存在代沟这一提议，并调查了欧洲儿童与家长使用的互联网情况。像性别这样的其他参数，在本书的其他章节被赋予了不平等性（特别参见本书的第八章）。

1. 欧洲的地理分界：超越了南北分界？

欧盟儿童在线的研究人员认为，关于儿童接触网络的跨国数据对欧洲仍然明显存在的网络获取不平等现象只提供了零碎而不完全的描述（Hasebrink et al，2009）。另一方面，"欧洲晴雨表"2008年的调查（欧盟委员会，2008）强调了国家之间的明显差异（见图9.1）。正如欧盟儿童在线的比较报告所得出的结论（Hasebrink et al，2009）：尽管欧洲各国使用互联网的人数增加了，但是国与国之间和各国内部的差异仍然很明显。

关于互联网的使用，国家数据和"欧洲晴雨表"2008年的调查实质上反映了欧洲国家互联网的使用率分为高、中、低三级：

● 第1组：互联网使用率高的国家，即其中有85%的儿童使用互联网的国家：丹麦、爱沙尼亚、芬兰、荷兰、瑞典、英国、波兰、斯洛文尼亚和挪威。

● 第2组：互联网使用率中等的国家，即其中有65%到85%的儿童使用互联网的国家：奥地利、比利时、保加利亚、捷克共和国、法国、德国、爱尔兰、冰岛、葡萄牙和西班牙。

● 第3组：互联网使用率低的国家，即其中不到65%的儿童使用互联网的国家：意大利、塞浦路斯和希腊。

在欧盟25国中，68%的儿童（6岁至17岁）在2005年6月使用过互联网；而在欧盟27国，四分之三（75%）的儿童在2008年使用过互联网。使用互联网的儿童人数在欧洲各国差别明显。根据上述三组国家的确认，除了意大利、希腊和塞浦路斯外，所有国家在2008年有超过65%的儿童使用了互联网，但是互联网使用迅速增长的情况发生

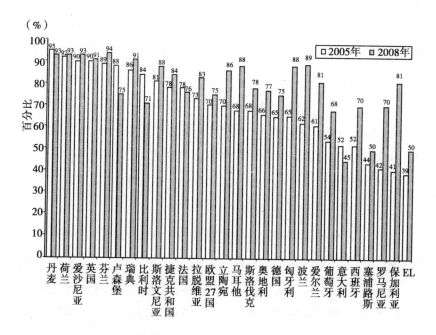

图 9.1　按国家统计的欧洲儿童的互联网使用率

基数：根据其家长/监护人的报告，所有 6 岁到 17 岁的儿童。

资料来源：欧盟委员会（2006，2008）。

在东欧和巴尔干国家（例如保加利亚）。早在十年前儿童中互联网普及率就很高的国家，例如法国、卢森堡和比利时，到 2008 年它们的互联网普及率变化却不那么明显了。

　　欧洲的互联网使用差别已经减小了，但差别依然存在，其中南欧国家落后于西欧和东欧国家。尽管图 9.1 显示了自 2005 年 6 月以来的变化，"欧洲晴雨表" 2008 年的调查肯定了欧盟儿童在线比较研究中关于 "欧洲仍然存在数字分界" 的早期研究的结论（Hasebrink et al，2009）。

　　最后，就数字分界的定性方面而言，欧盟儿童在线的国家比较研究提出了对儿童的网上机会进行分类的概念，这与之前描述过的 "从基本使用到参与" 的阶段式互联网使用的概念类似（Livingstone and Helsper，2007）。这些网络机会把儿童当作接受者、参与者或一个社会角色，并区分在线机会提供者在教育、参与、创造性和网络身份建构与维系方面的动机（Hasebrink et al，2009）。单个国家进行的研究和跨国研究得出这样的结论：多数欧洲国家的儿童出于教育和娱乐的目的使用互联网，但是社交和沟通是大约半数欧洲国家儿童一项主要的在线活动（Hasebrink et al，2009）。虽然对于特定地区儿童的网上机会和特定类型的网上机会没有足够多的研究，但孩子们利用互联网来搜索全球信息的情况较少。（Hasebrink et al，2009）。

2. 数字化与社会经济地位分界

很大一部分关于数字分界的研究致力于根据先前已有的社会分层情况追踪数字不平等现象，而社会分层以收入、年龄、性别和种族这样的社会人口变量为特征。几乎在所有的研究中都确认了关于使用者理想类型的传播理论假设（Rogers，1995）。这表明了在大多数受调查的国家中，那些先接触信息通信技术的个体也有较高的收入、职业地位和教育水平。尽管这些研究清楚地证明了社会融合和数字化参与之间存在的联系，但是关于这种相关性的程度、持久性和因果关系还有争论。如果我们查看由欧盟儿童在线网络所收集并可在欧洲获得的最新实验数据，我们会发现几乎在所有的国家都有大量证据支持家庭的社会经济地位和儿童的互联网访问情况之间有关联。这种联系由"欧洲晴雨表"最近两次的调查（欧盟委员会，2006 年，2008 年）所证实。更具体地说，有关家长职业的数据（见图9.2）表明生活在社会经济地位较高家庭的孩子更有可能使用互联网。

同样，关于家长受教育情况的数据（见图9.3）表明了受过较好教育的家长其孩子更可能利用互联网。

当我们把关注点转向互联网使用的具体方面，对社会经济指标作用的常见争论就开始逐渐消失。在法国（Pasquier，2005）和英国（Livingstone and Helsper，2007）进行的调查显示，如果对在家具有相同的访问机会的孩子进行比较，那么社会经济地位的差别在互联网使用量上则不复存在。在瑞典和爱沙尼亚（MMM Project，2005）的调查

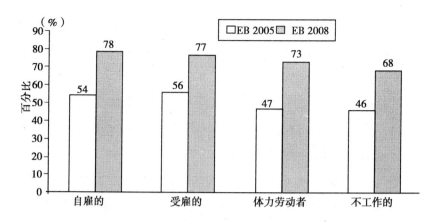

图9.2　家长的社会地位和孩子的互联网利用率（%）

基数：所有的被调查者；总数 n = 12803。

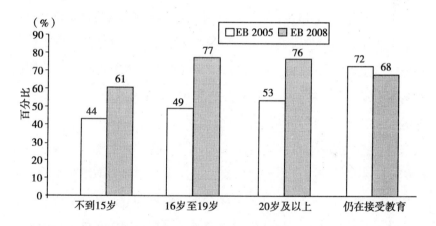

图9.3　家长的受教育程度和孩子的互联网利用率（%）之间的关系

基数：所有的被调查者；总数 n = 12803。

中也发现了类似的结果。与之相反，在冰岛和挪威进行的研究报告表明，家长受过较高程度的教育和/或具有较高社会等级，其孩子往往比其他孩子更常使用电脑（Hasebrink et al, 2009）。

　　同时，我们必须牢记这样一个事实——虽然家长拥有不同的社会经济背景也许不再影响孩子们使用互联网的时间量和频率，但是它们还可能大大地影响孩子们实际在网上冲浪时的活动。关于得到的网上机会的数量和类型，尽管缺乏一些国家的证据，但是现有的数据表明了具体的互联网利用和某一儿童家庭的社会经济背景之间的关系值得进一步探讨。特别是在西班牙、法国、荷兰、英国和瑞典，多数研究支持了这样的假设：尽管来自工人阶级家庭的孩子使用互联网为了休闲、下载内容和娱乐，但来自中产阶级家庭的孩子往往也为了教育、信息和公民参与等目的使用互联网（Hasebrink et al，2009）。

3. 成人—儿童间的数字分界

如之前提到的，伴随着信息通信技术长大的年轻人常常被贴上属于"数字化一代"的标签。但是，对这一代人的任何乐观想法（期待对新技术改变看法、态度和做法有唾手可得的典范式转变）都需要批判地看待。例如，赫林（2008）强调年轻或较年长一代的成员在是否有数字联系方面的差别在日益减少，而他们在网上干什么的差异则越来越大。从这个角度看，所有的代沟看上去都大不一样。"欧洲晴雨表"2008年的调查（欧盟委员会，2008）可让研究人员对相关的家长和孩子的比例进行基本比较。所有参加调查的家长中，16%的家长从未使用过互联网，父母似乎明显比其他家长成员更可能使用互联网，如欧盟27国中44%的16岁至74岁的人把自己归入非用户之列（欧盟统计局，2008）。所有6岁至17岁的儿童中，据他们的家长说，其中有24%不用互联网。图9.4表明欧洲各国中父母如果是较频繁的互联网用户，其孩子往往也是较频繁的互联网用户。不过应该指出的是，尽管超过半数的儿童的家长不使用互联网，但是他们自己使用互联网。这表明尽管家长在互联网利用上的经历可能会支持孩子利用互联网技术，但是像学校、同龄群体和公众观点这样的其他社会化因素也促使和鼓励孩子们使用互联网。不过，家长的态度完全可以在很大程度上影响孩子的互联网使用，尤其是那些年龄较小的孩子，因为家长对青春期前的儿童如何利用资源（时间、金钱等）有着最大的影响力。

图9.5也呈现出有意思的年代差异情形。欧洲国家儿童使用互联网的平均数达到其父母同样程度的年龄大约是12岁。从16岁开始，使用互联网的儿童数量超过了他们的家长。

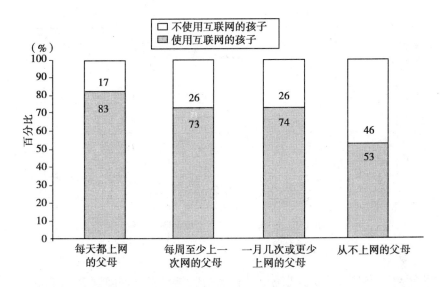

图9.4 欧洲家长—孩子的互联网使用率（%）

基数：所有被调查者；总数 n = 12803。

这个想法有清楚的年代倾向支持：即孩子们对新技术的一般利用从 12 岁开始比肩或超越他们的家长。同时，当我们比较家长和孩子时，这些数据的局限性不允许我们对这些利用情况的丰富性和多样性进行猜测。仅关注一下爱沙尼亚的情况，（Pruulmann-Vengerfeldt et al, 2008；Runnel et al, 2009），我们就能看到互联网使用之间有着明显的不同之处。

有人也许会认为，孩子们使用互联网尽管在沟通和娱乐等相关方面更丰富，但是他们仍不及成年人更高级的使用互联网。同时，很明显的是，有些成年人使用互联网非常有限，他们主要关注单一的服务，而多数孩子在互联网使用上有更多的多样性，并且拥有的技能比这些成年人的多。

四、结语

一方面，难以评估持续的分界现象实际上有多重要，以及它们对

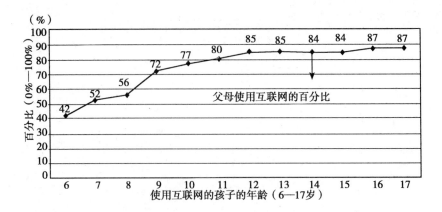

图9.5 孩子/家长使用互联网吗?(%)

基数:所有被调查者;总数 n = 12803。

谁重要。本章依照欧盟儿童在线的数据收集和"欧洲晴雨表"2008 年(欧盟委员会,2008)的调查结果作为关键的实证参考点,但是无一来源提供尽可能详细地探讨这些问题的充分数据。由欧盟儿童在线收集的实验证据相当零碎,而许多研究结果矛盾的性质让进行比较分析成为一项艰巨的任务。概括的范围常常受限于这一事实:用来衡量各项指标(例如,社会经济背景、儿童的互联网使用和机会的类型)的参数因国家不同而有差异。

在另一方面,本章已得出了一些当今欧洲儿童中数字分界问题的程度和性质的结论。尽管欧洲各国在互联网接入和使用方面的差距已有所下降,但是它们依然存在。欧洲各国之间以及各国内部的差异很明显,南欧尤其落后。社会经济因素依然影响着欧洲儿童和年轻人的互联网访问的程度。尽管随着我们将注意力转向互联网使用的具体方面(例如使用的频率和总量),上述影响开始减弱,但是一些国家的研究证据还是证实了社会经济指标和儿童获得网络机会之间的相关性。最后,至于"数字化一代"和"代沟",欧洲的实验研究已经表明了,尽管父母缺少网络体验的情况也许会抑制孩子使用互联网技术,但是另外诸如学校、同龄群体和大众观点这样的社会化因素也足以让孩子开始使用互联网。

　　本章的贡献在于提供了关于当前欧洲儿童中数字分界情况的最新数据，同时将该最新数据和该领域已报道过的研究和文献数据联系起来。然而，研究人员必须继续对现有的实验证据进行更深入的比较分析，这样才能对欧洲儿童中的数字分界现象提供更有洞察力的描述。

参考文献

Bradbrook, G. and Fisher, J. (2004) 'Digital equality: reviewing digital inclusion activity and mapping the way forwards' (www. citiaensonline. org. uk/site/media/documents/939_ DigitalEquality 1. pdf).

Buckingham, D. (2000) *After the death of childhood. Growing up in the age of electronic media*, Cambridge: Polity.

Carpentier, N. (2003) 'Access and Participation in the discourse of the digital divide: the European perspective at/on the WSIS', in J. Servaes(ed) *The European Information Society: A reality check*, Bristol: Intellect: 99—120.

EC(European Commission) (2006) *Safer internet*, Special Eurobarometer 250/Wave 64. 4—Safe internet for children, Luxembourg: EC.

EC(European Commission) (2008) *Towards a safer use of the internet for children in the EU-A parents' perspective, Analytical report*, Flash Eurobarometer Series#248, conducted by The Gallup Organisation, Hungary, Luxembourg: EC (http://ec. europa. eu/information_ society/activities sip/docs/eurobarometer/analyticalreport_ 2008. pdf).

Eurostat(2008) *Individuals regularly using the internet, by gender and type of connection*(http://epp. eurostat. ec. europa. eu/portal/page/portal/product _ details/dataset? p_ product_ code = TIN00061).

Hacker, K. and van Dijk, J. (2003) 'The digital divide as a complex and dynamic phenominon', *The Information Society*, vol 19. no 4: 315—26.

Hasebrink, U. , Livingstone, S. , Haddon, L. and Ólafsson, K (2009) *Comparinsg children's online opportunities and risks across Europe: Crossmatinal comparisons for EU Kids Online*(2nd edn), London: London School of Economics and Political Science, EU Kids Online (Deliverable D3. 2 for the EC Safer Internet Programme).

Herring, S. (2008) 'Questioning the genertional divide: technological exoticism and a-dult construction of online youth identity', in D. Buckingham(ed) *Youth, identity, and digital media*, Cambridge, MA: MIT Press: 71—94.

Livingstone, S(2002) *Young people and new media*, London: Sage Publications.

Livigstone, S. (2004) 'Media literacy and the challenge of new information and communication technologies', *Communication Review*, vol 1, no 7: 3—14.

Livingstone, S. and Helsper, E. J. (2007) 'Gradations in digital inclusion: children, young people and the digital divide', *New Media ε Society*, vol 9, no 4: 671—96.

MMM Project(2005) *Mina. Maailm. Meedia(Me. The world. The media)*, Tartu, Estonia: University of Tartu.

Norris, P. (2001) *Digital divide: Civic engagement, information poverty, and the internet worldwide*, Cambridge: Cambridge University Press.

Pasquier, D. (2005) *Cultures lycéennes. La tyrannie da la majorité*, Paris: Editions Autrement.

Peter, J. and Valkenburg, P. M. (2006) 'Adolescents'internet use: testing the "disappearing digital divide"versus the"emerging digital differentiation"appproach', Poetics, vol 34, nos 4/5: 293—305.

Pruulmann-Vengerfeldt, P. (2006) *Information technology users and uses within the different layers of the information environment in Estonia*, University of Tartu, Estonia: Tartu University Press.

Pruulmann-Vengerfeldt, P. , Kalmus, V. and Runnel, P. (2009) 'Creating content or creating hype: practices of online content creation and consumption in Estonia', *Cyberpsychology: Journal of Psychosocial Research on Cyberspace*. vol 2, no 1, online.

Runnel, P. , Pruulmann-Vengerfeldt, P. and Reinsalu, K. (2009) 'The Estonian tiger leap from post-communism to the information socity: from policy to practices', *Journal of Baltic Studies*, vol 40, no 1: 29—51.

Rogers, E. M. (1995) *Diffusion of innovations*(vol 4) , New York, NY: Free Press.

Selwyn, N. (2003) '*Apart from technology: understanding people's non-use of information and communecation technologies in everyday life*', *Technology in Societu*, vol 25, no 1: 99—116.

Selwyn, N. (2004a) ' Reconsidering political and popular understandings of the digital divide' , *New Media ε Society,* vol 6, no 3: 341—62.

Selwyn, N. (2004b) ' Technology and social inclusion' , *British Jounrnal of Educational Technology*, vol 35, no 1: 127—27.

Tapscot, D. (1998) *Growing up digital: The rise of the generation,* New York, NY: McGraw-Hill.

Tsatsou, P. (2008) ' Digital divides and the role of policy and rigualation: a qualitative study' , in C. Avgerou, M. L. Smith and P. v. d. Besselaar(eds) *Social dimensions of information and communication technology policy*, New York: Springer publishers: 141—60.

van Dijk, J. (2006) ' Digital divide research, achievements and shortcomings ' , *Poetics*, vol 34, nos 4—5: 221—35.

Webster, F. (1995) *Theories of the information society,* London: Routledge.

Warschauser, M. (2002) ' Reconceptualizing the digital divide' , *First Monday,* vol 7, no 7 (http: //firtmondau. org/htbin/cgiwrap/bin/ojs/index. php/fm/article/viewArticle/967/888) .

Warschauser, M. (2003) *Technology and social inclusion: Rethinking the digital divide*, Carmbridge; MA: The MIT Press.

Wilhelm, A. (2000) *Democracy in the digital age: Challenges to political life in cyberspace*, New York, NY and London: Routledage.

Wresch, W. (1996) *Disconnected: Haves and have-nots in the information age*, Brunswick; NJ: Rutgers Universty Press.

第三部分

上网带来新风险吗？

第 十 章

危险的接触*

一、导言

　　家长对儿童使用互联网的焦虑与潜在的危险接触有关（欧洲委员会，2008）。本章批判性地审视了有关儿童与成年人及同龄儿童之间的危险接触（精心伪装、骚扰和会面）的研究结果和理论，以便确定是谁真正处于危险之中。本章要讨论儿童和年轻人面临的两种主要的风险：一个是作为挑衅交流的受害者的风险，另一个是作为聊性问题的受害者的风险。本文的讨论将会拓宽我们目前对误用和滥用互联网现象在媒体和社会心理维度上的理解，这反过来又能使产业和政策制定者以及未来的用户营造存在更少危险的网络环境。

　　在线交流较容易发现、接触他人并与其进行互动的特点似乎导致了可能会发生危险遭遇的看法。媒体的恐慌同样强调成年人所带来的风险，他们意图欺骗在线儿童和年轻人（Weathers，2008）。虽然这的确是有着严重而悲剧性结果的潜在危险，但是研究表明，儿童和年轻人很快会强调他们意识到那些网上动机不良的成年人，并且采取了不与他们接触的行动（Dunkels，2008）。但是，人们注意到现在缺少关于实际可操作性的对策的研究。孩子们也许被看做是天生就会使用现

---

　　*　本章作者为玛丽卡·汉尼·卢德斯、彼特·贝·布兰德扎格和埃尔扎·邓克尔斯。

代技术的人，但是很少研究他们自学而成的避免在线风险的策略的有效性。那些处在遭遇成年人的危险中的儿童通常在现实环境中已经面临着严重的问题，然而他们却往往并没有受骗（Ybarra et al, 2007）。最可能发生的情况是：一个性侵害者利用儿童在网上暴露其弱点这一事实。这个性侵害者主动充当一个通情达理和给予支持的成年人，并开始与孩子建立一种操纵性的关系。当成年人完成了这个被称为"精心伪装"的过程，潜在的受害人经常会欣然前往会见性侵害者，即使知道这个成年人的性企图。

二、风险的概念

考虑风险产生的条件和风险的概念是很重要的。风险既是一个客观现实，又是一种社会定义，这意味着风险的概念也许因文化和国家不同而异。在某种程度上，存在着全球都公认的风险，比如性诱骗、身体和心理的虐待。不过，也有其他的偶然事件，有些人把它们当作是风险，而其他人认为不是；例如与陌生人讨论私事。像其他形式的社会行为一样，冒险行为也受到社会接受的相关规范的约束。而且，可能产生危害和危害本身是有差别的。有风险的行为并不一定导致实际伤害。因此，研究人员面临的挑战是识别超越了"正常的"冒险行为的风险行为，同时认识到那些被视为是正常的冒险行为在跨文化和跨国的情况下并非如此。尽管如此，普遍的情况是，用户在网络社交空间中怎样适应环境，以及他们的自我表现通常是怎样地自由化。因此，当寻找风险的起因并为了防止遭遇危险时，我们应该既从施害者又从受害者的角度关注媒介交流的情况，因为它们可能促成风险行为的发生。

在欧洲国家，常常警告年轻人泄露个人信息（例如姓名、照片和联系信息）存在的危险，并告诫他们匿名作为避免危险性接触的一项安全措施的重要性。例如，这主要是来自"国家节点网络"（Insafe）

的基本信息，该网络旨在增强欧洲的互联网安全意识（Insafe，2005）。许多欧洲国家给儿童和家长提供了关于国家内部安全站点的类似建议。英国、斯洛文尼亚、挪威、德国和丹麦，它们就常使用诸如"绝不要透露个人信息"之类的警告（Saft. si，2009）。其他像芬兰、塞浦路斯、瑞典和爱尔兰这些国家则注重警示而非禁止，"避免透露个人信息"（Cyberethics，2008）。安全使用互联网的许多提示信息都是从20世纪90年代末明确提出过的提示信息中复制过来的，虽然在某些情况下做了一些小的改动，但年轻人使用的互联网情况自那时起已经历了重大变化。一个明显的变化是爆炸式地使用照片、视频网站和社交站点这样的社交媒介。从年轻人自己的角度看，他们认为在网络上泄露个人信息的风险不可能变成现实，但是拥有一个公开的网络形象在社会和个人上的优势每天都得到了证实（Luders，2009；in press）。很可能多年的互联网安全建议已对年轻人的在线行为产生了积极的影响。然而，很明显的是，孩子们把安全建议和他们的个人体验相比较（Dunkels，2007），并且我们有理由相信，随着他们变得越来越有经验，他们也许正在突破在线行为的界限。

因此，现在的问题是身份特征披露到什么程度与风险遭遇有关系。为了评估针对年轻人的建设性安全准则，本章回顾了有关危险接触的理论及欧洲最近的研究。在信息日益丰富、易得且具参与性的媒体环境下，把握好在线匿名或公开真实身份这个度就变得尤其重要。

三、风险的证据

欧洲风险低、中、高的国家

根据对2000年和2008年间在21个欧洲国家进行的研究的回顾，欧盟儿童在线项目确定了一些遭遇危险的迹象（Hasebrink et al，2009）。根据自称有以下三点遭遇的儿童的百分比将国家分为风险低、中、高三类：（a）在网上收到令人讨厌的性评论；（b）会见网络上的联系人；（c）和/或在网上被欺负、骚扰和跟踪。这些结果不能进行可靠的比较，因为它们来自在不同时间、不同国家、用不同语言进行的不同调查，但是它们仍然多少反映了欧洲儿童遭遇危险的程度。欧洲风险低的国家之一是爱尔兰，上述三个参数在那里都很低。这与高风险的国家波兰形成了鲜明的对比，波兰半数以上的儿童和年轻人自称受到过令人讨厌的性评论且在网络上遭遇过恐吓、骚扰和跟踪（Hasebrink et al, 2009）。但是，仍然难以评价互联网的广泛使用和危险行为之间的模式。例如，与中、低风险的国家挪威、英国和瑞典相比，高风险国家波兰的互联网和宽带扩散速度要比它们低很多（Hasebrink et al, 2009）。

解释这些统计数据是不容易的，因为它们不仅仅涵盖了有危险的接触。性方面的对话包括同龄人之间的约会、调情和（自愿的）性试验，因而它不仅仅是成年人和儿童之间的接触。在现实生活中会见网络上的联系人也不一定就有危险。年轻人常常根据共同的兴趣和价值观进行在线联系，他们学会在网络上互相了解，最后安排在现实生活中相会（Luders, 2009）。年轻人在现实生活中结识在线联系人的百分比几乎和所包含的实际风险毫无关系。在瑞典进行的一项调查（Medierrader, 2006）中，9%的被调查者在现实中见过在线联系人。不过，没有一个被调查者与网友的会面有不愉快的经历；相反，最常见的反应是觉得见面很有趣。因此，调查在什么情况下与网络上的联系人见面与危险相关是未来研究的一个挑战。

有评估风险的其他挑战

尽管欧盟儿童在线的评论对欧洲儿童的危险遭遇程度作了一些说明，但是依然缺少在欧洲背景下进行的研究。美国最近的研究也强调了缺乏关于在线骚扰和性诱惑的研究（Kowalski and Limber, 2007; Hinduja and Patchin, 2008; Ybarra and Mitchell, 2008）。根据科瓦尔斯基和林伯（2007）的调查，只有少量的研究以这个问题为中心，而且不充分的研究所得出的结论是不确定的（2007：23）。伊巴拉和密特切尔（2008）发现被调查的 10 岁至 15 岁孩子中有 15% 报告他们曾受到过令人讨厌的网上性诱惑，而其中有 4% 特别报告了在他们使用在线社交网站时遇到的这些偶发事件。

　　考虑在线和离线情况之间的关系也很重要。在网上受到骚扰的人比现实中多吗？他们是如何经历骚扰的？在线和离线的问题也和性的交流有关：当儿童遭遇令人讨厌的性暗示时，他们如何应对？研究结果表明，多数儿童对这样的企图不予理睬，并拒绝进一步的在线接触（Hasebrink et al，2009）。那些容易受到在线风险伤害的儿童往往有不同的网络冒险行为模式，例如故意和不认识的人聊天，访问色情网站以及在线与他人谈论性话题（Ybarra et al，2007）。不过，这些孩子在现实环境中往往也面临着许多问题（性虐待、父母冲突和人际伤害）（Ybarra et al，2007）。即使最初以匿名的方式出现在网络上，这些儿童也处于风险之中。尽管现实环境对识别那些处于危险之中的儿童很重要，但是很少有研究关注过儿童的现实生活（Livingstone and Haddon，2008：320）。

　　评估风险的证据的最后一个问题是众多方法学上的挑战，这牵涉到衡量儿童遭遇风险的程度和数量。研究人员在许多方面对骚扰和恐吓进行定义。定量调查常常缺乏标准化的测量方法，这些方法可以将更温和的骚扰与恐吓区别开来，或将有问题的性虐待事件与有关性的粗鲁评论或敌意行为区别开来。由于网上匿名的情形，因此要确认年龄大的还是年龄较小的儿童是受害者也很困难。有关这类问题的定性和定量研究法，它们在接近孩子时也面临着巨大的伦理障碍，并很容易要么过度简化问题，要么给出错误的解释而将情况搞得更糟。

四、匿名还是信息透明？

　　尽管当前儿童和年轻人的安全指导方针强调匿名的做法，但是匿名、不受欢迎的行为与联系人之间存在什么样的关系并不清楚。例如，当商业网站仍在初期阶段时，与公开披露信息相比，人们往往认为匿名状态的有问题。匿名用户被认为更有可能在网上出现不负责任的行为。此外，更丰富的社交媒体发展的趋势（照片和视频变得普遍），似乎使匿名的自我介绍的可能性更小。在最近一段时间内，研究人员也开始关注在匿名用户较少的网络环境里的自我展示情况（Zhao et al，2008）。

匿名的行为和去个性化的行为

应该从与"媒介丰富"理论和"去个性化"理论都有关的方面去看网上匿名和不匿名状态对风险的影响。根据"媒介丰富"理论，媒体以它们能传送的信息数量来区分。根据媒介提供即时反馈、传递语言和非语言交流信号的能力，以及提供个性化和可视化的能力，就媒介的特征及其提供的沟通质量对媒介从最丰富到最贫乏进行排序（Daft and Lengel，1986）。这也和"社会存在"理论一致，它假定沟通媒介在其社会存在的程度上有差异，并假设这些差异在决定交流内容时很重要（Kaare et al，2007）。研究发现，提供更大程度直观匿名的媒介与减少担心批评和增加风险承担有关（Christopherson，2006）。信息丰富度不同的各种媒体平台可能导致各种在线风险的结果，这通常用去个性化程度提高来解释。去个性化指的是一种特殊的个体状态，个体在这种状态下不太关心规范标准、自我表现和个人行为的后果（Zimbardo，1969）。面对面交流被视为内容最丰富的沟通形式，人们在这种交流中因为没有匿名而对自己的行为感觉更负责。同样，道格拉斯和麦克加特（2001）研究了人们如何通过互联网进行匿名交流的情况。他们发现那些感觉隐蔽了自己身份的人表现出了一种更大的交换"过激行为"的倾向，其中包括将含有敌意或恐吓的信息在线发送给他人。

因此，对于去个性化理论，研究人员也作出了这样的论断：在匿名和群体隐瞒身份的情况下，在线行为由于自我意识的下降而变得不受社交规则管制了（Spears et al，2002）。由于常规的禁令减少，因此确实会增加发生冲动行为的可能性，比如骚扰、过激行为和性暴露；这可能表明常见的儿童安全指南有缺陷，也表明了信息的匿名性才是真正的问题所在，而非信息披露。

后来，去个性化论断遭到了许多研究的反对，这些研究提议建立去个性化效果的社会身份模型，这些研究者认为在匿名条件下没有反规范行为的有力证据，但却有与群体一致的更有力的证据（Spears et al，2002；Tanis and Postmes，2005，2007）。但是研究结果各异，一些研究结果继续支持匿名行为与社会非正常行为有关。基奥（2006）进行的一项调查（有1347名16岁至23岁的被调查者参加）发现，参与者尤其是年轻男子，当他们知道自己的身份是隐蔽的时，他们更可能通过互联网分享和回应性话题。而且，这项研究发现，用户察觉到自己的匿名性越大，他们性暴露的意愿也就越强。因此，研究人员发现匿名行为导致了更放纵和往往不为社会所接受的行为（Chiou，2006）。同样，布兰德扎克等人（提交的报告）发现，当用户匿名行动时，14岁至16岁的女孩特别可能沉溺于危险而不受限制的社交网站。对此的一种解释是：年轻人在匿名状态时进行无拘束的在线交流，那是因为他们感觉更安全。同时，这会造成挫折感并降低用户间的信任感，因为他们不确定其他用户的身份是否是真实的。

有一种担忧是，无约束的交流和自我表现（由匿名状态造成）可能更容易促进孩子们与恋童癖者及其他人的接触（Ybarra and Mitchell，2008）。在布兰特扎格等人进行的研究中，其参与者的经历表明网络上的行为特别放纵，一些年轻人接触到（据了解是）以性为目的的年长男子，不是因为他们泄露了自己的个人信息，而是因为网络环境提供的匿名特性。这类似于过去几十年的社会心理学研究，该研究把匿名性和自我意识的缺乏看成可能导致去个性化状态产生的两个最重要的条件。最后，尽管社会联系也许是从匿名开始的，匿名并不能阻止儿童遇到动机不良的成年人。媒介式沟通以互相影响和渐进的方式进行——从在线聊天室或社交网站上最初和经常性的匿名相遇，到用移动电话交流和面对面的接触。

可辨认并因此降低风险的行为？

我们似乎得出了一个结论：匿名（即不提及现实中的自我）不太可能减少骚扰和令人讨厌的有关性主题的交谈。我们也看到因为社交的原因，匿名做法变成了对欧洲的年轻人不太有吸引力的策略。相反，在许多在线环境中，年轻人呈现了一个可识别的网络形象，他们张贴像姓氏、家乡和肖像照片这样的个人信息。这也与参与式网络为何会在过去的几年中变得多元或丰富有关。在媒介丰富的网络环境中，年轻人面对的主要挑战是学会如何在复杂的网络公共场所中安全地航行和游戏。如果旨在提高年轻人的网络能力和意识的政策要反映这种挑战，则必须超越"避免透露个人信息"这样粗浅的建议。因为在线行为根本上是与现实生活融合在一起的，并与各种形式的社会化行为之间有很大关系，所以完全匿名的在线状态通常并非一种选择。主要目的是与真正的朋友分享经历和感受。因此，拥有一个可识别的形象是有必要的。

尽管年轻人并不认为完全匿名的做法令人满意，但他们仍可以获得或寻求到许多负责任的其他在线行动策略。根据美国的研究，在有在线形象的十几岁青少年中，有66%限制公众访问其注册信息（Lenhart and Madden，2007）。在那些网络形象为网上任何人都可见的青少年中，只有很少一部分人显示了自己的姓名。限制别人访问其注册信息的年轻人通常自己也会公布更多个人信息（Lenhart and Madden，2007）。结果，他们选择限制访问而非进行匿名（例如在脸谱网上）。在隐匿的网络空间里，年轻人也可能对日常生活和个人情感变得更开放（Luders，2007）。这些趋势反映了青少年在现实世界里的行为，他们根据环境扮演不同的角色。不同之处在于网络环境更难应对，正如利文斯通（2008）所说的，年轻人可能发现自己难以控制像脸谱网这样受欢迎的社交网站的隐私设置。而且，限制访问的安全策略的有效性是不确定的，并且该策略可能给用户提供了一种夸大的安全感。

五、结语

欧洲和美国的研究表明了儿童和年轻人的一些在线风险程度。国家之间似乎存在着明显的差异，虽然研究人员不能很好地解释这些差异产生的原因。通常，在线的儿童和年轻人很少被骗到现实中去见居心不良的成年人，而且他们采取了预防措施防止发生这样的情况。同龄人间挑衅的交流很常见，并且难以采取预防措施防止他们在网上被骚扰、追踪或恐吓。但是，与公共互联网安全建议相反的是，匿名的做法在防止有关性方面的沟通上并不成功，并且它还增加了年轻人骚扰同龄人的可能性。

对政策与信息通信技术产业的建议

本章的讨论得出了关于政策制定和信息通信技术产业的四点安全建议。

第一，坚持年轻人在网上保持匿名状态的做法并不是一个普遍有用的策略。因此，安全指南应该更加细化，须考虑年轻人的社会媒介环境。就日益增多的性诱惑或日益严重的骚扰程度而言，匿名可能实际上造成了伤害。伤害制造者处在匿名状态时的行动更有攻击性，而潜在的受害者则由于丧失了自我意识而以一种更不受约束的方式行动。所以，匿名策略并不是儿童网上安全的保证。此外，在线匿名的做法可能与去个性化结果有关，因为它降低了骚扰和恐吓发生的门槛。

第二，社交媒介服务中的隐私偏好提供的安全性（从电子邮件到社交站点）须仔细评估。为社交互动进行设计时，互联网工业必须考虑到用户的隐私和身份因素，并为获取和控制私人信息提供便利。再者，有关隐私的信息必须以本国语言呈现，而且当他们选择只限于朋友可访问其个人信息时，儿童必须能够评估可获得的个人信息。让儿童能在网上进行安全的互动，但同时承认他们也许喜欢被认出来，这也许需要有核查姓名和年龄的系统。因此，信息通信技术行业必须创造更好的处理隐私问题的工具和能让用户毫不费力地保护其隐私的网络环境。

第三，互联网安全政策需关注儿童在接近和利用在线服务的过程中需满足的规范。在讨论与期望的行为有关的网络礼仪和规范时，政策制定者和互联网工业提供的信息应该一致。关于用户身份的开放性（如脸谱网所应用的）也许是让孩子们在网上更有自我意识的好方法，它增加了对行为负责的可能性，并因此提高了在同龄人中进行挑衅交流的门槛。在线社交生活应该具有同现实社交生活相同的社交规范这一特征。

第四，研究者应该特别关注那些很容易受伤害的孩子。伊巴拉和密特切尔（2008）总结认为，安全措施应该针对孩子彼此对抗的行为和他们的总体幸福感，并考虑其心理社会状况，而非关注具体的技术。所以，面临的挑战是确定那些最需要积极的网络、社会和心理方面支持的孩子。这些孩子最容易受到在线诱惑和欺骗的伤害，而如果我们能识别出他们，那么社会资源就能分配给他们，让他们最大程度地受益。

参考文献

Brandtzæg, P. B. Staksrud, E. , Hagen, I. and Wold, T(submitted) ' Children 's experiences of cyberbullying in different technological platforms' , *Journal of Chjildren and Media.*

Chiou, W. B. (2006) ' Adolescents'sexual self-disclosure on the internet: deindividuation and self-inpression ', *Adolescince,* vol 41, no 163: 547—61.

Christopherson, K. (2007) 'The positive and negative implications of anonymity in internet social interactions', *Computers in Human Behavior*, vol 23, no 6: 3038—56.

Cyberethics(2008) 'Tips for teenagers' (www. cyberethics. info/cyethics2/page. php? pageID = 32).

Daft, R. L. and Lenge, R. H. (1986) 'Organizational information requirements, media richness and structural desihn', *Management Science*, vol 32, no 5: 554—71.

Douglas, K. M. and McGarty, C. (2001) 'Identifiability and selfpresentation', *British Journal of Social Psychology*, vol 40, no 3: 399—416.

Dunkels, E. (2007) 'Bridging the distance: children's strategies on the internet', PhD thesis, Umea. Sweden: Umeå, University.

Dunkels, E. (2008) 'Children's strategies on the internet', *Critical Studies in Education*, vol 49, no 2: 171—84.

EC(Euroopean Commission) (2008) *Towards a safer use of the internet for children in the EU-A parents'perspective, Analutical report*, Flash Eurobarometer Series #248, conducted by The Gallup Organisation, Hungary, Luxembourg: EC (http://ec. europa. eu/ information_ society/activities/sip/docs/eurobaromerer/analyticalreport_ 2008. pdf).

Hasebrink, U. , Livingstone, S. , Haddon, L. and Ólafsson, K. (2009) *Comparing children's online opportunities and risks across Europe: Crossnational comparisons for EU Kids Online*(2nd edn), London: London School of Economics and Political Science, EU Kids Online(Delicerable D3. 2 for the EC Safer Interner Plud Programme).

Hinduja, S. and Patchin, J. (2008) 'Personal information of adolescents on the interner: a quantiative content analysis on MySpace', *Journal of Adolescence*, vol 31, no 1: 125—46.

Insafe(2005) *How can I chat safely?*(www. saferinternet. org/ww/en/pub/insafe/ safery_ issues/faqs/chat. htm).

Karre, B. H. , Brandtxæg, P. B. , Endestad, T. and Heim, J. (2007) 'In the borderland between family orientation and peer-culture', *New Media ε Society*, vol 9, no 4: 603—24.

Kowalski, R. M. and Limbfer, S. P. (2007) 'Electronec bullying among middle school students', *The Journak of Adolescent Heslth*, vol 41, no 6: 22—30.

Lenhart, A. and Madden, M. (2007) *Teens, privacy and online social networks*, Pew Internet and American Life Project(www. pewinsterner. org/Reports/2007. Teens-Privacy-and-Online-Social-Networks. aspx) .

Livingstonem, S. (2008) ' Taking risky opportunities in youthful content creation: teenagers' use of social networking sites for intimacy, privacy and self-expression ', *New Media ε Society*, vol 10, no 3: 393—411.

Livingstone, S. and Haddon, L. (2008) ' Risky experiences for children online' , *Children ε Society*, vol 22, no 4: 314—23.

Lüders, M. (2007) ' Being in mediated spaces. An enquiry in to personal media practices' , PhD thesis. Oslo, Norwar: University of Oslo.

Lüders, M. (2009: in press) ' Why and how online sociability became paart and parcel of teenage life' , in R. Burnett, M. Consalvo and C. Ess(eds) *The handbook of internet studies*, Oxford: Blackwell.

Lüders, M. (2009) ' Becoming more like friends: a qualitative study of personal media and social life' , *Nordicom Review, Vol* 30, no 1: 201—216.

Medierådet (2006) *Ungar ε Medier* 2006 [*Youth ε media*] , Stockholm, Sweden: Medierådet.

Safe. si(2009) ' 10 things that I must know about internet safety'(http: //english. safe. si/index. php?fl = 0&p1 = 774&p2 = 776&p3 = 780&id = 780) .

Shannon, D. (2007) *Vuxnas sexuella kontakter med barn via internet*[*Adults' online sexual contacts with children*] , Stockholm: Brottsforebyggande rådet.

Spears, R. , Postmes, T. , Lea, M. and Wollbert, A. (2002) ' When are net effects gross products?The power of influence and the influence of power in comprter-mediated communication ' , *Journal of Social Issues*, vol 58, no 1: 91—107.

Tanes, M. and Postmes, T. (2005) ' Short communication. A social identity approach to trust' , *European Journal of Social Psycholoty*, vol 35: 413—24.

Tanis, M. and Postmes, T. (2007) ' Two faces of anonymity: paadoxical effects of cues to identity in CMC' , *Computers in Human Behavior,* vol 23, no 2: 955—70.

Weathers, H. (2008) ' The innocent victim, 12 , of an interner paedophile describes: ' the abduction that ruined my life' *Daily Mail* (http: //tinyurl. com/c5otal) .

Ybarra, M. L. and Mitchell, K. J. (2008) ' How risky are social networking saites? A comparison of places online where youth sexual solicitation and harassment occurs ' , *Paediatrics*, vol 121, no 2: 350—8.

Ybarra, M. L. , Mitchell, K. J. , Finkelhor, D. and Wolak, J. (2007) ' Internet prevention messages: targeting the right online behaviors' , *Archeves of Pediatrics ε Adolescent Medicine*, vol 161, no 2: 138—45.

Zhao, S. Y. Grasmuck, S. and Martin, J. (2008) ' Identity construction on Facebook: digital empowerment in anchored relationships' , *Computers in Human Behavior*, vol 24, no 5: 1816—36.

Zimbardo, P. G. (1969) ' The human choice: individuation, reason, and order vs deindividuation, impulse and chaos' , in W. J. Arnold and D. Levine(eds) *Nebraska Symposium on Motivation*, vol 17: 237—307, Lincoln, NE: University of Nebraska Press.

第十一章

儿童不宜的内容[*]

一、导言

使用互联网及其相关服务正日益成为受欢迎的消遣，特别是在儿童和年轻人中；但是，尽管它带来了许多好处，却仍有必要让他们意识到存在的危险。公众对儿童可能遭遇不良在线内容的关注不及对儿童与网友进行危险接触的关注；而且儿童可能关注的内容范围很广，包括色情文学、种族主义素材、暴力和可怕的内容、自我伤害的网站（包括支持厌食症和支持自杀的网站）和商业利用色情等等。欧洲委员会支持全欧洲的"更安全互联网热线"，人们可以通过热线匿名报告他们认为是非法或令人烦扰的内容（欧洲委员会，2009）。国际互联网热线协会的成员拥有全球43条热线（见 www. inhipe. org）。

本章以讨论儿童和年轻人浏览不良的在线内容为主。"儿童不宜的内容"并不是一个定义很明确的术语，并且我们能发现跨代、跨国家和文化的定义变化。从成年人的角度看似乎不适合儿童的内容，儿童和年轻人可能并不以同样的方式看待。而且，文化差异可能会影响我们怎样对不同类型的内容进行理解和归类。例如，因为很难就什么

＊ 本章作者为托马斯·沃尔德、埃林娜·阿里斯托德穆、埃尔扎·邓克尔斯和伊尼斯·拉奥里斯。

是色情内容和什么是性信息或性描写达成共识，所以这个模糊的中间地带也会包含色情内容。从另一方面来说，某些内容在所有文化中都被归为儿童不宜，比如直接的暴力或性虐待的描写，以及鼓励伤害自己或他人的内容。此外，有些内容可被归为非法（因而是少儿不宜的），诸如暴力或对儿童的性行为，以及宣扬种族主义和仇外情绪。

如本书第一章所介绍的，欧盟儿童在线网络对儿童会在网络上遭遇到的不同类型的不良内容和风险进行了归类（Hasebrink et al, 2009），该分类以儿童的角色（作为接受者、参与者或行动者）和不良内容提供者的动机（商业的、挑衅性的、有关性和价值观的）为基础。本章将概述欧盟儿童在线网络及更多的文献中有关儿童在网上遭遇不良内容的实验证据。查阅这些证据主要集中在（a）色情、暴力和可怕的内容；（b）种族主义题材；（c）与自我伤害有关的资料上。我们在儿童获取这些内容的可能性和采用的应对策略上考虑了国家、社会经济和年龄差异这几个因素。

二、获取色情、暴力和可怕的内容

色情内容在互联网上随处可见，而在网络冲浪时，人们几乎会不可避免地遇到这样的内容。儿童色情尤其有重要的暗示作用，且被认为是网络上最严重的犯罪之一。在多数国家，连拥有儿童色情资料都是非法的，要受到严厉处罚。含有暴力和恐怖内容的网站也在网络上到处可见，孩子们则面临着偶然地浏览到它们的风险。像色情或者是不受欢迎的性描写这样的色情内容，可能会对孩子造成伤害，或者导致他们与有潜在危险的陌生人私下接触。同样，像暴力与恐怖的资料这样的攻击性内容，可能会对孩子造成伤害，让他们焦虑和具有攻击性。

在欧洲，40%的十几岁青少年报告说自己遭遇过色情和不受欢迎的色情内容或暴力和可怕的内容。表 11.1 显示了各国的百分比情况

(Hasbrink et al, 2009)。

表格 11.1 　　　　每个国家儿童和青少年浏览在线色情和
暴力内容的百分比

国家	性内容（年龄）	暴力和恐怖的内容（年龄）
波兰	80%（十几岁的青少年）	51%（12—17 岁）
英国	57%（9—19 岁）	31%（9—19 岁）
冰岛	54%（9—16 岁）	35%（9—16 岁）
奥地利	50%（10—15 岁）	15%（10—15 岁）
挪威	47%（9—16 岁）	29%（9—16 岁）
荷兰	46%（13—18 岁）	39%（13—18 岁）
比利时	40%（9—12 岁）	40%（9—12 岁）
爱尔兰	37%（13—16 岁）	90%（12—20 岁）
瑞典	37%（13—16 岁）	26%（9—16 岁）
法国	33%（12—17 岁）	无可获得数据
丹麦	29%（9—16 岁）	35%（9—16 岁）
意大利	25%（7—11 岁）	25%（7—11 岁）

资料来源：哈斯布林克等（2009）

　　但是，对上述数据的解释应当持谨慎态度，因为这种广泛的统计综合了许多不同要素。例如，意大利似乎在两种内容上的风险都很低，但这部分原因可能是调查对象的年龄较小（7 岁至 11 岁）。虽然如此，欧洲数据的这种再分析得出了清晰的结论——在线风险相当大，并且它们无可非议地吸引了公众关注和政策注意。一项美国研究试图从 18 岁青少年公开的网站"我的空间"上的自我简介来确定盛行的"显示的危险行为"，该研究发现，54% 的简介包含危险行为，而 24% 的简介提及了性行为（Moreno et al, 2009）。作者把"显示的危险行为"定义为青少年在其公开简介上披露关于其性行为和关于酗酒、药物滥用和暴力的信息。研究人员假设显示了危险行为的孩子将会更容易遭遇不健康内容（Moreno et al, 2009）。尽管存在巨大的跨国差异，但是内容风险还是十分普遍："浏览色情内容"是欧洲第二大最常见的风险，而"浏览暴力或可怕的内容"则是第三大最常见的风险。"透露个人信息"是最常见的风险，不过它有着相当大的跨国差异（Hasebrink et al，2009）。比如，在最近的一个研究报告中就声称它是第四种常见的危险（Taraszow et al，2009：in press），不过在本书的第十章，玛丽卡、彼特和埃尔扎（Marika Lüders，Petter Bae Brandtzæg and Eleza Dunkels）认为，匿名可能也有害，因此透露个人信息不可能总是构成危险。例如，瑞典的互联网普及率很高，但是它的风险率只处于平均水平，这可能由于年轻人具有有效的安全意识。

在某些情况下，年轻人可能被认为是色情内容潜在的自愿消费者。不过，许多孩子也抱怨色情广告，并认为自己是色情内容营销的受害者（Dunkels，2008）。这是又一个成年人和孩子的看法不同的例子。

三、种族主义内容

在欧盟儿童在线项目中，种族主义内容一直被归为儿童的一种潜在危险，但是来自21个成员国的研究结果却很少显示关于它的研究数据。在英国，9岁至19岁孩子中有11%在线阅读过种族主义或憎恨外族的题材（Livingstone and Bober，2005），而在挪威，8岁至18岁孩子中有40%偶然浏览过有仇恨内容的网页，而22%的孩子有意地浏览过（Medietilsynet，2008）。虽然种族主义内容常常是憎恨和暴力的，但许多研究似乎把暴力和仇恨的或种族主义的内容归为一类；其实需要更多更具体地阐述种族主义内容的研究。到目前为止，我们对孩子会遇到这类材料的可能性的理解有巨大的差异。但是，这种内容在网络上广泛存在，而孩子面临接触这些内容的风险也很明显。

四、自我伤害、鼓励厌食或暴食行为的内容

自我伤害网站指的是旨在"帮助"人们自我伤害，或保持其不健

康状态的网站，但是迄今为止，在学术上很少有人关注它们。这些网站提供与这个主题有关的详细信息，提供与其他患者的沟通并描述伤害或自杀的方式和方法。这些网站有博客、论坛和聊天室，它们成为患者获得支持的来源。支持自杀的网站一直饱受大众传媒和临床文献的严厉批评（Baker and Fortune，2008）。研究人员报告指出，它们怂恿有害的行为，并且这种鼓动可能会导致有倾向的个体去伤害自己（Thompson，1999；Mehlum，2000；Becker，2004）。而且，临床医生报告指出，互联网对有自残但无自杀倾向者的生活、治疗和康复有着重大的影响（Whitlock et al，2007）。自伤和自杀网站的区别是，对后者的研究表明访问这些网站是有害的（Biddle et al，2008），而研究发现自伤性网站有时能积极地帮助自伤者减少自伤行为（Murray and Fox，2006）。但是，调查这些网站可能对年幼儿童和十几岁的青少年的影响是文献依然缺乏的内容。

支持厌食症的网站是对厌食症持支持立场的网站。它们把厌食症当作一种生活方式而非一种疾病进行介绍（Bardone-Cone and Cass，2007）。那些支持饮食规律紊乱的网站通常在内容上相似，并提供减肥方面的建议及如何隐瞒饮食紊乱（Wilson et al，2006）。其中许多网站也提供能帮助减肥和保持体重减轻的药物的信息（Fox et al，2005）。仅有一些网站将厌食症和暴食症当作严重的饮食紊乱进行介绍，并说明它们对健康的影响（Lipczynska，2007）。也有为那些遭受这些疾病折磨或者已经痊愈的人设立的论坛。

皮贝尔斯等人（2006）研究了儿童和青少年中饮食紊乱症的区别。他们的调查结果表明了儿童在他们的成长期比青少年更容易减轻体重。因此，他们在成长过程中也处于比青少年更高的损害风险中（Peebles et al，2006）。研究表明，饮食规律紊乱的青少年的父母大多不知道其孩子使用支持饮食紊乱的网站（Wilson et al，2006）。不过，我们得注意，不要肤浅地评价这些网站。尽管只有一些研究以年轻用户对自我伤害网站的看法为研究的中心，这些研究也把这些网站描述为年轻人可以发泄情感的地方。在这些论坛中，似乎有许多友谊以及情感问题的支持和讨论（Palmgren，2007；Day and Keys，2008）。此外，我们不知道已发现的传统媒介的影响模式是否与主要由用户自创内容构成的网络环境中的模式相同。如果我们从年轻患者的角度接近自我伤害的网站，一个可能的结论是：总的来说，需要在现实中介入这些年轻人的生活。在他们能得到适合其病情的药物和心理治疗之前，这些自我伤害网站在某些时候能起到支持的作用，但是在外界看来它们似乎是不健康的。

五、接触不宜内容问题上的性别和年龄差异

十几岁的青少年面临着一系列不良的网上内容，而这引发了许多问题。例如，十几岁的青少年如何处理这种情况，他们在哪些方面受到了影响，是否有些人比其他人更容易受到伤害？

通过欧盟儿童在线网络收集的实验数据表明，在儿童在线使用的范围和类型方面存在性别差异（Hasebrink et al，2009；也见本书第八章）。一般来说，男孩花在互联网上的时间比女孩多，他们参与更广泛的在线活动，并有不同于女孩的偏好，特别是在下载和游戏活动方面。女孩更可能为了教育的目的搜索信息，而男孩则为了娱乐，也有证据表明这种差异正在消失（Gross，2004）。如果情况是这样的，那么这也让他们面临不同的内容风险。例如，根据相同的报告，在挪威，9 岁至 16 岁孩子中有 15% 的男孩和 3% 的女孩在互联网上观看色情内容，而法国、德国、爱尔兰、挪威、波兰和英国有确切的实验证据表明男孩比女孩更多地访问有暴力或仇恨素材的网站。尽管有意无意地，男孩比女孩更多地访问色情站点，但是女孩在线观看性趣图贴或裸体图片的现象也很普遍。波兰的调查结果表明，女孩更可能在电子邮件和聊天室中接触到色情资料。欧盟儿童在线的报告也发现，女孩比男孩更可能因为在互联网上面对性图像感到震惊、心烦意乱或不舒服。

与之相比，有一份研究文献表明，男孩寻求暴力和色情资料的倾向仅仅是青春期好奇心的一部分，是挑战成年人的强制性限制而提高的自主权的强烈愿望的表现。

关于年龄和面临的风险的实验数据并不多，但是很明显的是，随着孩子们长大，他们将面临更多的在线风险（Hasebrink et al，2009），包括遭遇不良内容的风险。这可以部分地看做是青春期的好奇心和冲破界限的渴望。十几岁青少年对在线媒体有更多不同的使用且涵盖了更大的互联网市场，他们因此面临着更多的潜在危险，这也是显而易见的。研究人员仍不确定这是否意味着他们更脆弱：有关互联网的技能随年龄增长而提高，似乎可信的是，这也包括保护自己免受在线风险的能力。哈斯布林克等人的报告得出结论——我们不应该对这些技能自满，因为许多青少年"忘记了"采取必要的预防措施而在互联网上有不愉快的经历。通过对证据的进一步审查，研究人员得出了"对十几岁的青少年如何应对在线风险所知甚少"的结论（Staksrud and Livingstone，2009：3）。

六、社会经济地位的差别

尽管调查结果很少，但是证据指出了社会经济地位和风险暴露之间的相关性。哈斯布林克等人报道的多数调查结果关注内容和接触的风险，并且一般来说，似乎来自社会地位较低家庭的孩子更多地遭遇在线风险，尽管他们比社会经济地位较高的群体访问网站相对较少。在西班牙、德国和法国，有证据表明通过邮件、浏览器或移动电话这样的途径，来自工人阶级家庭的孩子更有可能遭遇、收到或浏览色情或暴力内容。在西班牙，来自社会经济地位较高阶层的年轻人中仅有3%声称他们通过互联网收到过暴力内容，与之相比，来自社会地位较低的年轻人中有60%声称有过这样的经历。类似的，来自社会经济地位较高阶层的年轻人中有4%意外地浏览过色情页面，而26%的社会地位高的年轻人和61％的社会地位较低的年轻人浏览过色情网页。通过互联网或手机收到色情内容也有类似情景；这在社会经济地位较高的群体中是最不常见的。在德国，受教育较少的十几岁青少年在手机上观看暴力视频的比受过更好教育的十几岁青少年多。因此，我们可以得出这样的结论：那些社会经济地位较高的群体一般遭受的风险最少，中等社会经济地位的群体会经历更多的风险，而社会经济地位最低的群体经历的风险最多。

为什么社会经济地位和风险之间有如此大的关系呢？当我们关注访问网站的机会，发现相关性也很高，来自社会经济地位较高群体的儿童和年轻人比社会经济地位较低群体的儿童和年轻人拥有更好的上网机会。访问增多，机会也增多，同时也增加了风险，因此人们会认为拥有更好的上网机会的孩子也会遭遇更多的风险。但是，情况并非如此。真实的情况是父母有区别地用各种手段来管控在线风险，而孩子们也就处于不同程度的危险之中。例如，我们发现社会经济地位较高的家庭有更多关于媒体利用的规定，而社会经济地位较高家庭的父母比社会经济地位较低的父母在更大程度上监督其孩子的互联网使用（Hasebrink et al，2009）。我们也知道社会经济地位较低群体的孩子比社会经济地位较高群体的孩子更可能在卧室使用电脑，这让监督更加困难。

不同社会经济地位群体之间的文化喜好也可能存在差异。在社会经济地位较低的家庭可能比社会经济地位更高的家庭更喜欢暴力的图像和明确的色情内容。与此相关的是，有人可能还想知道：社会经济地位更高的孩子是否比社会经济地位较低的孩子不太可能在调查中承认观看了这样的内容，而后者则更可能是炫耀这样的体验。

七、应对风险

当孩子和年轻人接触到暴力、色情和自我伤害的内容时，他们如何反应？一些调查结果显示，大多数年轻人确实对遭遇的风险置之不理或忽视（Hasebrink et al，2009）。但是要求孩子们自己报告伤害的可靠结果吗？他们会受到这样的方式——即被研究人员问及时他们无法描述的方式——的伤害吗？许多研究指出，仅有很小一部分孩子告诉成年人他们是否在线浏览过暴力、色情或仇恨的内容，不过他们常常是在社交网络上的个人简介中讲述这样的经历（Moreno et al，2009）。不过，孩子们似乎在发展着自己应对在线风险的策略。这些策略是否有效仍是未知数。在欧洲，31%的家长说他们的孩子在互联网上遭遇过有害内容，而66%的家长说他们的孩子知道在这种情况下该怎么做（Hasebrink et al，2009）。当孩子和年轻人偶然遇到暴力、色情或仇恨内容的网页时，对于他们做什么并如何反应的调查数据还有限。当孩子们被问到这样的事件，他们往往说自己无视接触到的资料或者他们不想那么多。他们也常说自己再也没浏览过那个网页。少数人表示对那些内容感到心烦，而有些孩子说他们认为这有趣或感觉很酷（Staksrud and Livingstone，2009）。有一种可能是孩子们没有完全说出负面的在线经历，部分原因是他们想比实际年龄看起来大些或表现成熟些，另外可能是他们担心家长会限制他们使用电脑。

把自己的负面在线经历告诉父母的儿童和年轻人非常少（Hasebrink et al，2009），这支持了后一个假设。邓克尔斯（2008）声称如果在互联网上发生了什么苦恼的事情，她的一些被调查者从不会告诉他们的父母或老师，因为他们害怕父母不再允许自己使用互联网。我们也要记住，让一个孩子或十几岁的青少年和父母讨论这样的话题也许会感到尴尬，而孩子在一定的年龄对父母保守秘密也是相当普遍的。总而言之，我们对年轻人更愿意与他们的同龄人而非父母或老师讨论这个话题，不应感到惊奇。

八、结语

尽管对年幼儿童如何处理在线风险的问题仍少有研究，但很显然，年龄较大的十几岁青少年比年幼儿童遇到的在线风险更多（Hasebrink et al，2009）。男孩似乎比女孩更可能寻求挑衅或暴力的内容，浏览色情内容或发送色情站点的链接，女孩似乎更多地对挑衅的、暴力或色情内容感到心烦。利文斯通指出，关于儿童和互联网的公共政策受到三个重要因素影响：互联网使用和发展的非凡速度，造成媒体恐慌的"新的文化恐惧"和孩子被视为在知识发展上超过成年人的"反向代沟"现象（Livingstone，2009）。

风险意识并不一定减少遭遇风险的机会，而我们需要更多关于儿童的应对策略及结果的研究。在本书的第十六章，露西娜·柯威尔、马娅伦·加门迪亚、卡梅洛·加里塔南迪亚和杰玛·马蒂尼兹调查了家长的不同介入策略。在欧洲，内容过滤是被最广泛采用的措施之一，它将个人电脑和公共电脑可能接触到的有害内容减到最少，即使采用了这些措施，普赖斯和维哈斯特（2005）认为仍存在一些基本问题。一个问题是用户将不得不挑选过滤标准，如果要适合各种各样的家庭结构、文化和价值观，那么可供选择的名单将会非常长。另一个问题是被过滤掉的内容要经受意识形态上的偏见，这对用户也许是不透明的。

伊巴拉和密特切尔（2008）呼吁经过缜密思考的方法，这些方法关注儿童的在线行为和他们的一般社会心理概貌，而非特定技术。监督和过滤是否是有效的方法，我们对此只掌握了很少的数据。我们已经目睹了在社会经济地位更高家庭里的孩子有更多机会使用互联网和利用更广泛的在线机会，并且他们比社会经济地位较低家庭的孩子遭遇的风险更少。社会经济地位较高的家庭有更多关于互联网使用（和总体的媒体使用）方面的规矩，这表明家长介入在减少危险上会有积极的效果。我们了解到，一个孩子现实中麻烦越多，那么他/她在线遭遇风险的机会也越大，可是这对我们有什么帮助呢？在这些情况下，监督和过滤策略仅是任何解决方法的一部分，而在现实中，干预仍旧是至关重要的。

参考文献

Raker, D. and Fortune, S. (2008) 'Understanding self-harm and Suicide websites: a qualitative interview of young adult website users', *Crisis*, vol 29, no 3: 118—22.

Bardone-Cone. A. M. and Cass, K. M. (2007) 'What does viewing pro-anorexia website do? An experimental examination of website exposure and moderating effects', *Internaltional Journal of Eating Disorders*, vol 40, no 6: 537—48.

Becker, K. (2004) 'Internet chat rooms and suicide', *Journal of the American Academy of Child and Adolescent Psychiatry*, vol 43, no 3: 246—7.

Biddle, L., Donovan, J., Hawton, K., Kapur, N. and Gunnel, D. (2008) 'Suicide and the internet', *British Medical Journal*, vol 336: 800—2.

Day, K. and Keys, T. (2008) 'Starving in cyberspace: a discourse analysis of pro-eating-disorder websites', *Journal of Gender Studies*, vol 17, no 1: 1—15.

Downey, S., Hayes, N. and O'Neill, B. (2007) *Play and Technology for Children aged* 4—12, Dublin: Office of the Minister for Children and Youth Affairs, www. omc. gov. ie/viewdoc. asp? fn = /documents/reserch/play_ and _ technology. pdf.

Dunkels, E. (2008) 'Children's strategies on the internet ', *Critical Studies in Education*, vol 49, no 2: 171—84.

EC(European Commission) (2009) 'Safer internet centres' (http: //ec. europa. eu/ information_ society/actividties/sip/projects/centres/index_ en. htm).

Fox, N., Ward, K. and O'Rourke, A. (2005) 'Pro-anorexia, weight-loss, drugs and the internet: an"anti-recovery"explanatory model of anorexia', *Sociology of Health and Illness*, vol 27, no 7: 944—71.

Gross, E. F. (2004) 'Adolescent internet use: what we expect, what teens report', *Applied Developmental Psychology*, vol 25, no 6: 633—49.

Hasebrink, U. , Livingstone, S. , Haddon, L. and Ólafsson, K. (2009) *Comparing children's online opportunities and risks across Europe: Crossnational comparisons for EU Kids Online* (2nd edn), London: London School of Economics and Political Science, EU Kids Online (Deliverable D3. 2 for the EC Safer Indternet Plus Programme) .

Lioczynska, S. (2007) ' Discovering the cult of Ana and Mia : a review of pro-anorexia websites' , *Journal of Mental Health*, vol 16, no 4: 545—8.

Livingstone, S. (2009) *Children and the intetnet: Great expections, challenging realities*, Cambridge: Polity.

Livingstone, S. and Bober, M. (2005) *UK childrem go online: Final report of key project findings*, London: London School of Economics and Political Science, Resesrch online (htpp: //eprints. lse. ac. uk/arhive/00000399) .

Medietilsynet(Norwegian Media Authority) (2008) *Trygg brukundersokelsen* 2008. *En kartlegging av 8 til* 118-*åringers bruk av digitale medier[Safe Use Survey* 2008. *A mapping of* 8 *to* 18*year olds'use of digital media]* , Fredrikstad, Norway: Medietilsynet.

Mehlum, L. (2000) ' The internet, suicide, and suicide prevention' , *Crisis*, vol 21, no 4: 186—8.

Moreno, M. A. , Parks, M, R. , Zimmerman, F. J. , Brito, T. A. and Christakis, D. A. (2009) ' Display of health risk behaviors on MySpace byadolescents' , *Archives of Pediatrics ε Adolescent Medicine*, vol 163, no 1: 27—34.

Murray, C. D. and Fox, J. (2007) ' Do internet selt-harm discussion groups alleviate or exacerbate self-harm behaviour?' , *Australian e-Journal for the Advancement of Mental Health*, vol 5, no 3: 1—9.

Palmgren, A. C. (2007) ' Idag är jag ingentinsg annat än en kropp'[Today, I'm nothing more than a body'] , in S. Lindgren (ed) *Unga och nätverkskulturer-Mellan moralpnik och teknekromantik[Youth and network cultures-Between moral panics and romanticising technology]* , Stockholm, Sweden: Ungdomsstyrelsen: 81—99.

Peebles, R. , Wilson, J. L. and Lock, J. D. (2006) ' How do children with eating disorders differ from adolescents with eating disorders at initial evaluation?' , *Journal of Adolescent Health*, vol 39: 800—5.

Price, M. and Verhulst, S. (2005) *Self-regulaion and the internet*, The Hague, the

Netherlands: Kluwer Law International.

Staksrud, E. and Livingdtone, S. (2009) ' Children and online risk: powerless victims or resourceful Participants?' , *Information, Communication and Society,* 'vol 12, no 3 : 364—87.

Taraszow, T. , Aristodemou, E. , Arsoy, A. , Shitta, G. and Laouris, Y. (2009: in press) ' Disclosure of personal and contact information by young people in social networking sites: an analusis using Faceboo^{TM} profiles as an example', *International Jounal of Media and Cultural Politics.*

Thompson, S. (1999) ' The internet and its potential influence on suicide' , *Psychistric Bulletin,* vol 23, no 8: 449—51.

Whitlock, J. , Lader, W. and Conterio, K. (2007) ' The internet and self-injury: what psychotherapists should know' , *Journal of Clinical Psychology: In session* , vol 63, no 11: 1135—43.

Wilson, J. L. , Peebles, R. , Hardy, K. and Litt, I. F. (2006) ' Surfing for thinness: a pilot study of pro-eating disorder web site usage in adolescents with eating disorders', *Pediatrics,* vol 118, no 6: 1635—43.

Ybarra, M. and Mitchell, K. (2008) ' How risky are social networking sites? A comparison of places online where youth sexual solicitation and harassment occurs' , *Pediatrics,* vol 121, no 2: 350—8.

第十二章

问题行为——互联网上的少年不法行为*

一、导言

儿童涉足互联网常常被标榜为社会进步，同时这也促使他们成人化和数字化犯罪。虽然像"数字化恐吓"、"作恶取乐"及非法下载音乐和电影这些现象已开始进入公众和官方视野，但是政策制定者、普及知识者和研究人员很少关注儿童会通过非法或异常行为主动参与负面事件这一情况。因此，本章将重点关注儿童的在线不法行为——主动"制造"在线风险，比如参与非法或不受欢迎的网络内容或行为。

不法行为的定义是"超出可接受的行为或者与法律不相符的行为"（Merriam-Webster Online Dictionary, 2008）。对什么是不法行为或者异常行为，且因此成为"有风险的行为"这个问题的认识自然因认识者的年龄、文化、宗教信仰、国家和个人而异。在犯罪学领域，已经有大量理论方法来解释少年不法行为的现象，通常按行为的动机来区分：个人（例如理性选择理论和按体型分类理论），同辈（不同关系理论），父母和学校（社会控制理论），来自他人的期望（标签理论），或者社会结构和文化（张力理论、子文化理论、社会生态理论）（Jewkes, 2004；Muncie, 2004）。由于未界定"儿童"、"少年"、"青

* 本章作者为伊丽莎白·斯泰克斯鲁德。

年"和"青少年"这些概念以及文化上的差异，使得"儿童"是社会上潜在的不法行为参与者这一观念更加复杂。虽然"儿童"一词在此定义为所有 18 岁以下的孩子，与联合国对儿童的定义一致，但这个词随时间推移而有变化。在预防犯罪领域，一直到维多利亚时代，才有将童年孩子作为需要特别考虑惩罚的单独发展阶段的概念（Jewkes，2004：89）。因此，将孩童视为社会组成部分的概念取决于其所处的社会、时间和文化。

即使在欧盟内部，各国有可能适用共同的法律和规定，但对犯罪的责任和诉讼却因年龄而差异鲜明，比如英格兰规定 8 岁以上，而比利时为 18 岁（Muncie，2004：251）。为了使这种事情更明朗，人们确定和描述了儿童主要的在线负面行为，有些将视为"顽皮"或者有问题的，有些是异常的或者儿童不法行为，有些是违法行为，具体依各国的情况而定。

二、黑客行为

黑客行为是网络上最初的不法行为之一。虽然这个词包含计算机文化的多个方面，但在公众的意识里赋予其最常见的含义是——某位（年少）计算机能手和/或计算机犯罪分子潜入别人的计算机或系统。换句话说，其意图可以是好的（在 1976 年指"用计算机规划和解决问题的专家"；Merriam-Webster，1991）或不好的（"非法获取计算机系统信息，且有时篡改其内容的人"；Merriam-Webster Online Dictionary，2009）。一些图书和电影，比如《战争游戏》（导演约翰·巴德姆，1983）、《读数为零》（作者吉布森，1987）和《国家公敌》（导演托尼·斯科特，1998），都描述了黑客和黑客文化，并且将它们赋予了传奇色彩。同样，罪恶的黑客也在流行的虚构故事中频繁出现，例如《终极警探4》（导演莱恩·怀斯曼，2007）、《魔鬼战将》（导演安德鲁·戴维斯，1992）和《黄金眼》（导演马丁·坎贝尔，1995）。所有这些描述或表演都是以黑客行为的两个方面为主题——但对黑客技术的钦佩往往敌不过对他们通过键盘操作带来的恐惧。

"黑客"包括非常初级的新手（所谓的"script kiddies"）乃至技术极高的计算机专业人士，他们可能用也可能不用他们所知的去搞恶作剧、非法获取和发布机密信息或者犯罪。德国精通计算机技术的卡尔·科克就是从一名小黑客变成利用计算机犯罪的例子，他开始是一名计算机/电话黑客，最终成为一名"冷战"时期的计算机间谍（Hafner and Markoff，1995：400，也可观看由汉斯·克里斯琴·斯密德导演的电影《23》，（1998）。大多数黑客专注于合法行为，比如修改计算机或游戏硬件（Grand et al，2004；Rahimzadeh，2006），修改社会工程学（Mitnick and Simon，2002）或者推翻社会工程学和调整软件，以更好地满足自己的需要。DeCSS 软件就是最后这种情况的有名事例，DeCSS 是一种译出 DVD 光盘密码的小软件。乔恩·约翰森最终成了新一代数字化少年不法行为的典型，他从高中退学，专门编写程序。在互联网上公布程序后，约翰森因黑客行为和非法获得受保护的数据而被电影协会起诉，但在两次审理中都宣布他无罪（Straffesak［criminal case］nr 03-00731 M/02，Oslo lagsogn，2003）。

虽然有关青少年问题重要性的研究仍然缺乏，但英国的"儿童上网项目"发现，在每天或者每周使用互联网的 12 岁至 19 岁孩子中，8%声称曾潜入别人的网站或电子邮件（Livingstone and Bober，2005）。

三、非法下载和侵犯版权

与典型的黑客有关，但在技术上远不如的便是拷贝、下载和分享包含受版权法保护的资料。可是，在众多有关儿童在线活动的研究中，没有区分合法下载和非法下载，也没有区分视频或音频的内容和下载。然而，懂得下载在线内容是许多儿童能拥有的且日常使用的数字化技能。例如，在 2008 年，瑞典61%的 12 岁至 14 岁儿童和86%的15岁至16岁儿童在互联网上下载音乐（World Internet Institute，2008）。

当谈及（已得知的）"非法"下载，一项有关比利时青少年（12—18岁）的多方法研究发现，虽然其中19%认为非法下载是"不良"行为，但78%被许可从网站下载音乐，而"无需交纳版权费"（Pauwels and Bauwens，2008）。挪威的一项研究（Staksrud，2008）发现，25%的9岁至12岁孩子和64%的13岁至16岁儿童认为下载或分享"他们在商店里看到过的音乐"是非法的。在那些认为下载是非法的人中，34%的9岁至12岁儿童和74%的13岁至16岁儿童仍打算去下载。在儿童中这样有计划的非法行为的原因还需进一步研究，但可以提供一些可能性的解释。在对美国大学生的一项研究中发现，下载活动与缺乏自我管束有关，且因害怕惩罚而减少。此外，虽然认为下载在道义上是可接受的很大程度上与实际下载活动有关，但规范的信仰也会影响下载活动（LaRose et al，2005）。

四、"作恶取乐"

近些年来，最吸引媒体注意的在线活动却是（也许具讽刺意味的是）与现实世界最密切的。虽然结果是通过相同的渠道发布，但它在本质上与前述的无关。"作恶取乐"指未发起实际的攻击，其主要目的是录像或拍照片，以供在互联网上或者通过移动电话发布。据说这一现象是2004年或2005年从英国开始的，最出名的作恶者是儿童和青年，"作恶取乐"是一种真正的儿童"行为风险"。虽然这种行为是一些被视为"闹剧"的情况，例如，观看别人摔倒，制作和发布的影像也包括恶性的事件，诸如致人死亡的殴打与性暴力和强奸。据报道，2005年英国交通警察局在伦敦仅六个月之内就调查了200起作恶取乐事件（《卫报》，2005），英国的问题在2006年由两位17岁儿童打死一名受害者发展到了极致（BBC新闻在线，

2007）。在丹麦，一位16岁的女孩因对一名同龄人作恶取乐并拍下该事件而被判入狱8个月（Netavisen Sjalland，2006）。2007年，法国推出有关少年犯罪的新法律规定，其中包括作恶取乐行为，规定散布暴力图片为犯罪行为（Le Président de la Répubique Française，2007）。

作恶取乐成为新技术如何助长年轻人的新型不法行为的典型例子，很可能这种情况是为了得到同龄人的关注和"社会信任"。到2009年1月止，YouTube网站上公开的真实程度不同的"作恶取乐"视频约7000个。儿童和年轻人使用互联网和移动电话公布现实的不法行为的类似例子也还有，比如，大量在线影像记录了严重的交通事故或财产侵犯事件或计划好的高中学校枪杀案警告。

五、数字化恐吓和骚扰

儿童在线负面行为得到欧美研究机构的极大关注，且有足够的数据表明网络风险发生的范围就是在线恐吓和骚扰。欧盟儿童在线项目发现，平均有12%的欧洲在线儿童声称曾发送过恐吓或骚扰信息，比例从8%（爱尔兰）到18%（比利时）不等（Hasebrink et al，2009）。美国一项对3767名中学生的调查结果表明，4%的学生曾通过电子手段恐吓过别人（Kowalski and Limber，2007），而美国另一项对1378名18岁以下孩子的在线调查（不具国家代表性）发现，其中17%在上网时骚扰过别人（Hinduja and Patchin，2008）。现有的研究并没有得出在恐吓类型和发生频率上存在性别差异。美国科罗拉多州对年轻人中流行的不同类型恐吓行为进行调查，发现互联网上的恐吓行为没有性别差异（Williams and Guerra，2007）。然而，大多数研究发现，女孩子在电脑恐吓的作恶者和受害者两方面都比例很高（Kowalski and Limber，2007）。其他研究表明，对于传统的面对面恐吓，男孩更多地采取直接挑衅，而女孩更多地采用间接恐吓，比如散布流言蜚语和排斥他人（Bjorkqvist et al, 1992；Olweus, 1993）。

在线骚扰也包括骚扰陌生人和发送带有种族歧视或仇恨的信息。对丹麦、冰岛、爱尔兰、挪威和瑞典的9岁至16岁有代表性的儿童对比调查发现，10%（13岁至16岁儿童为17%）承认曾经在互联网上向某人或某个群体发表过充满恨意的言论（Staksrud, 2003）。2008年，22%的13岁至16岁挪威儿童承认发表过充满恨意和/或种族歧视的网络评论（Staksrud, 2008）。

六、侵犯隐私

在互联网上公开朋友和家人的照片，这在网络用户中是极其普遍的事情，以至于许多人并不认为这种行为异常。然而，获得照片本人的同意不仅是正常的礼貌，通常也是法律所要求的。从"告知同意"的法律概念角度，在发布有关儿童的个人信息时，需要更加谨慎，未经父母的事先许可，在互联网上发布儿童的照片也可能是非法的。2008年，挪威在一次有代表性的调查中发现，21%的13岁至16岁儿童和25%的17岁至18岁儿童说他们曾未经他人许可发布过他人照片（Staksrud, 2008）。其实，这大多取决于所发照片的性质，对这种行为可能带来的负面影响了解很少。

七、剽窃

剽窃现象在中小学生中日益普遍：拷贝（"剪切和粘贴"）数字式资料用于完成学校作业，未适当地提及资料的出处，冒充为自己的东西。在比利时，82%的学生说他们曾未提及信息来源而利用互联网上的信息（Pauwels and Bauwens, 2008：9）。在英国，21%的12岁至19岁日常网络用户（每天或每周使用）承认为完成学校作业从互联网上拷贝资料，当作自己的作业交给老师（Livingstone and Bober, 2005：11）。

八、制造虚假信息和提供有害建议

互联网上的在线社区可以提供信息、帮助和支持各种关心的事情。一个负面的结果是，参与这些社区活动的儿童和年轻人也会提供不真实的信息和建议，例如有关医疗的"pro-ana"和"pro-mia"网站（宣扬厌食），为完成学校作业（比如通过参考拒绝大屠杀的资料）和发布种族歧视言论和信息。目前我们并不清楚这种情况的发生频率是怎样的（见本书第十一章讨论接触此类内容的频率），但一些实验事例可加以证明。

赞成自杀的群体就是例子之一，在网站和网络群组里都很容易找到，且大多数搜索引擎也有分类显示。一项关于通过流行搜索引擎（Biddle et al, 2008）获得如何自杀的研究发现，有240个确切的网站、90个网站和12个聊天室专门鼓动和宣传自杀，或者提供各种自杀方式的信息及各类观点，44个网站提供真实的信息，而20个网站的信息纯属胡思乱想。其余的网站主要针对防止和支持自杀。换句话说，在互联网上要找到支持或反对自杀的信息易如反掌。两个最有名的网络群组——alt. suicide. holiday 和 alt. suicide. methods——以其为参与者提供道德上和实际上的支持而出名，它们还向其他想结束自己生命的人提供建议（Galtung and Hoff, 2007）。2008 年 11 月，全世界的媒体都报道了佛罗里达州 19 岁的阿伯拉罕·K. 比格斯在经过在线网友的鼓励后，如何在网络摄像机前自杀的。也还有媒体报道，其他互联网用户为遵守网友通过计算机自杀的约定，他们知道自杀计划，而没有向相关当局报告；这表明在使用新技术的情况下，有问题的儿童和年轻人可以实现或支持，甚至是协助其他人自杀（和自己自杀），而不是寻求合适的专业帮助。

在许多文化中和众多国家中，赞成自杀群体的存在提供了一些新东西。出于对公众生活健康的考虑（如在爱尔兰、英国和挪威），传统媒体禁止刊登这些网站上提供的信息，甚至会判定为非法行为，如在法国、葡萄牙和奥地利（Galtung and Hoff, 2007：145）。

九、欺骗

对大多数成年人来说，会觉得年仅 8 岁的孩子会被卷入金融欺骗案的想法十分荒谬。然而，随着年幼群体使用移动电话的快速发展，越来越多的家庭面临着这样的现实。移动电话可用来购买很多服务，像使用信用卡一样（如果你有签名订购服务），也能像使用钱包一样（如果你有一个预付费账户/名片）。商家以他们与媒体同类的产品瞄准了孩童。最为熟悉的大概是使用移动电话购买交互式商品，诸如为游戏中的角色（代表计算机用户，或者为展示个性）买衣服（www. gosupermodel. com），为游戏中的角色装饰房间（www. habbo. com），或者为自己喜欢的"偶像"投票。许多这类商业网站也允许使用信用卡支付。现在，银行报告此类情况越来越多——父母的账户透支，他们声称被外人盗窃或欺诈，而根据支付凭证发现，事实上是他们自己的孩子未经其同意或在家长不知情的情况下，在喜欢的网站上透支了他们的信用卡。这些违规行为很大程度上是因复杂的技术方案和商家的意图促成的。

实例之一便是移动电话铃声的暴力营销，用户不是购买一种一次性产品，而是不知情地签署了一个昂贵的订购方案。2008 年，据报道约四分之一的比利时儿童（23.7%）支付的铃声费用超过他们原先所想的，7.5% 曾订购了这类服务却没有意识到（Pauwels and Bauwens, 2008）。另一种欺骗是未成年人涉足赌博网站，这在许多国家是非法的。在英国，儿童在线调查项目发现，2% 每天使用或一周才使用互联网的用户承认曾参与在线赌博（Livingstone and Bober, 2005）。另一种情况是盗取用户名。这在与电脑恐吓有关的事件中尤其普遍，在这种案件中，儿童曾潜入受害者的电子邮箱或者即时通信账户。2003 年，7% 的瑞典儿童（9 岁至 16 岁）表示他们曾未经他人许可而使用他人的电子邮箱或即时通信账户。类似的，6% 的爱尔兰儿童曾潜入他人的网站（Staksrud, 2003）。

十、制作和散布色情内容

最后，如在导言中提及的，公众对儿童及其使用互联网的关注更多的是围绕色情内容，以及如何保护儿童免受此类内容影响。然而，随着侵犯隐私事件不断增多，和通过发布视频和照片引起关注的"作恶取乐"现象不断增多，谁也不能忽视儿童通过网络或移动电话制作和散布色情图片的可能性。一些网站的流行极大地催生了这种事情，这些网站（如 www. deiligst. no 和 www. penest. no）怂恿年轻人公开他们自己的裸体照片或性感照片，而这些照片通常被广泛浏览。虽然现在对这方面的研究很少，但似乎这种风险随年龄的增长而增大。2008年，挪威各年龄段儿童为自己拍摄裸体照片并通过移动电话发送给其他人的比例是：8 岁至 12 岁的儿童中有 1%，13 岁至 16 岁的少年中有 6%，17 岁至 18 岁的达 14%（Staksrud, 2008）。

十一、结语

虽然有许多可视为儿童不法行为甚至违法行为的报道，但回顾起来，对真正的非法行为是什么并不清楚。由于技术发展常常滋生法律所不能及的不法行为的新方法和手段，因此法律仍在（一如往常地）追赶技术的发展。年轻用户、市场、法律和一般社会价值观之间的这种不断调整，也使得我们必须以开明的态度来认识网络上的不法行为可能与孩子们自认尚可的理解多么不一致，从而认识到他们对哪些是合法的在线行为和哪些是非法的在线行为存在很大的困惑。今天，当儿童在线做一些其认为习以为常的事情时，比如下载音乐，实际上他们大多数都是在"犯罪"。这在被视为公正的信息权利和版权之间产生了紧张关系，一种带政治派系的紧张关系，比如在瑞典，2005 年建立的"海盗党"（www. piratepartiet. se）就反对法律限制在线下载个人使用的资料。

　　儿童的在线行为可能属于顽皮、不法行为或者是犯法的，这一事实也是提高认识和宣传媒体知识举措需考虑的事情。欧盟委员会"互联网安全计划"以及欧洲多国提高认识的计划，都很少提及儿童可能成为不法分子或罪犯的事情。相关研究也通常更多地关注儿童是受害者的风险，而不关注他们是参与者的情况。例如，常常问及父母有关他们孩子的在线经历，报告担忧孩子使用互联网或移动电话去"获得有害自身、自杀或厌食的信息"（EC，2008：24-5），而很少过问他们是否担心其孩子会"提供或制造"此类信息。

　　如本章所证实的，网络上少年不法行为的复杂性表明，我们能预料大多数儿童会在网络上做某些顽皮、不法或非法的事情。我们所提到的这些不同行为、行为背后的动机及各类儿童所为之间的关系需要进一步地研究。最终，这也向我们如何认识我们的儿童提出了挑战。如果我们认识到儿童和年轻人能够且会为好的和不好的目的使用互联网，那么我们就能够开始实施一个更有针对性的研究、认识和政策制定的方法，从而适当地防止负面行为。

参考文献

BBC News Online（2007）'Life for"happy slap"murder boy'，26 January（http：//news. bbc. co. uk/1/hi/england/southerm_ counties/6303599. stm）.

Biddle, L., Donovan, J., Hawton, K., Kapur, N. and Gunnell, D. (2008)'Suicide and the internet', *British Medical Journal*, , vol 336, no 7648: 800—2.

Björkqvist, K., Lagerspetz, K. M. J. and Kaukiainen, A.（1992）'Do girls manipulate and boys fight?Developmental trends in regard to direct and indirect aggression', *Aggressive Behavior*, vol 18: 117—27.

EC(European Commission)（2008）*Towards a safer use of the internetfor children in the EU-A parents'perspective, Analytical report,* , Flash Eurobarometer Series#248, conducted by The Gallup Organisgtion, Hunsgary, Luxembourg: EC (http: //ec. europa. eu/ public_ opinion/flash/fl_ 248_ en. pdf) .

Galtung, A. and Hoff, O. -K(2007) *Selvmordsfare og Internet: Kan jussen gi beskyttelse?* [Suicide danger and the internet: Can the law protect?] , Oslo, Norway: Kolofon Forlag AS.

Gibson, W. (1987) *Count Zero*, New York: Ace Books

Grand, J. , Thornton, F. and Yarusso, A. (2004) *Game console hacking: Have fun while voiding your warranty,* Rockand, MA: Syngress Publishing.

Guardian, The(2005) ' Concern over risk of ' happy slapping' craze, 26April.

Hafner, K. and Markoff, J. (1995) *Cyberpunk: Outlaws and hackers on the computer* , New York, NY: Touchstone Books.

Hasebrink, U. , Livingstone, S. , Haddon, L. and Ólfsson, K. (2009) *Comparing children's online opportunities and risks across Europe: Crossnational comparisons for EU Kids Online*(2nd edn) , London: London School of Economecs and Political Science, EU Kids Online (Deliverable D3. 2 for the ECE Safer Internet Plus Programme) .

Hinduja, S. and Patchin, J. (2008) ' Cyberbullying: an exploratory analysis of factors related to offending and victimiztion' , *Deviant Behavior,* vol 29, no 2: 129—56.

Jewkes, Y. (2004) *Media and crime,* London: Sage Publications.

Kowalski, R. M. and Limber, S. P. (2007) ' Electronic bullying among middle school students' , *The Journal of Adolescent Health: Official Publication of the Society for Adolescent Medicne,* vol 41, no 6: 22—30.

LaRose, R. , Lai, Y. J. Lange, R. , Love, B. and Wu, Y. (2005) ' Sharing or piracy? An exploration of downloading behavior' , *Journal of Comuter-Mediated Communication,* vol 11, no 1: 1—21.

Le Président de la République Fancaise, LOI n°2007—297 du 5 mars 2007 relative à la prévention de la délinquance(1) 56C. F. R. § 3 ter-De l'enregistrement et de la diffusion d'imags de violence(2007) .

Livingstone, S. and Bober, M. (2005) *UK children go online. Final Report of kiy project fmdings,* London: Department of Media and Communicatiojs, London School of Economics and Political Science (http: //eprints. lse. ac. uk/399/) .

Merriam-Webster(ed) (1991) *Webster's ninth new collegiate dictionary*, Springfield, MA: Merriam/Webster Inc.

Merriam-Webster Online Dictionary(2008) *Juvenile delinquency*(www. merriam-webster. com/dictionary/juvenile_ deliquency) .

Merriam-Webster Online Dictionary(2009) *Hacker*(www. merriam-webster. com/dictionary/hacker) .

Mitnick, K. D. and Simon, W. L. (2002) *The art of deception*, Indianapolis, IN: Wiley Publising.

Muncie, J. (2004) *Youth and crim*(2nd edn) , London: Sage Publications.

Netavisen Sjœlland(2006) ' 8 – måneders fængsel for ' Happy slapping", 9 *November* (*www. netavisen-sjaelland. dk/news. php?item. 326).*

Olweus, D. (1993) *Bullying at school: What we know and what we can do, Oxford: Blackwell.*

Pauwels, C. and Bauwens, J. (2008) *Teens and ICT: Risk and opportunities. Final repor-Summary of the research*, Brussels: Free University of Brussels.

Rahimzadeh, A. (2006) *Hacking the PSP, Indianapolis,* IN: Wiley Publishing.

Staksrud, E. (2003) ' What do SAFT kids do online?' Paper preseted at the Future Kids Online-' How to Provide Safery, Awarenss, Facts and Tools', Stockholm, 20 October 2003.

Staksrud, E. (2008) ' Social networking. risk and saffery-a road paved with paradoxes' , Paper presentde at the Safer Internet Forum, 25September, Luxembourg(http: //ec. europa. eu/information_ society/activities/sip/docs/forum_ semptember_ 2008/stakrud. pdf) .

Williams, K. R. and Guerra, N. G. (2007)' Prevalence and predictors of internet bullying' , *The Journal of Adolescent Health: Official Publication of the Society for Adolescent Medicine*, vol 41, no 6: S14—S21.

World Internet Institute(2008) *Unga svenskar och Internet* 2008[Young Swedes and the internet 2008] , Hudiksvall, Sweden: World Internet Institute.

第十三章

有关儿童与互联网的新闻报道

——代表、声音和议程*

一、导言

从历史和理论的角度，许多人认为媒体为制定公共和政治议程提供了重要的象征性资源，且占主流的媒体框架在确定社会问题和影响大众观点方面作用强大（Griswold，1994；Critcher，2003；Kitzinger，2004）。谈到儿童接触互联网以及社会怎么应对这件事，公众、政策和研究议程之间的相互关系和一致性都是值得注意的。

基于对欧洲报纸上的新闻进行系统性内容分析，本章将探讨新闻如何报道儿童利用网络技术的积极意义和风险或者不利情形。在制定议程的理论和当下有关儿童发展的理论中，作者探讨了与互联网有关的典型风险和机会模式，认为应听从公众的声音，并调查了哪方面的角色应属于年轻人和他们应有怎样的水平。

二、有关儿童的议程制定和冲突

2008年，一项对关系最密切的人进行调查后显示，父母认为在更安全使用互联网方面，大众媒体是第二大最有影响力的信息来源

---

* 本章作者为克里斯蒂娜·庞特、乔克·鲍温斯和乔凡娜·马斯切诺尼。

（EC，2008）。即使排除媒体有关年轻人和互联网方面的讨论，政策制定者和研究人员似乎也容易受影响。2005 年英国媒体报道的"作恶取乐"事件就是例子（见本书第十二章），这种事件现在成为许多欧洲国家的社会问题。

对惯常制定议程的研究为我们了解新闻媒体对公众、政策和研究计划的影响提供了有用的指导。主要针对媒体对政治和公众议程影响的研究表明，新闻媒体提高了公众和政党对某些事情的认识（Mc-Combs，2005）。现代的议程制定研究认为，媒体在两个层面产生影响。第一个层面是针对相对突出的事情或主题，第二个层面是探究相对突出事情的特性（Weaver，2007：142）。因此，在与公众产生共鸣或引起公众注意的事情上，新媒体成为最强大的力量。它们也影响着人们如何描述和讨论这些事情。它们从特定的视角，积极地对事物设定了框架，同时主张某种价值观。

由于年轻人与互联网的关系成为政策制定者、教育、互联网行业和研究部门首要考虑的事情，也就是说，对强大的社会机构来说，主流报纸对这类事情的议程制定会产生极大的影响。因为对公众所感兴趣的事情来说（例如政治议程、经济发展、社会变化），认真、冷静的报道和对事情的关注是很重要的；有些人认为，主流媒体对事情的报道通常并不限于感觉论和平民论（Scannell，2002；Schroder，2002；Tuchman，2002）。然而，另外有人辩称，主流报纸也受新闻业市场化的影响（Franklin，2008）。因此，本文将弄明欧洲的主流媒体是如何报道年轻人的网络经历的，并分析它们是如何看待当代儿童的观念。

今天的媒体对儿童的网络在线行为报道似乎介于两种矛盾之中。一方面，在联合国儿童权利大会之后，在政界和学术界涌现出一些公开的论调。因为儿童拥有"年轻的文化"、畅所欲言的权利，代表一个群体，因而将儿童视为完整的社会角色，这种观点在整个欧洲得到认可，且成为国家制定儿童发展纲要的一部分（James and James，2008：3）。

另一方面，传统的论调认为儿童是不成熟、不能胜任的社会成员，所持的"正确的"孩童价值观和想法，这在成人的担忧中无疑占主导地位（Critcher，2003，2008）。对于交互式的数字媒体，人们对儿童的这种看法尤其突出。儿童喜欢的在线活动，比如玩游戏、在聊天室聊天及其他社交网络活动，这些都与负面感觉联系在一起，并被认为是互联网不好的一面。人们认为新的沟通技术改变了儿童与成年人的关系，在对等群体的影响日益增大的基础上，新技术促进了水平社会化进程。成年人脱离儿童的数字文化，这导致了儿童处于风险之中的观点，并接纳道德恐慌论调（Drotner，1999；Buckingham，2007）。

新闻中有关儿童和互联网的道德恐慌论调出现，也必须结合新闻商业化和市场化的关系来理解。主流媒体也明显地趋向采用凭感觉的论调，且关注丑闻、犯罪事件和简单新闻。尤其是，媒体报道恐慌业已证实是全世界成功的新闻模式，它举例说明市场与有关儿童的主流观点的逻辑关系（Altheide，2002）。

三、内容分析

在这些观点的基础上，本章将探讨三个研究问题——探寻欧洲主流新闻解析儿童和互联网这一社会现象的模式。第一，涵盖什么样的互联网风险和机会？第二，儿童应代表什么及如何看待他们的角色？第三，关于儿童与互联网关系有怎样的新闻报道？

对14个欧洲国家的报纸内容进行为期两个月（2007年10月至11月）的大规模系统分析后，得出了上述问题的答案。这种媒体分析是在欧盟儿童在线项目的框架内进行的，以不同范围（国家或地区）和编辑方向（从"严肃的"到较通俗的新闻和小道消息）[①]仔细调查了51份报纸上有关儿童和互联网技术的新闻。

---

① 本文是对1036篇文章的分析结果。欲了解这种研究设计、抽样和编码的说明，请参看见 Haddon and Stald（2009a）。

对大多数国家来说，主流的大众报纸似乎有相似的观点，那就是反驳"主流媒体比通俗媒体更少关注'令人兴奋'的新闻"的观点（Haddon and Stald，2009b）。从调查的所有报纸文章来看，约一半来自主流报纸，这意味着这种报纸（至少在调查的这段时期）是报道儿童与互联网关系新闻的重要来源——大众报纸占所有新闻报道的27%，地区性报纸占22%。对于主流报纸的报道范围，还将做进一步分析。

详细分析的内容包括13个欧洲国家的主流报纸（见表13.1），对所有参与抽样调查的国家都保持一致的程序。每个国家，我们只选择最关注儿童与互联网技术关系的报纸。在61天的调查中，发现其中7份报纸有16天到23天报道相关新闻，约发表了20—30篇新闻稿，这表明了一种日常关注的模式。西班牙和爱沙尼亚的报纸的报道频率最高，新闻数量最多；而英国、希腊，特别是丹麦，则是相反的情况。

表13.1　主流报纸：报道频率和新闻数量（2007年10月1日—11月30日）（绝对数字）

国家	报纸名称	有新闻的天数	新闻数量
西班牙	*El Pais*	36	50
爱沙尼亚	*Postimees*	30	52
挪威	*Aftenposten*	23	37
奥地利	*Standard*	20	28
意大利	*Corriere della Sera*	20	30
斯洛文尼亚	*Dnevnik*	18	21
德国	*Frankfurt Allemaine Zeitung*	17	22
爱尔兰	*Irish Times*	17	25
比利时	*De Standaard*	16	24
葡萄牙	*Público*	14	19
英国	*The Independent*	12	12
希腊	*Kathimerini*	9	11
丹麦	*Jyllands Posten*	3	3

就我们目前的目的而言，我们重点关注主题（制定议程的首要方面）和事由（制定议程的另一方面）的相关特点的可变因素。我们重

点关注在线风险和机会的类型、代表性的观点和声音，以及报纸头条报道的方法。

四、新闻中风险和机会的相关特点

我们调查的 334 个报纸故事中，549 次提及网络风险和机会。大多数提及的（69%）是关于如何应对风险，这证实了"负面消息"占主导地位。关注互联网提供的机会则较少（30%），在有些不太关注互联网的国家甚至未提及网络机会（比如英国和丹麦的报纸）。

互联网上攻击性和性行为方面的风险已成为众多有关儿童为作恶者或犯罪分子的道德恐慌的核心内容，受到媒体过度的报道，所占报道比例分别为46%和34%。互联网的潜在道德和意识危害（18%）和诸如私下交易或不当销售产品的在线商业风险（15%），这些都普遍不被关注，而互联网引起的病态危害（比如网瘾）几乎被忽视了（3%）。根据报纸对互联网机会的报道，互联网为社会属性和关系带来的好处最多（15%），远高于教育机会、公民参与和创造性，这些都低于10%，如表13.2所示。

如果我们只考虑报道程度为中或高的报纸（见表13.1），那么会发现挑衅行为成为大多数国家中有关儿童与互联网的新闻中的主题，位居头条，特别是在西班牙和爱沙尼亚的报纸中。性方面的风险是第二大关注的主题，主要是儿童受性方面内容和接触的影响。媒体对性犯罪的警觉可能是受该国所发生事件的影响。比利时和英国报纸就是实例，这两个国家都经历过有关儿童性侵犯的伤害，且都面临公众对这些伤害事件的强烈反应。

商业风险在意大利、西班牙和葡萄牙的报纸中几乎被忽视了，而德国、爱沙尼亚和斯洛文尼亚的报纸则重点关注道德和意识风险。这些差异再一次可以用各国不同的环境予以解释。在南部的拉丁语国家，互联网的普及和使用率较低，且发展速度较慢，这似乎有助于解释为什么它们的严肃报纸仍关注消费者权利和隐私权问题（Mascheroni et al, 2009）。另一方面，像爱沙尼亚和斯洛文尼亚这些国家，互联网快速发展，市场成爆炸性增长。这些国家成功地跟上了西欧和北欧国家互联网发展的步伐，但同时也面临过渡期的问题和挑战，主要是缺乏相关的规定，缺少专门针对儿童提供的内容（Bauwens et al, 2009）。

五、新闻中儿童的代表角色

谈到某些类型的风险和机会的相关特性，其属性非常模糊。我们特别关注了报纸在报道中是如何表述儿童的角色和代表性的（Hasebrink et al, 2009）。

从图 13.1 中可以看出，大多数情况下都是用消极的词语来描绘儿

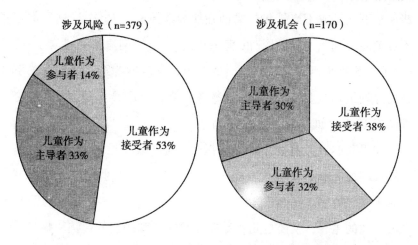

图 13.1　主流报纸中有关互联网与儿童的报道中儿童的代表性

童，也就是说，儿童被视为网络内容和服务的接受者。当记者报道有关风险经历时，案例中一半的儿童被描写成接受有害内容或暴露其中。另三分之一的儿童显示出主动联系他人。作为第三类交流的角色，参与社交活动的儿童所受的关注最少。当记者述及积极的在线经历时，这三类交流角色的分布更为均衡。

表 13.2

新闻中提及的风险（R）和机会（O）的百分比（多重编码）

国家及分析的报纸风险和机会	奥地利 (Standard)	比利时 (The Standaard)	丹麦 (Jyllands Posten)	爱沙尼亚 (Postimmes)	德国 (Frankfurt Allemaine Zeitung)	希腊 (Kathimerini)	爱尔兰 (Irish Times)	意大利 (Corriere della Sera)	挪威 (Aftenposten)	葡萄牙 (Publico)	英国 (The Independent)	斯洛文尼亚 (Dhevnik)	西班牙 (El Pais)	总计 (%)
攻击性	29	21	33	67	55	55	36	40	38	47	25	90	62	46
性方面风险	14	79	67	23	9	27	36	27	19	42	67	0	30	34
负面价值观	21	21	33	27	41	0	0	10	8	21	0	48	6	18
社会属性(O)	14	8	0	37	9	9	12	27	35	0	0	43	6	15
商业风险	11	4	33	40	14	9	28	3	8	0	0	38	4	15
教育(O)	14	4	0	46	0	0	12	20	11	5	0	10	0	9
参与(O)	14	21	0	15	14	0	4	7	5	0	0	24	4	8
创造性(O)	11	4	0	13	9	18	16	10	0	5	0	14	10	7
成瘾	0	0	0	0	5	0	8	0	8	0	0	0	2	3

在讨论应对暴力和性方面风险的文章中，报道清楚表达了对儿童与互联网关系模棱两可的观点。在攻击性的案例中，虽然作为主导者的儿童的不良行为通常用他们接触或暴露于挑衅性的内容中来解释，但他们事实上是主要的作恶者。2007年11月7日发生在芬兰学校的枪击事件清楚地表明了内容和行为这种因果关系。丹麦的报纸除外，它报道这个事件只当是个"校园暴力事件"，因此不涉及其他内容，而其他所有媒体都将这个事件当成是互联网和YouTube网站酿成的不良后果。2007年11月8日，一半的报纸头条新闻都是17岁男孩的攻击行为与互联网关系密切，诸如："在互联网上公布了血腥的行为"（*Der Standard*），"芬兰持枪人的杀人计划在互联网上公布？"（*Der Standard*），"他在YouTube网站上宣布了他的行动"（*Corriere della Sera*），"持枪人在YouTube网站上威胁后，在芬兰校园杀害8人"（*The Independent*），"校园枪杀案在YouTube网站上预告了"（*Postimees*），"他在YouTube网站上预告了屠杀意图"（*Kathimerim*）。

在有关应对性方面风险的新闻中，由于儿童主要是看到色情内容（这占性风险新闻的80%），因而几乎都不被列为受害者。四分之一的性风险新闻是有关国际刑警组织采取大规模的行动，成功抓获恋童癖者的事迹。只有三份报纸（*Frankfurt Allgemeine Zeitung*，*Corriere della Sera*，*Dvenik*）没有报道这种事件，这一事实表明认可恋童癖者是"公认的魔鬼，人们对它的认识和挽救办法都比其他任何事情更趋于一致"（Critcher，2003：127）。这种故事都被描绘成"寻找恶魔"——动员全球读者参与。新闻头条中对此有清晰表达，主流媒体也以通俗媒体那样饱含感情的语言报道："国际刑警组织'揭露'侵犯儿童者"（*Der Standard*），"国际刑警组织通过互联网打击被通缉的恋童癖者"（*De Standaard*），"国际刑警组织发起了全世界首项恋童癖者的研究"（*El Pais*），"国际刑警组织在全世界探寻可怕的恋童癖者"（*Postimees*），"国际刑警组织呼吁找出恋童癖者"（*The Irish Times*），"国际刑警组织呼吁发现侵犯儿童者"（*The Independent*）。

描述消极价值观和商业风险的新闻都强调，面对有危害的内容和接触，儿童是易受伤害、无知和单纯的接受者，但是在两种风险的报道中，有三分之一的报道视儿童为以自我为中心的代表，甚至是反社会的代表。因此，除有关性风险的新闻之外，在媒体关注儿童与互联网的关系问题上，儿童似乎成为相当强大的作恶者代表。

六、新闻中的不同观点

在讨论儿童使用互联网时，不仅广泛认为他们需要训导，还有一些观点表明有不同的社会机构在谈论儿童，且有时候为儿童辩护（见表13.3）。

公正的当局很显然代表主流观点，大多数观点与儿童在线行为的风险情况（犯罪和异常行为）有关。不过，令人惊讶的是，新闻记者自身和儿童都处在前列。对互联网与儿童关系的公开讨论说明了主流报纸是如何传达一种积极和权威声音的，新闻记者和编辑人员在背后践行他们的观点并发表评论，但也常代表鲜有表达机会的父母们发表意见。记者的声音与对事实和主流媒体代表的中性主流观点相抵触，这也表明，甚至是在新闻方面，儿童使用互联网日益成为一种媒体恐慌。至于强调威胁到道德秩序的风险，诸如挑衅行为和色情内容，主流媒体似乎接纳其他观点，比如政府之外的强力组织、个人能手和政治人物建立一个"统一观点"，包括"对威胁采取措施"和"免除威胁的最终责任"（Critcher, 2003：137 – 4）。

表13.3　新闻观点：各自关注什么？（绝对数字）（多重编码）

代表/发言人	观点	关于风险	关于机会	风险和机会
警察界/法律界代表	119	115	2	2
新闻记者	75	56	10	9
儿童（18岁以下）	58	40	15	3
政府，政界人士	37	24	10	3
非政府组织，慈善团体	32	21	7	4

续表

代表/发言人	观点	关于风险	关于机会	风险和机会
教育部门	29	16	8	5
互联网行业	27	10	13	4
机构（非商业）	20	12	7	1
父母	14	10	3	1

对于芬兰的校园枪杀事件，记者更是扮演了一个积极的评论者的角色。虽然一些报纸头条新闻称之为病态的，或者通过历史联系和普通化方法来解释它（"精神分析学家：校园枪杀犯可能有混乱的自我陶醉人格特征"，*Postimees*；"与正常学生是怎样的？"*Frankfurter Allgemeine Zeitung*；"哥伦拜恩－代，利用网络谋杀……"*Corriere della Sera*），但另外有一种更好的"解决问题的"方法（"我们需要为那些愤怒的年轻人提供帮助"，*The Irish Times*；"调动起责任来"，*Aftenposten*）。不过，无论这两种方法呈现怎样的差异，都似乎认为这种事件就是"年轻人及其媒体的使用是罪恶的"的问题（Drotner，1999：612；original emphasis）。

对儿童的观点大量报道不应被认为是认可他们言论自由权利的迹象。对儿童的多数言论报道都与侵犯和负面价值观有关，他们更多地表现为侵犯者或者实际的和潜在的犯罪分子，而非积极的、可胜任的角色。在有关风险的事故中大幅出现儿童的声音，主要是因为芬兰的校园枪杀案——40%的儿童都谈及该事件及其盲目模仿者。

各国的主流报纸对儿童如何看待这种事情有一些差异。西班牙的 *El Pais* 根本没有儿童的声音，而挪威的 *Aftenposten* 给了儿童较多的发言机会，他们的言论常见诸报端。这些国家的差异表明，整个欧洲对与孩童和平共处的不同定义和对公众的影响。

最后，政府和业界在有关互联网机会的新闻中的主导作用证实了在主流媒体的议程安排中，所谓儿童与互联网的好新闻大多数是有关公布公共政策或者技术创新的。互联网行业是唯一宣扬儿童使用互联网的机会大于风险的，这不足为奇。这意味着该行业作为新闻资助人不仅起到前瞻作用，他们保护儿童使用互联网的安全责任也适中。尽管欧盟委员会、非政府组织、学者和教育工作者常提出行业干预和共同管制的要求，但在媒体报道中并没有反映这些。

七、结语

虽然单独分析新闻报道的范围并不能证明媒体对公众、政策和研究议程的影响，但欧洲严肃媒体对儿童涉足互联网的报道概况有助于我们了解父母、老师、政策制定者和学者在这种情况下是如何应对儿童与互联网这一社会问题的。这也让我们认识到，当公众获得儿童的在线经历时，真正听到的是哪种声音，是代表谁的想法。

这种比较分析不仅证明了重商主义和追求轰动效应的过程是如何影响新闻报道这些现象的，它也肯定了文化在其中发挥了作用。国家的历史和文化也影响媒体对儿童及其网络经历的报道（例如，新闻中有关性方面风险和恋童癖之间相互关系的报道）。对儿童在线经历的风险和负面影响的报道（媒体担忧的一部分）似乎是两方面因素的共同结果：一方面，新媒体与孩童的合宜性成为道德担忧的一部分；另一方面，与此同时的新闻价值观引导着新闻的选择和编辑。

欧洲主流媒体在两方面都没有尽责平衡公众利益的讨论。首先，对互联网行业可以作为和限制的方面，新闻报道频繁失衡，因此在研究者和政策制定者之间，对待互联网在儿童日常生活中的重要性似乎有更多细微差别的趋势。其次，媒体没有为所有利益相关者提供同样的发言机会。在与儿童关系密切的讨论中，仍然几乎听不到儿童的声音。父母同样也在有关他们孩子的公众讨论中没有表达机会，而是由其他成年人代表他们。主流媒体不仅忽视了与此事有关的相关利益者的多样性，它也没有注意到儿童在线经历的多样性。

参考文献

Altheide, D. L. (2002) 'Children and the discourse of fear', *Symbolic Interaction*, vol 25, no 2: 229—50.

Bauwens, J., Lobe, B., Segers, K. and Tsaliki, L. (2009: in press) 'A shared responsibility: similarities and differences in the factors that shape online risk experiences for children in Europe', *Journal of Children and Media*.

Buckingham, D. (2007) *Beyond technology: Children's learning in the age of digital culture*, Cambridge: Polity.

Critcher, C. (2003) *Moral panics and the media*, Buckingharm: Open University Press.

Critcher, C. (2008) 'Making waves: historical aspects of public debates about children and mass media', in K. Drotner and S. Livingstone (eds) *The international handook of children, media and culture*, London: Sage Publications: 91—401.

Drotner, K. (1999) 'Dangerous media?', *Pedagogica Historia*, vol 35, no 3: 593—619.

EC(European Commission) (2008) *Towards a safer use of the inernetfor children in the EU-A parents'perspective, Analytical report*, Flash Eurobarometer Series #248, conductie by The Gallup Organisation, Hungary, Luxembourg: EC(http: //ec. europa. eu/information_ society/activies/sip/docs/eurobarometer/analyticalreport_ 2008. pdf).

Franklin, B. (2008) 'The future of newspapers', *Journalism Studies*, vol 9, no 5: 630—41.

Griswold, W. (19940 *Culture and societies in a changing world*, Thousand Oaks, CA: Pine Forge Press.

Haddon, L. and Stald, G. (eds) (2009a) *A cross-national European analysis of press coverage of children and the internet*, London: EU Kids Online, London School of Economics and Politice Science(www. lse. ac. uk/collections. EUKidsOnline/Reports/MediaRfeport. pdf).

Haddon, L. and Stald, G. (2009b: in press) 'A comparative analysis of European press coverage of children and the internet', *Journal of Children and Media*.

Hasebrink, U. , Livingstone, S. , Haddon, L. and Ólafsson, K. (2009) *Comparing children's online opportunities and risks across Europe: Crossnational comparisons for EU Kids Online (2nd edn)* London: London Shool of Economics and Political Science, EU Kids Online(Deliverable D3. 2 for the EC Safer Internet Plua Programme) .

James, A. and James, A. L. (eds) (2008) *European childhoods: Cultures, politics and childhoods in Europe*, Basingstoke: Palgrave Macmillan.

Kitzinger, J. (2004) *Framing abuse*, London: Pluto Press.

McCombs, M. (2005) ' A look at agenda-setting: past, present and future' , *Journalism Studies*, vol 6, no 4: 543—57.

Mascheroni, G. , Ponte, C. , Garmendia, M. , Gartaonandia, C. and Murru, M. F. (2009: in press) ' Comparing online risks for children in South Western Europeaan Countries: Italy, Pottugal and Spain' , *International Journal of Media and Cultural Politics*.

Scannell, P. (2002) ' History, media and communication ' , in K. B. Jensen(ed) *A handbook of media and communication research*, London: Routledge: 191—205.

Schrøder, K. (2002) ' Discourses of fact' , in K. B. Jensen(ed) *A handbook of media and communication research*, London: Routledge: 98—116.

Tuchman, G. (2002) ' The production of news' , in K. B. Jensen(ed) *A handbook of media and communication research*, London: Routledge: 78—90.

Weaver, D. (2007) ' Thoughts on agenda setting, framing, and priming' , *Journal of Communication* , vol 57, no 1: 142—7.

第十四章

各国父母介入网络使用的作用[*]

一、导言

虽然孩子们经历的网络风险在整体上大致相同，但各国孩子们经历风险的范围和发生率还是不同（Hasebrink et al, 2009）。最近，各国经历网络风险和对风险认知上的差异原因，引起了不同学科研究（比如医疗研究和消费者研究）的注意（Livingstone and Bovill, 2001；Park and Jun, 2003；Mediappro, 2006；SAFT, 2006；Livingstone and Haddon, 2008）。一些研究者表示，各国面临的挑战主要是不同的对象和不同的方式（SAFT, 2006：3）。然而，对于各国孩子们的不同网络风险经历这个问题，鲜有从国际比较的角度来准确阐述。本章将详细考查有助于解释导致各欧洲国家不同的网络风险经历的因素，也将更详尽地阐述在18个欧洲国家中，当控制了其他因素，父母介入是否对降低孩子们的网络风险发挥重要作用。

欧盟儿童在线调查网已获得了欧洲各国发生网络风险的国别差异情况，也能够区分风险度高、中、低的国家（Hasebrink et al, 2009；见本书第四章、第六章和第十五章）。通过考查七个与政府、行业、教育和孩子相关的因素的共同影响，我们自己的论著（Bauwens et al,

---

[*] 本章作者为博嘉娜·洛贝、卡蒂娅·西格斯和丽莎·特萨里克。

2009）也探讨了在高风险国家影响孩子在线风险经历的因素。这七个
因素包括孩子使用互联网、国家法律规定、国家的《网络准备指示》
（NRI，2008）教育方针、互联网服务提供商的角色、政府部门、非营
利网络内容提供和对网络认识的提高。

我们发现，18 个国家经历的不同风险显示出完全不同的模式，每
个国家具有其自身因素的特点（我们在分析中称之为"环境"）。我们
也得出——对新旧欧盟成员国之间传统的社会文化、政治和经济分界
与高风险和非高（中、低）风险国家的预期差距并不一致。总之，许
多欧洲国家的情况表明，健全的法律规定并不能确保网络风险低。特
别是在一些孩子们以非常先进的方式使用互联网或获得互联网的国家，
尽管政府努力制定合适的法律，却不能跟上年轻人使用互联网的快速
步伐。我们还得知，即使政府在一些方面采取了积极措施（教育、宣
传、管理等），但缺乏能满足孩子们需求和兴趣的相关网络内容也增
加了遭遇风险的可能，而大量高质量的内容提供降低了风险。这一发
现表明，在一些国家，孩子们渴望上网，但找不到符合他们所需和感
兴趣的内容，他们就更有可能接触到与他们无关或者不适合他们的内
容。假定父母介入在孩子自己控制网络行为方面的重要性（Livingstone
and Helsper，2008），我们考查了父母介入在孩子经历网络风险中的
作用。

二、父母对网络风险的介入

如果我们考虑父母的意见，将父母管束方法编入政策中，从而将
管束孩子获得和使用互联网的事情交给了父母，利用父母介入的作用
就更加重要了（Livingstone and Bober，2006）。虽然这意义重大，但父
母介入孩子使用互联网也是最近才开始吸引大量学者和研究机构的兴
趣和注意力。这不足为奇，因为在 20 世纪 80 年代也有类似的情况，
父母和成年人为了在其他媒体风行之前改变或抵制因此带来的不良后

果，他们采纳了相关策略的研究文献。我们发现，父母曾采用对付孩子们观看电视节目的三种管束办法，经过验证同样可以转为管束孩子上网行为。这三种办法是限制性介入（比如制定相关规则或者限制接触）、主动介入（比如与孩子们探讨媒体及其内容）和与孩子共处（Valkenburg，2004：54-5）。其他人（Livingstone，2007）从"评价性指导"（父母通过讨论的方式来影响孩子的行为）和"限制性指导"（父母希望管束孩子获取媒体的行为，包括花在特定媒体上的时间）角度研究父母对孩子利用媒体的管束。

谈到孩子和父母如何应对网络风险时，各国有相当大的差异。在有些国家，包括瑞典、荷兰、丹麦、冰岛和挪威，几乎所有上网的孩子的父母都对互联网非常了解。在其他国家，如希腊、塞浦路斯和葡萄牙，几乎一半上网的孩子其父母通常并不使用互联网，因此难以去监管他们孩子的网络行为（Hasebrink et al，2009）。为了更深入了解父母对孩子风险内容认识问题上的父子关系，2005—2006 年"欧洲晴雨表"的调查表明了父母对孩子经历网络风险的认识和父母相信孩子能够应对网络风险之间的负面关系（Hasebrink et al，2009）。结果是，在比利时、塞浦路斯、法国、德国、爱尔兰、意大利和英国，父母倾向于认为风险较少，他们高估了孩子的应对能力，可能是因为他们低估了应对网络风险的需求。而在爱沙尼亚和保加利亚，以及波兰和捷克共和国，父母们认为网络风险较大，认识到孩子们需要去应对，且他们缺乏必须的应对策略。

三、方法和分析

本章所提及的都是依现存定性和定量的数据来源和发现，对比孩子的网络机会和风险（Hasebrink et al，2009）及 2008 年"欧洲晴雨表"（EC，2008）对父母调查的结果，再进行二次分析的结果。我们选了 18 个欧洲国家作为研究对象，因为这有充足的数据来源和发现

（参见表 14.1）。这些很好地反映了欧洲在历史、区域和政治方面的多样性（了解更多详情，请参见 Bauwens et al, 2009）。

为了对有效的二次数据进行跨国比较，我们采用了定性比较分析法（QCA），这种方法旨在"深入不同情况，获知其复杂性"，同时仍追求一定程度的共性（Rihoux，2006：860）。如果假设要解释的现象（"结果"）受多方条件（可能在整个事件中以不同方式）的交互影响，那么特别适合采用定性比较分析法。该方法试图解释与特定结果（在此指在一个国家网络风险较高或较低）相关条件之间的关系。通过以最苛刻的方式（即尽可能使用最少的解释因素）进行统计分析，弄清楚整个情况（在此指各国）的相似及差异之处。因此，定性比较分析法能使研究人员确定影响研究中特定现象的核心条件。这种分析与众不同的特点是，它允许在数据信息内作多重解释，以重新认识事件本身的特点。

定性比较分析法通常包括五步。第一，分析中的所有案例结果采用二分法表述（通常按存在的和不存在的来评估）。第二，假定影响结果的解释因素（条件）的范围是明确的。第三，解释因素也采用二分法（如高/低或者现在/非现在）。第四，需要制作一个所谓的"真值表"，列出每种考察的情况下所有可能的组合条件（以 0 或 1 表示）和特定的结果（以 0 或 1 表示）。第五，对这些组合彼此进行系统的比较（"长公式"）和逻辑简化（"最小公式"）。

四、欧盟儿童在线项目实施国网络风险程度的另外解释

我们的目标是探究父母在管束孩子们的在线行为时采取的各种应对策略。开始，我们确定研究的现象（即结果）为"孩子遭遇网络风险的程度"（如表 14.1 中的"网络风险程度"）。为了获得欧洲孩子们认识到和经历的网络风险程度，我们以参与欧洲孩子在线项目的国家

有关在线风险认识的整体分类为基础进行研究（如2009年哈斯布林克等人总结的）。[①] 我们将国家分为"网络风险不高的国家"（塞浦路斯、意大利、法国、德国、希腊、葡萄牙、西班牙、奥地利、爱尔兰、比利时、丹麦和瑞典）和"网络风险高的国家"（保加利亚、捷克共和国、波兰、斯洛文尼亚、爱沙尼亚、荷兰、挪威和英国）。我们将网络风险高的国家赋值为1，网络风险不高的国家赋值为0。这种模型的建立是为了解释什么样的条件组合与父母介入影响在线风险度有关，在我们之前的研究基础上（Bauwens et al，2009），我们采用下列条件和"欧洲晴雨表"中对父母调查所得的数据（EC，2008）：

第一，教育政策（"教育政策"）：指在学校进行媒体教育（包括信息通信技术学习；其他有关信息通信技术的举措；媒体教育）。如果这三项中至少有一项是肯定的，条件值就为1，否则为负数，或者无数据就为0。

第二，在线内容提供（"提供"）：这个条件是为孩子提供积极的在线内容。赋值1意味着这种内容提供是"高或者中上"，而赋值0则指内容提供属于"中下"。

第三，父母的限制（"较少限制"）：这个条件是评测父母是否对孩子使用互联网设定任何条件或限制其在线活动（例如向别人提供个人信息、在线购物、与陌生人交谈等等）（EC，2008）。在德国，无限制的比例最低（15%），而塞浦路斯和捷克共和国的比例最高（52%）。比例数介于这两个值之间的国家，凡无限制的比例高于33%的国家赋值为1（较少限制），而那些无限制比例较低的国家赋值为0（较多限制）。

第四，不太与孩子谈论互联网的使用（"较少交谈"）：这个条件评估父母是否与孩子谈论他们在网络上所做的事情（EC，2008）。父母与孩子谈论最少的捷克共和国（53%），而英国不太与孩子谈论的父母最少（仅13%）。介于这两个数值之间的国家，凡比例高于33%的国家赋

---

① 结果的合理化详情，参见 Bauwens et al（2009）。

值为1（不太交谈），而那些比例较低的赋值为0（交流较频繁）。

第五，不使用监控和过滤软件的父母（"不使用软件"）：这个条件评估父母是否使用任何软件来过滤（阻止某些网站）或者监控（记录在线活动）其孩子使用互联网（EC，2008）。英国的父母不使用软件的比例最低（13%），而葡萄牙的比例最高（58%）。介于这两个数值之间的国家，凡不使用软件的比例高于35%的，赋值为1（较多父母不使用任何软件），而比例较低的国家赋值为0（不使用任何软件的父母较少）。

第六，一般风险敏感值（"一般风险敏感度"）：是根据已观察到成为犯罪分子牺牲品、恐怖分子牺牲品、重病牺牲品、食物或其他损害健康的牺牲品，或严重交通事故造成伤害的可能性，计算成一个最大可能性的数值（Hohl and Gaskell，2008）。数值高表示有高风险敏感度。这个数值高于0就赋值为1（风险敏感度较高），而数值较低者赋值为0（风险敏感度较低）。

五、网络风险的定性比较分析法

在表14.1中，每个条件（行）和每个国家（列）的值反映了原始数据表和真值表。最后一列所示为结果。条件数据各不相同（每个条件都不同于其他的），每个条件显示出丰富的变化。所有案例的数据变化也丰富。如需了解更多技术详情，请参阅Rihoux and de Meur（2008）。

分析是用软件TOSMANA（1.3.0.0版）进行的，这是一个专为小数值分析用的软件。为了从复杂的数据中得出最简短的条件组合，需要加入非观察案例（逻辑案例），以得到一个主要的最小化公式。[①]

①　在分析中，两个最小化公式用于解释网络风险的程度，但经过仔细观察后，所示的更适合该数据。

表 14.1　　　　　　　　定性比较分析法的原始数据和真值表

国家	教育政策	在线内容提供	父母不使用软件（%）	一般风险敏感度	与孩子谈论较少（%）	父母限制（%）	网络风险程度
奥地利	1	1	33（1）	−0.44（0）	26（0）	23（0）	0
比利时	1	1	32（0）	0.13（1）	34（1）	24（0）	0
塞浦路斯	1	0	44（1）	−0.33（0）	21（0）	52（1）	0
捷克共和国	1	0	48（1）	0.02（1）	53（1）	52（1）	1
丹麦	1	1	55（1）	−0.08（0）	38（1）	22（0）	0
爱沙尼亚	1	0	52（1）	−0.12（0）	50（1）	48（1）	1
法国	1	0	25（0）	0.27（1）	38（1）	30（0）	0
德国	1	0	17（0）	−0.3（0）	15（0）	15（0）	0
希腊	1	0	31（1）	0.3（1）	20（0）	35（1）	0
爱尔兰	1	1	19（0）	−0.17（0）	16（0）	22（0）	0
意大利	1	0	39（1）	0.32（1）	23（0）	29（0）	0
荷兰	0	1	42（1）	−0.12（0）	37（1）	23（0）	1
波兰	0	1	34（1）	0.14（1）	28（0）	22（0）	1
葡萄牙	1	0	58（1）	−0.03（0）	20（0）	35（1）	0
斯洛文尼亚	1	0	45（1）	0.03（1）	25（0）	47（1）	1
西班牙	1	0	39（1）	−0.18（0）	15（0）	16（0）	0
瑞典	0	0	34（1）	−0.19（0）	39（1）	20（0）	0
英国	1	1	13（0）	0.02（0）	13（0）	21（0）	1

注：此表显示百分数和二分法的值（0 和 1）。

　　下面的分析表明，条件的组合解释了这些国家中孩子们经历网络风险程度的不同情况。所出现的四类完全不同的国家，都以导致它们网络风险高的特定条件进行解释。值得注意的是，逻辑上，大写字母表示存在的条件，小写字母表示不存在。乘号（×）表示条件的特定组合（逻辑上为"与"），加号（＋）表示条件的另外组合（逻辑上为"或"）：

　　第一种组合，以荷兰为例（"教育政策"×"不使用软件"）得出在孩子中较少教授合适的信息通信技术使用知识，伴之以较多父母不使用软件监控或过滤孩子们的互联网使用。因此，这两个因素一起解释了这个国家中高度的网络风险。[①]

第二种组合，以捷克共和国和爱沙尼亚为例（"较少交谈"×"较少限制"）。在这两个国家，父母的行为很好地说明了网络风险高。由于父母对孩子使用互联网的限制不够，同时与他们交流上网的事情也不够。

较高的一般风险敏感度、弱的父母介入（较少限制）和较多父母不使用任何软件，这些解释了爱沙尼亚（"一般风险敏感度"×"较少限制"×"不使用软件"）较高的网络风险。

波兰和英国（"一般风险敏感度"×"较少交谈"×"较少限制"×"不使用软件"）的一般风险敏感度较高，且孩子们使用互联网的比例相对较高（89%和91%）。尽管父母介入较为严厉，但庞大的上网的孩子数量还是带来了额外的挑战，再加上高风险敏感度，面临的挑战更加严重。

接下来将从另外的角度分析，考察解释某些国家孩子们经历网络风险低或平均程度的条件组合。我们再一次看到，一些国家由于某些条件组合而网络风险处于较低的水平，也出现了四大类不同的国家，特定条件组合解释了致使网络风险低或者一般的原因。

现在，我们来看看网络风险属中等和低（不高）的国家。为了更简单和严格地说明，我们看看下列情形[②]：

在奥地利、爱尔兰、塞浦路斯、葡萄牙、德国和西班牙（"一般风险敏感度"×"较少交谈"），网络风险低似乎是较低的一般风险敏感度和较有效的父母介入（与孩子谈论互联网的使用）的结果。

在比利时、法国和瑞典（"较少交谈"×"不使用软件"），虽然较少父母与孩子谈论使用互联网的事情，但父母使用保护性软件，这就说明了为什么这些国家的网络风险较低。

_____

① 在第一个模型中（Bauwens et al, 2009），教育政策较弱隐藏在其他因素后面。

② 软件得出条件组合的三种方案，我们决定以我们所了解的国情对每种方案进行解释。

在希腊（"较少限制"×"不使用软件"），父母对孩子们使用互联网的限制相对较少。然而，更多的父母使用保护性软件，这似乎起到了确保网络风险较低的作用。

在丹麦和意大利（"教育政策"×"较少限制"×"不使用软件"），虽然较多的父母不使用保护性软件，但强有力的教育政策和在家里父母对孩子使用互联网实施较多的限制，这致使网络风险较低。在这两个国家，像采取交谈这样的软策略比使用软件管束孩子上网更受欢迎。

六、结语

本章探讨了18个国家中不同方式的父母介入（交谈、制定规则和限制条件、使用软件）产生的影响。我们采用定性比较分析法对高风险和风险不高国家进行分析的结果首先表明了父母介入的重要性。在一些父母介入比较弱或者没有介入的国家，孩子在网络上经历风险的比例高。

至于哪种方法最为奏效，这个问题较难回答。我们的结果显示出，在风险高和不高的国家父母采用策略的明显变化，而这些不同策略的结果也是难以预料的。同样的父母介入方式在不同国家并非能达到同样的效果。在有些国家，诸如父母与孩子交谈和设置限制条件这些介入方式取得了较好的效果；而在另外一些国家，使用过滤软件似乎可以保护孩子免遭网络风险。

国家特色和文化差异是主要因素。这意味着对于孩子们的网络风险问题，没有一个关于父母介入的简单万能方案。主动介入（与孩子谈论网络风险和内容或者制定规则）在有些国家可能是最有效的方式，但在不同文化环境中，过滤软件可能更为有效。

参考文献

Bauwens, J. , Lobe, B. , Segers, K. and Tsaliki, L. (2009: in press) ' Looking for trouble: similarities and differences in the factors that shape online risk experiences for children in Europe' , *Journal of Children and Media*, speceal issue.

EC(European Commission) (2008) *Towards a safer use of the internet for children in the EU-A parents'perspective, Analytical report*, Flash Eurobarometer Series#248, conducted by The Gallup Organisation, Hungary, Luxembourg: EC(http: //ec. europa. eu/public_opinon/flash/fl_ 248_ en. pdf) .

Hasebrink, U. , Livingstone, S. , Haddon, L. and Ólafsson, K. (2009) *Comparing children's online opportunities and risks across Europe: Crossnational comparisons for EU Kids Online*(2nd edn) , London: London School of Economics and Political Science, EU Kids Online (Deliverable D3. 2 for the EC Safer Interhnet Plus Programme) .

Hohl, K. and Gaskell, G. (2008)' European public perceptions of food risk: cross national and methodological comparisons' , *Risk Analysis*, vol 28, no 2: 311—324.

Livingstone, S. (2007) ' Strategies of parental regulation in the mediarich home' , *Computers in Human Behavior*, vol 23, no 3: 920—941.

Livingstone, S. and Bober, M. (2006) ' Regulating the internet at homex: contrasting the perspectives of children and parents' , in D. Buckingham and R. Willett(eds) *Digital genetations: Children, young people and new media*, Mahwah, NJ: Lawrence Erlbaum Associates: 93—113.

Livingstone, S. and Bovill, M. (2001) *Children and their changing media environment: A comparative European study*, Mahwah, NJ: Lawrence Erlbaum Associates.

Livingstone, S. and Haddon, L. (2008) ' Resky experiences for Europoean children online: charting research strengths and research gaps' , *Children ε Society*, vol 22, no 4: 314—323.

Livingstone, S. and Helsper, E. J. (2008) ' Parental mediation of children's intfernet use' , *Journal of Broadcasting ε Electronic Media*, vol 52, no 4: 581—599.

Mediappro (2006) *The appropriation of new media by youth*, A European research project, Brussels: Chaptal Communication with the Support of the Euroopean Commission/ Safer Internet Action Plan.

NRI(Networked Readiness Indes) (2008) *Global information technology report* 2007—2008, World Economic Forum (www. insead. edu/vl/sgitr/wef/main/home. cfm) .

Park, C. and Jun, J. -K. (2003) ' A cross-cultural comparison of internet buying behavior, Effects of internet usage, perceived risks, and innovativeness' , *International Marketing Review*, vol 20, no 5: 534—553.

Rihoux, B. (2006) ' Qualitative compartive analysis (QCA) and related systematic comparative methods: revances advances and remaining challenges for social science research' , *International Socilolgy*, vol 21, no 5: 679—706.

Rihoux, B. and de Meur, G. (2008) ' Crisp-set qualitative comparative analysis (csQ-CA) ' , in B. Rihoux and C. C. Ragin (eds) *Configurational comparative methods: Qualitative comparative analysis(QCA) and related techniques*, Thousand Oaks, CA and London: Sage Publications: 33—67.

SAFT(Safety, Awareness, Facts and Tools) Project (2006) SAFT 2006 *Parent and Children Survey*. 2004—2006, Norwegian Action Plan for Children, Youth and the Internet and the European Commission Safer Internet Action Plan, Norwegian Media Authority.

Valkenburg, P. (2004) *Children's responses to the screen: A media psychological approach*, Marwah, NJ: Lawrence Erlbaum Associats.

第四部分

政策含义

第十五章

使儿童上网机会最大化而风险最小化[*]

一、保护或鼓励儿童

随着新交互技术的日益增多，为儿童和青少年提供了在公开易得或可搜索的网络空间进行文字、视频信息交流的机会。这些新技术应用在可能提升社交能力、自信心和提供信息的同时，也将少年儿童暴露于各种损害他们身心健康的危机之中（Hasebrink et al, 2009）。在欧盟，在《网络安全行动计划》（1999—2004）、《网络安全加载程序》（2005－08）或《安全网络程序》（2009－13）的激励和驱动下，已采取了一些加强少年儿童网络安全的措施。欧盟这些积极措施根据日常情况进行评估，并由网络风险研究予以支持（Staksrud, 2005；EC, 2006，2007，2008；Deloitte Enterprise Risk Services, 2008）。然而，2007 年网络安全论坛的与会者仍然发现，必须要有可靠的事实和数据来知会今后有关网络安全的工作。

在一个概念性框架的指导下（包括网络风险与机会的不同形式），本章将对有关儿童安全使用互联网提出一些建议。其中谈到激励怎样积极利用新技术，以及从正在进行的如何让儿童免遭互联网环境的毒害、儿童怎样学会处理消极体验的研究中，我们能获得什么。人们认

---

[*] 本章作者为乔斯德·哈恩。

识到提供机会是减少风险的一个可能途径，机会和风险的分类基于三个方面——内容、联系和参与。这种分类源自互联网提供的三种沟通模式：

- 内容：一对多（儿童作为大量已发布内容的接受者）
- 联系：成人/儿童对儿童（在交互式情形中，儿童作为参与者）
- 参与：同龄人对同龄人（儿童进行交互式活动，可能是发起者或作恶者）

使用任何一种沟通模式，儿童都可能遇到影响他们成长和健康的风险。另一方面，他们也有权获得许多网络机会，比如教育和学习，自我意识和社会联系。以欧盟儿童在线项目得到的证据为指导，并利用哈斯布林克等人拟定的概念化框架（2009；见本书第四章），本章推荐的策略为儿童解决了最大化利用网络而遭受最小风险的问题。

二、减少风险并鼓励积极使用

我们如何激励儿童积极利用互联网，同时减少他们面临的风险呢？在本节中，我们为保护和鼓励网络中的儿童提供了几条途径。我们谈及立法和儿童的数字权利、内容提供、安全设计、认识的提高、父母的介入、媒体知识、教育、成功应对和自我管理的规则和实践。

1. 立法和儿童的数字权利

管理框架是国家/国际上解决互联网下降趋势问题的一个关键部分。尽管管理框架中有特定方（诸如互联网服务提供商 ISP）的责任，但其总体维护和发展还是由国家政府部门来执行。2007 年世界经济论坛指出，约一半的国家声称它们对互联网整体上有充分的管治，其中大多数是西方国家。

为了实现我们不断理解和尊重的儿童自主权更合法化并保持一致性，且完全遵循《联合国儿童权利公约》，管理框架应当以这些权利为条例的基础。总而言之，数字权利是指个人享有的使用信息通信技术的权利，以及现有的诸如隐私权或言论自由权利的保护和实现。为了巩固儿童在信息时代的地位，在联合国公约的基础上，我们还需要一个"儿童数字权利章程"。鼓励创新和增强社交能力的数字权利尤其需要给予支持。此外，由于十几岁的儿童珍视他们在网络上的隐私，并且寻求保护（特别是从父母那里），因此"隐私权"必须包含在这一章程中。

管理框架的可操作性看似与国家互联网的普及程度有关。整体而言，那些拥有大量互联网用户的国家，通常也有较多的法律规定来管束互联网相关的活动。因此，在一些互联网普及率高的国家，网络服务是儿童的媒体环境和日常生活中很正常的一部分，相应的管理框架也更为适合、实用。另一方面，在互联网普及率低的国家，儿童就缺少利用互联网的机会，而他们的网络安全问题就不太适合用管理框架来指导。那些提高所有人使用网络的电子覆盖战略为互联网管理制度提供了支持。我们需要特别关注那些被排除在外的人，需要认识获得和利用互联网的阶层的形成。社会经济地位低的人群和少数民族群体常面临被排除在数字世界之外的风险。研究表明，少年获得互联网带来的利益越多，他们遭遇的风险也越多（Hasebrink et al, 2009）。只要可能，都需要保护儿童免受网络危害。然而，降低风险的安全倡议也有减少机会的趋势。因此，在保护孩童和损害他们获得机会的权利之间取得平衡是很重要的。

虽然有些国家在努力防范新的风险（通常是有关 Web 2.0 的应用），但在所有国家，都有关于降低风险的指南。政府应要求内容提供商对其商业利益做到更加透明。例如，广告需要清晰地有别于其他内容。我们推荐了一种互联网广告（包括禁止对 10 岁以下儿童发布的商业广告）的操作规则。此外，商业伙伴必须向用户（特别是儿童）详述他们与信息用户所提供的东西。

必须提供最佳的实践指导来减少风险。这些应当提倡积极的用处并遏制潜在的有害成分。

2. 内容提供

通过提供促进儿童智力和艺术开发的内容以及宣传城市信息和增加学习机会，儿童的数字权利能得到支持。尽管国家之间关于利用各种网络机会及其影响的对比证据，为了遵循新的《欧盟委员会网络安全方案》，我们会强调需要提供积极的内容。在诸如丹麦、荷兰和英国这样的国家，媒体为儿童提供的内容看似丰富和广泛，而其他国家则落后于它们。在多数国家，公共广播电视似乎成为儿童的媒体内容的主要提供者，其次是一些商业电台（Hasebrink et al, 2009）。像博物馆、档案馆和图书馆这类文化传承机构正日益将其馆藏资料数字化，从而让普通大众可以获得这些内容，尤其是儿童（de Haan et al, 2006）。这些数字化举措得到了众多欧盟倡议的支持，但很大程度上取决于成员国的资助能力。越来越多的儿童通过这些资料来接受教育（Duimel and de Haan, 2009）。研究表明，为儿童提供良好的网络内容会降低他们遭受风险的几率（Bauwens et al, 2009: in press）。我们需要广泛讨论对儿童有利的积极内容如何提供以及如何投入使用。为了提供高质量的内容，政府和行业都应当支持非营利组织。

3. 安全设计

在欧洲至少有 10 个国家（比利时、丹麦、爱沙尼亚、德国、希腊、爱尔兰、意大利、荷兰、斯洛文尼亚和英国），互联网服务提供商在保护儿童网络安全方面似乎扮演着一个积极的角色，他们通过提供特有的"安全软件包"，参与当地提高公众认识的项目，结合"网络安全"的安全节点，并为学校制定和发放提高网络安全意识的资料。其他国家的互联网服务提供商在这些方面似乎不够积极。互联网服务提供商提供的安全软件包包括广泛的服务，诸如防病毒和防间谍软件、用 URL 过滤和反垃圾邮件功能防止恶意攻击、检测无线干扰，完善个人防火墙来抵御黑客入侵和阻止病毒攻击在网络上的漏洞（Hasebrink et al, 2009）。

尽管安全软件包得到了广泛应用，但有关互联网安全方案的研究

（Deloitte Enterprise Risk Services，2008）发现，尽管近年来安全软件有所改进，但市场上保护儿童免受不良内容影响的软件仍有太多需要改进的地方。此外，大家对什么是良好的保护似乎很难达成一致。现在只有仅过半数的父母声称他们在使用过滤软件或监控软件（EC，2008）。然而，过滤技术需要继续改进，也需要让父母和教育工作者继续选择和使用所需的过滤软件。

由互联网服务提供商提供的安全信息可以提高认识并降低风险，虽然这说来非常有理，却很少对此进行实验评估。然而，正如网络空间植入的安全措施（如报告恶习按钮、预装过滤软件、提出警示和核实年龄）很可能提高儿童使用互联网的安全性一样，我们认为这是互联网服务提供商在提供儿童使用的产品和服务时要承担的一部分责任。

互联网服务提供商也可以对个人博客或社交网络安全提供技术上的保护。在 2009 年 2 月 10 日这个"互联网安全日"，"欧盟委员会的网络安全方案"介绍了由业界所有主要参与者达成的社会网络指导原则（EC，2009）。在取得这一成就之后，遵循这些原则去认真贯彻实施才是要务。此外，互联网服务提供商还应当通过执行网络使用条款、清除长期滥用网络者，从技术上阻止网上恐吓的行为。

4. 认识的提高

许多风险都是源于无知。"网络安全"项目正努力在父母、教师和其他相关人群（包括儿童）中间最大程度地传播网络风险意识。随着互联网应用的发展（新型在线活动的出现，例如社交网络和其他 Web 2.0 技术应用）以及随之而来增加的新风险，我们的网络安全认识必须不断更新。一些国家对网络风险的宣传越高，互联网的应用就越难快速传播（Hasebrink et al，2009）。这些国家，特别是爱沙尼亚、波兰和捷克，要求增强紧迫认识。

共享图片和视频的使用，例如通过社交网络或博客，会导致个人信息风险的新认识问题上升。帮助人们提高认识的资料应当包含具体的危险信息，比如用户发布的图片和视频文件会透露儿童所处的地点和个人详情。它们还应当阐述与此有关的风险——此类图片或文件一经在网络上发布，就可能不受用户控制或超出用户想象地在网络上自由传播。帮助人们提高认识的资料特别要将那些对儿童有性兴趣的成年人或青少年收集和传播图片或视频的问题作为重点，以及他们滥用其他网络形式的情形，如恐吓或偷偷追踪。这种资料还应当包括制作和上传身份不明用户（不能确定其是否是儿童、年轻人）要求的图片或视频内容的风险。

应当让儿童知道，网络恐吓会给受害者带来极大的影响。尽管许多受害者看似不受这类网络恐吓的伤害，但其他人感到受威胁或骚扰（Hasebrink et al，2009）。应当让儿童认识到，互联网上的高风险行为（比如告诉别人密码、没有采取适当隐私保护措施就发布个人信息）会增加被恐吓的风险。由于一些互联网通信服务的匿名性质，儿童认为不能追踪到他们、造成的后果不会受到惩罚。父母和老师应当对网络恐吓有更多的认识，与儿童一同使用互联网和移动电话，同时增强他们自己的互联网知识。受害者为了保护自身，应当有权采取他们可以或必须采取的行动（例如保存证据）。

5. 父母的介入

欧盟儿童在线项目表明，父母们运用各种方法介入儿童的上网活动。互联网与其他媒体一样，研究发现父母们采用了这三种办法：制定规矩和限制条件、使用技术手段（如过滤或监控软件）和利用社交方法（与儿童一起观看、分享和谈论互联网）。父母们通常喜欢用时间限制方式来约束儿童上网，在儿童上网时，他们坐在旁边和儿童讨论互联网的使用。相比过滤或监控软件这类技术介入，他们更喜欢这些社交策略。父母的注意力大部分放在 10 岁到 11 岁的儿童身上，对更小和更大的儿童关注较少些（本书第十六章将做进一步讨论）。

尽管进行了一些研究，但仍然鲜有能表明这些介入方式特别有效地降低儿童遭遇的风险或增强他们成功应对能力的实验证据（Livingstone and Helsper，2008）。然而，我们知道父母都关心孩子，且在各方面能够帮助他们的孩子。至少在一些互联网使用率高的国家看来，似乎父母们认为儿童在家上网会比在学校上网的风险更多，且父母干扰他们上网多于干扰他们看电视节目。在一些互联网普及率较低的国家，如塞浦路斯、意大利、希腊、葡萄牙、西班牙和保加利亚，父母们似乎缺乏干涉儿童使用互联网的意识和技能（Hasebrink et al, 2009）。在这些国家，就必须鼓励父母介入。假定鼓动父母介入确实能有效降低儿童上网遭遇风险，就应当鼓励父母使用各种可用的介入方法。

父母应当基本上了解儿童在网络上的行为，尽管这应权衡儿童的隐私权。对较年幼的儿童来说，期望他们的父母充分了解互联网以指导他们使用是合情合理的，但这可能不适用十几岁儿童的网络使用指导。十几岁的儿童通常比父母更懂互联网，特别是在使用社交网络和玩网络游戏方面。父母应当知道儿童在使用这些程序时可能会遇到什么问题。人们普遍接受注意儿童安全是父母的责任的观点，但父母介入难以让政策制定者发挥作用，因为在抚养孩子上，父母有相当大的自主权。父母介入可能会受提高认识活动或者学校活动的积极影响。欧洲国家提高认识的活动包含有关新风险的资料，还有商业风险的知识。

假设父母偏爱采用社交方式介入，那么似乎应鼓励谈论网络内容和存在风险的地方。实际上成人认为危险的某些活动，儿童可能认为是机会（认识新朋友的机会、分享私密话题、打破成人界限和享受冒险）。提高认识的倡议必须要了解人们对风险的不同认识。

总体来看，社会经济地位高的父母比社会经济地位低的父母更积极介入儿童使用网络。还有，社会经济地位低的家庭中的孩子更多地暴露于网络风险中（见本书第九章），且通常应对网络风险的能力更弱，更缺乏来自父母的指导或管束。提高认识活动应当向父母明确提示，这些十几岁"脆弱"的儿童更可能成为受害者或者作恶者。虽然把这种认识传播到社会经济地位低的群体存在困难，但政策制定者应当重点关注这些群体，不只是将他们作为纳入互联网战略的一部分，而是要提高他们的风险意识。

6. 媒体知识

有证据表明，在年轻人中，与互联网相关的技能随年龄增长而增加。这很可能是他们更能保护自己。十几岁的孩子都熟悉基本的网络技能，能轻松地应对社交网站。但要完成更复杂的任务可能就比较困难了，比如搜索学习资料并评估这种信息的可靠性（Duimel and de Haan，2007）。在互联网普及率高的国家，似乎在对策方案上会优先考虑风险意识和知识的倡议。对媒体知识的兴趣日益增加与推动儿童积极运用数字权利是一致的。在欧洲，英国、斯洛文尼亚、荷兰、挪威和奥地利在积极学习媒体知识方面明显突出，而德国和法国的报告很少有明显提及媒体知识相关的倡议；其他欧盟国家似乎只有为数不多的倡议（见本书第十八章）。

媒体知识倡议将儿童看做代表，并让他们自己做决定。有证据支持这些倡议，并表明它们能提高更复杂的分析技能，这有助于增长儿童的批判和创新能力（Buckingham，2005）。媒体知识也应有助于提高面临网络风险的自我保护能力。针对儿童的媒体知识倡议最好与学校课程相结合（见下文）。媒体知识课程对父母和教育工作者提高他们的数字化技能、提高他们与孩子对话的能力也是必不可少的。

7. 教育

整个欧洲的学校技术基础设施近年来已经大为增加，尽管这不一定意味着儿童实际上能够时常使用这些学校互联网设施。虽然整体普及率都在提高，但是国与国之间还是有差别的。一些家用互联网普及率高的国家在教育数字化方面也是先驱者。也就是说斯堪的纳维亚一带的国家、荷兰和英国是领头羊。儿童在学校的网络使用不仅受技术设施的影响，还受互联网与课程的结合方式以及每天的教学实践的影响。通过提供高质量的内容并保护儿童免受负面影响，老师在帮助儿童获得正面的网络经验方面扮演着关键的角色。他们还在向儿童和父母传达有效降低风险的方法上起核心作用。我们建议在父母之间鼓励公开揭露风险，传播好的实践指导（包括风险和积极利用）。更多详情，参看本书第十六章。

领先国家的教学课程可以作为其他欧洲国家的范例。网络安全资料也应当包含移动媒体。学校应当在电脑恐吓方面承担责任，这种新形式的恐吓常常是课堂恐吓行为的外延。学校应当有具体的合适对策来应对电脑恐吓。①

8. 成功应对

儿童一旦面临危险，他们该作何反应？他们应对网络风险的能力因风险类型、文化、性别和年龄而有所区别。整个欧洲存在人口和国别差异。这些差异表明影响成功应对网络风险的因素较多，有些可能会阻碍采取适当的自我保护行动（Staksrud and Livingstone, 2009）。应对策略看似取决于儿童怎样察觉风险。研究发现，大多数年轻人可能不理睬或者忽视网络风险。但当儿童面对更严重的危害时，他们怎么做？他们常常不愿意将他们在网络上的不好经验告诉成年人，而更愿意告诉一个朋友。这样，儿童确实利用一些方法来应对网络风险，且一些定性研究的结果表明，儿童在利用这些方法方面都信心十足。然而，这些应对方法是否奏效仍是未知数（Hasebrink et al, 2009）。帮助人们提高认识的活动应当继续宣传儿童面临的各种网络风险，但应更加关注当他们遭遇此类风险时该如何做。我们提议策略制定者站在欧洲和国家高度来制定应对策略的指南，而不只是一些"告诉老师或者父母"的建议，人们往往很少听从建议。

9. 自我管理的规则和实践

英国、北欧和中欧国家比拉丁语国家及南欧国家的自我管理传统

---

① 参见 COST 行动方案，http：//www. cost. esf. org/domains_ actions/isch/Actions/Cyberbullying，该方案旨在分享关于网络恐吓的知识。

更加浓厚，其中法规起到了比自我管理更为重要的作用。在欧洲和其他地方所开展的工作，包括确定风险和安全需要考虑的因素，都是互联网业的自我管理举措的核心。

自我管理在计算机游戏世界里已经很完美了。"全欧洲游戏信息"（PEGI）是 2003 年推出的，它在欧洲国家作为一个年龄分类系统，以助于父母慎重决定购买计算机游戏。欧洲委员会也参与了 PEGI 在线（PO）的开发，使在线游戏尽可能安全（www. pegionline. eu）。我们建议欧洲委员会应更大力度推广 PEGI 在线。

三、结语

在越来越复杂的网络世界中我们保护了儿童吗？我们让他们安全使用网络服务了吗？还是忽视了我们的儿童？网络世界的交互性越来越强，危险性也越来越大，孩子们的确需要保护和指导。在本章中，我们提出了一系列如何为儿童创造一个更安全的网络环境的建议。这些建议牵涉到多个方面，比如欧洲委员会、各国政府、互联网服务提供商、老师和父母，尤其是儿童。除重点述及网络风险之外，我们还谈了通过增强儿童的媒体知识、提供积极的内容和说明内容的价值来引导他们利用网络。这样积极提供机会可能是一种避免网络风险的有效方法。在未来几年，推动积极利用网络将是政策制定者的一项重要挑战，但这也促使其他人承担起责任，比如老师和父母们。

参考文献

AOL(America Online)/NCSA(National Cyber Security Alliance) (2004) *Online safety study*, AOL/NCSA.

Bauwens, J. , Lobe, B. , Segers, K. and Tsalifi, L. (2009: in press) ' A shared responsibility: similarities and differences in the factors that shape onkine risk experiences for children in Europe', *Journal of Children and Media,* vol 3, no 4.

Buckingham, D. (2005) *The media literacy of children and young people,* London: Office of Communications.

Deloitte Enterprise Risk Services(2008) *Safer internet : Protecting our children on the net using content filtering and partal control techniques,* Commission (www. sip-bench. eu/sipbench. php?page = results2008&lang = en).

de Haan, J. , Mast, R. , Varekamp, M. and Janssen, S. (2006) *Bezoek onze sete; over de digitalisering van het culturele aanbod [Visit our sire; on the digitisation of cultural content],* The Hague: Netherlands Intitute for Social Research/SCP.

Duimel, M. and de Haan, J. (2007) *Nieuwe links in het gezin[New links in the family],* The Hague; Nethelands Institute for Social Research/SCP.

Duimel, M. and de Haan. J. (2009) *ICT en Cultuur: het gebruik door tieners[ICT and culture: How teenagers use the opportuninties],* The Hague: Netherland Institute for Social Research/SCP.

EC(Europen Commission) (2006) *Safer interner: Eurobaormeter survery on safer internet,* Special Eurobarometer 250, Brussels: EC(http: ec. europa. eu/information_ society/activities/sip/docs/eurovaromerer/eurobarometer_ 2005_ 25_ ms. pdf).

EC(2007) ' Safer intermet for children-a children's perspective, Qualitative Eurobarometer surveys(http: //ec. europa. eu/information_ society/activities/sip/surveys/qualitative/index_ en. htm).

EC(European Commission) (2008) *Towards a safer use of the internet for children in the EU-A parents'perspective, Analytical report,* Flash Eurobarometer Series#248, conducted by The Gallup Organisation, Hungary, Luxembourg: EC (http: //ec. europa. eu/information_ society/activities/sip/docs/eurobarometer/analyticalriport_ 2008. pdf).

EC(2009) ' Safer social networking principles for the EU' (http: //ec. europa. eu/information_ societu/activities/social_ networking/docs/sn_ principles. pdf).

Eurydice(2005) *key data on education in Europe,* Brussels: Eurydice(www. okm. gov. hu/doc/upload/200601/key_ data_ 2005. pdf).

FOSI(Family Online Saferu Instute) (2008) *State of onlien safety report,* Washington, DC: FOSI.

Hasebrink, U. , Livingstone, S. , Haddon, L. and Ólafsson, K. (2009) *Comparing children's online opportunities and risks across Europe : Crossnational comparisons for EU Kids Online*(2nd edn) , London: London School of Economics and Political Science, EU Kids Online(Deliverable D3. 2 for the EC Safer Internet Plus Programme) .

Livingstone, S. and Helsper, E. J. (2008) ' Parental mediation of children' s internet use', *Journal of Broadcasting ε Electronic Media*, vol, 52, no 4: 581—599.

Staksrud, E. (2005) *SAFT project final report*, Oslo; Norwegian Board of Film Classification.

Staksrud, E. and Livingstone, S. (2009) ' Children and online risk: powerless victims or resourceful participants?' , *Information, Communication and Socitety*, vol 12, no 3: 364—87.

World Economic Forum(2007) *Executive Opinion Survey* 2006 2007, Geneva: World Economic Forum.

第十六章

父 母 介 入*

一、理论框架

为了最大限度地利用网络带来的好处，特别是同时要让互联网对儿童可能产生的负面影响最小化，就需要父母介入管束儿童使用互联网（Livingstone, 2007; Livingstone and Helsper, 2008）。这一想法源于将父子关系视为发展过程的社会化理论，预想通过父母运用介入互联网使用的管束策略，为儿童利用网络达到利益最大化且风险最小化（Kirwil, 2009a）。因此，父母介入儿童使用互联网涉及多种教子策略和实践，而这些受父母所重视和儿童在家庭中学习到的价值观指引。父母介入互联网的使用受诸如儿童年龄、性别、互联网知识、儿童使用互联网的频率和动机的影响，还受父母的性别、社会经济地位、教育、互联网使用技能、网络风险知识和儿童发展理论的影响，也受他们对互联网应用带来的威胁观的重视度和他们对互联网的态度的影响（Padilla-Walker and Thompson, 2005; Eastin et al, 2006a; Livingstone and Helsper, 2008）。此外，这也与其文化中的教子观念有关（Kirwil, 2009a）。

最有用的理论框架用两维方法——"基于系统"和"基于用户"的父母介入——来阐述父母介入儿童使用互联网的策略，也就是采取技术方

---

* 本章作者为露西娜·柯威尔、马娅伦·加门迪亚、卡梅洛·加里塔南迪亚和杰玛·马丁尼兹·费尔南德斯。

案和父母指导。其他理论框架阐述了一种父母教育儿童的"保护"与"促进"的态度，并区别了社交介入、限制性介入和指导性介入这些一般策略的不同。父母介入的不同类型与其家庭社会化、专制程度、专制、许可和忽视的情况相类似（Eastin et al, 2006a; Lwin et al, 2008）。

技术上的解决方案是在儿童使用的计算机上安装软件，以监视他们使用互联网的方式，也就是说看他们在网络上有什么样的举动，浏览什么网站，与谁交流。通常，"监视"意味着检查儿童使用过的计算机，并阻止不适合他们的网站或论坛，和/或告诉儿童这些网站和论坛不适合他们或可能对他们有不利的影响。后者就是一种儿童能够理解和接受的父母指导（"指导性介入"），而前者可看做约束控制和侵犯他们的隐私权。

"限制性介入"指用规则来管束儿童使用媒体，而"指导性介入"意味着父母主动向儿童解释或翻译媒体内容和信息（Barkin et al, 2006; Eastin et al, 2006a, 2006b; Livingstone and Helsper, 2008; Lwin et al, 2008）。在规则制定中，父母禁止或限制儿童接触某些内容（典型的是暴力或性方面的内容），或者禁止或限制儿童与某些用户或在某些互联网社区在线交流（Livingstone and Helsper, 2008）。我们可以得出结论，在介入儿童使用互联网方面，父母常用三种策略：

- 社交方法：观看、谈论和尝试分享儿童的在线活动。
- 制定有关儿童在线活动的规则或限定他们的在线活动。
- 技术上的解决方案，过滤和监控儿童的在线活动。

二、父母介入儿童使用互联网的策略

有关父母介入的研究结果表明，相比依照系统安装保护软件的管束办法，父母更喜欢用社交方式介入儿童使用互联网（Barkin et al, 2006; Eastin et al, 2006a, 2006b; Livingstone and Helsper, 2008; Lwin et al, 2008）。正如2005年"欧洲晴雨表"的调查结果（欧洲委员会，2005）

所示，父母与在家使用互联网的 6 岁至 17 岁儿童宁愿"共用"，而不愿制定规则和从技术上限制（比例分别是 65%、49% 和 29%）（Kirwil，2009b）。社交介入受人欢迎，是因为如果具备足够的互联网技能，父母就会更加了解年轻的互联网用户，也更能控制他们。如果没有的话，通过观察儿童在网上冲浪，他们能更好地了解互联网的实际性质。相比非限制性指导（31%），父母们更喜欢限制性规则（56% 限制在线时间，52% 限制某些网站），因为他们觉得这样更容易直接控制儿童的行为。

2008 年"欧洲晴雨表"的结果（欧洲委员会，2008）让我们更加清楚地了解到父母在介入儿童使用互联网时喜欢采用的策略。如果父母或儿童自身有任何可能影响父母的互联网介入模式的特殊特点，我们将会竭力予以证实。

1. 社交介入

我们在此要确认介入策略和父母的特点（诸如父母角色、受教育程度及其使用互联网的频率）是否存在某种关系。无论是父亲还是母亲提出的问题，还有双方的教育程度，我们都给予考虑。为了让表16.1 的结果清楚和准确，只列出了父母"通常"（一直或者很频繁）做所提及的事情的百分数情况。

表 16.1　　　　　社交介入策略、父母角色、受教育
程度和父母使用互联网的频率（%）

策　略	平均	父母角色		受教育程度			父母使用互联网的频率			
		父亲	母亲	初等	中等	高等	每天	每周一次或以上	每月一次或以上	每月少于一次或者从不上网
问或谈论他/她上网的情况	75	67	78	74	75	70	75	76	69	66
待在旁边	61	55	63	59	61	62	60	67	64	50
坐在一起	37	35	37	39	37	36	36	40	42	34
欧盟 27 国总的情况	8631	2591	6039	472	4823	3112	5526	1880	412	809

数据来源：2008 年"欧洲晴雨表"调查

发生频率最高的举措是问儿童或与儿童谈论他/她的在线行为，而在儿童旁边待着位居第二，在儿童上网时与他们并排坐在一起位居第三。在父母角色方面而言，母亲扮演的角色似乎比父亲积极得多，她们在各方面都高于平均数，特别是与儿童谈论上网情况以及待在儿童身边。做这两类事情似乎与母亲在家庭中的传统角色接近。

尽管父母受教育的程度①在社交介入策略中没有提供某种清楚的模式，但受教育程度高的父母似乎稍不如那些受教育程度低的父母积极。

虽然在所有情况下，父母使用互联网的频率并不取决于他们的互联网知识，但这两者很显然关系密切。日常使用互联网的父母们采用的介入方式非常接近于平均数。他们主要是问儿童问题或者与他们交流，还有就是待在他们旁边，然而一周才使用互联网的用户倾向于更多地待在旁边，花更多时间与儿童坐在一起。一月才使用一次互联网的父母倾向于更近地观看他们的孩子，他们要么待在孩子旁边，要么就与儿童坐在一起。那些使用互联网频率较低的人群可能受教育程度较低，这可能与他们更想控制孩子的在线行为有关。

关于儿童的特点，我们分析了父母应对的不同模式，也将看到他们介入男孩和女孩行为的方式是否相同，还有，是否因儿童的年龄而存在不同的介入方式。如表 16.2 所示，关于父母的社交介入模式，父母讲他们和与男孩坐在一起、问问题和倾向于谈论网络风险相比女孩稍微多一些。相比对更大年龄的儿童，父母陪坐、谈论和询问 6 岁至 10 岁的儿童在网络上做什么要多一些。

---

① 这是通过询问受访者结束其全日制教育的时间而进行调查的。因此，我们假设那些在 15 岁就结束受教育的人只有初等教育水平；在 16 岁至 20 岁之间结束学业的为中等教育水平；而将那些在 20 岁结束学业的归为接受了高等教育。还有一个类别称之为"继续在受教育"，但 8638 人中只有 89 人选择这项，为了得出更明确的趋势，我们略去了这项。

表 16.2　　　　社交介入策略、儿童的性别和年龄（%）

策略（常用的）	平均	性别		年龄		
		男	女	6—10 岁	11—14 岁	15—17 岁
询问/谈论儿童所做的事情	75	75	74	86	80	59
待在旁边	61	62	60	82	64	38
与儿童坐在一起	37	38	36	60	36	16
欧盟 27 国总的情况	8631	4462	4168	2602	3227	2801

2. 在线行动限制

我们在此要明确通常父母决定不许儿童参与的事情是否与父母的特质和儿童的特质有关（见表 16.3 和表 16.4）。

表 16.3　在线行动限制、父母角色和父母使用互联网的频率（%）

限制	平均	父母角色		父母使用互联网的频率			
		父亲	母亲	每天	每周一次或以上	每月一次或以上	每月不到一次或从不
建立个人档案	47	45	47	45	45	47	33
在线购物	19	16	20	19	18	12	15
下载游戏	19	17	19	19	17	11	13
花很长时间	15	12	17	14	15	16	13
利用即时通信工具	15	12	16	15	16	12	8
下载电影	13	12	13	13	14	11	8
下载音乐	12	12	12	12	11	10	8
提供个人信息	11	11	11	12	11	5	10
访问某些网站	11	12	11	11	11	8	8
用聊天室	9	8	10	9	9	12	5
用电子邮件	8	7	8	8	9	8	4
与陌生人在线聊天	7	5	8	6	8	6	5
欧盟 27 国总的情况	9627	2828	6798	5526	1880	412	809

父母通常看似既不限制他们孩子的在线行动，也没有想出较多的办法去管束儿童的在线交互活动。事实上，各种限制又缺乏连贯性。例如，对于儿童在网络上为自己做简介，父母对此有所担忧，然而，很少有父母制定规则去控制儿童在网络上公开个人信息或者与网络上的陌生人交谈，尽管后者可能会带来与前者类似的风险。虽然父母对孩子使用互联网施加的一些主要限制与花钱有关（比如在线购买和下载游戏、电视节目和音乐），但他们也限制孩子在线的时间，也许是为了敦促孩子完成家庭作业。从父母使用互联网的频率方面来考虑，关于限制儿童行为，并没有出现清晰的模式。每天上网的父母对孩子的限制略低于平均值，每周或每月上网的父母对孩子的限制更多些。而那些很少或从不使用互联网的用户对儿童的限制也少。

关于父母对儿童施用的规则或限制，12 项规则中有两项最常使用在女孩身上，而其中 4 项更多地用在男孩身上。因此，这些数据表明，父母对男孩的限制多于女孩。

虽然随着儿童的逐渐长大，父母对其使用网络的限制逐渐减少，但对有一个年龄段的儿童并不如此——父母对 11 岁至 14 岁儿童的限制比年幼的儿童更多。有些研究表明，儿童在这个年龄段最危险，他们既不像年龄小一些的那样使用互联网少，又不如年龄大一些的儿童那样明智或有经验（Livingstone and Bober，2004）。这个年龄段的孩子所遭遇的网络风险、玩游戏和经验似乎都超出他们本身的年龄。

表 16.4　　　　　　在线行动限制、儿童性别和年龄（%）

限制	平均	性别		年龄		
		男	女	6—10 岁	11—14 岁	15—17 岁
无限制	27	25	29	24	22	36
在网络社区建立个人档案	47	49	44	49	49	42
下载/玩游戏	19	19	18	19	20	17
在线购物	19	19	19	17	21	18

限制	平均	性别		年龄		
		男	女	6—10 岁	11—14 岁	15—17 岁
花大量时间上网	15	15	16	15	18	13
用即时通信工具	15	15	16	15	14	9
下载/播放电影	13	13	12	14	11	9
提供个人信息	11	13	10	14	11	9
下载/播放音乐	12	12	12	11	10	7
访问某些网站	11	11	11	10	8	5
用聊天室	9	9	9	11	6	3
用电子邮件	8	8	8	19	17	9
与陌生人交流	7	7	7	14	11	8
欧盟 27 国总的情况	8631	5013	4613	2959	3627	3042

3. 技术限制

一半以上的受访父母表示，他们为了防止儿童浏览某些网站而采用过滤器工具，而42%的父母为了能看到儿童所浏览的全部网站而使用监控工具（见表16.5）。然而，超过三分之一的人说他们没有安装任何软件来跟踪或控制儿童上网。

就父母角色而言，母亲的参与再次高于平均水平。当虑及父母受教育的程度时，出现了一个清晰的模式。凡是父母受教育程度越高，他们倾向于安装过滤软件的可能性也越高，而受教育程度低的，更多的是采用监控软件。

表 16.5　　　　技术限制使用及不使用它们的原因、

父母角色和受教育水平（%）

	平均	父母角色		受教育程度		
		父亲	母亲	初等	中等	高等
使用的软件						
过滤软件	55	54	55	50	57	53

续表

	平均	父母角色		受教育程度		
		父亲	母亲	初等	中等	高等
监控软件	42	40	42	45	43	39
无	34	36	34	37	32	37
欧盟 27 国总的情况	8631	2591	6039	472	4823	3112
不用的原因						
不需要，相信自己的孩子	67	69	66	58	68	67
不知道怎么得到软件	15	13	16	20	16	13
怀疑软件的效力	3	3	2	4	2	3
欧盟 27 国总的情况	2654	886	1767	151	1366	1051

超过三分之二的父母表示，技术限制不必要，因为他们相信自己的孩子。也有15%的父母表示他们不知道怎样得到这种软件。我们可以假设他们愿意安装这类软件。只有一小部分父母说他们不相信软件的效力。父亲和母亲所占百分比又稍微有点差别，更多的母亲不知如何获得这种软件，且她们也不相信她们的孩子。

关于父母受教育的程度，他们受教育程度越高，就越少有人说自己不知如何使用软件管束或监控，而那些只完成了初等教育的父母似乎更少相信他们的孩子。然而，父母通常对孩子在线行动的信任程度是值得注意的。此外，西班牙进行了量化研究，结果表明儿童在父母认为他们在网上冲浪时足以承担起责任照看自己时，他们感到非常高兴（Garitaonandia and Garmendia，2007）。

表 16.6　　　　技术限制的使用、儿童性别和年龄

软件	平均	性别		年龄		
		男	女	6—10 岁	11—14 岁	15—17 岁
过滤软件	55	55	54	59	57	47

软件	平均	性别		年龄		
		男	女	6—10 岁	11—14 岁	15—17 岁
监控软件	42	41	42	45	45	34
无	34	35	34	30	31	43
欧盟 27 国总的情况	8631	4462	4168	2602	3227	2801

就儿童的特质而言，父母对男孩使用的计算机安装过滤软件要多于女孩使用的。然而，女孩使用的计算机安装的监控软件却比男孩多。就年龄来说，似乎有一个清晰的模式。那就是，年龄越大的儿童，父母对他们使用技术限制更少。

三、父母介入儿童上网和社会化文化

在柯威尔进行的"2000 年欧洲价值观调查"（Halman，2001）中，对父母目标的分析表明，家庭教育中的不同价值观清楚地解释了欧洲国家几种不同的社会文化。价值观的不同取决于在儿童教育中对个人主义或集体主义教育的推崇孰轻孰重。在北欧、西北欧和历史上的天主教国家，个人主义价值观占主导地位，而在后共产主义国家，集体主义价值观占主导地位（见图 16.1）。

相比那些集体主义价值观较强的国家，在个人主义价值观较强国家的父母介入儿童网络行为更多，他们喜欢使用社交介入方式，且利用多种策略。这种介入提供了更多机会与儿童沟通，有更多机会对他们进行指导。

四、我们从父母介入互联网使用的效力中学到什么？

了解父母的介入方式是否保护儿童，假如能保护儿童的话，哪些

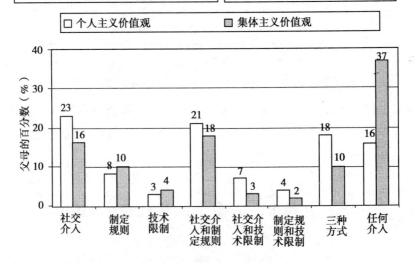

图16.1 各种教子观下的父母介入儿童在线行为的模式

来源：EVS（2000，Halman，2001）；EC（2005）；Kirwil（2009b）

策略是有效的，这些对研究人员、政策制定者和父母本身来说是重点。2005年"欧洲晴雨表"（欧洲委员会，2005）的调查结果为欧洲整体情况提供了一幅不同的图景，也就是说较多的父母介入与对儿童较多（而不是较少）的网络风险有关系。然而，对不同国家人群分别进行的分析揭露了整个欧洲不同的"父母介入与网络风险"关系（Kirwil，2009a）。因此，我们通过询问不同类型国家的父母介入方式是否有效来分析其效力（这也在本书第十五章中阐述过）。在一些国家广泛采用某种父母介入策略，如果相比那些没有广泛采用它的国家，其儿童遇到的网络风险比例明显下降，那么这种父母介入方式就被视为有效的。用这种方法，我们发现的大体情况是，在使用社交介入、制定规则和技术限制方式越多的国家，其儿童在自己家中接触的网络内容风险就越少。

如图 16.2 所示，18 个欧盟国家的儿童经历的内容风险与其父母采取的网站限制措施密切相关。

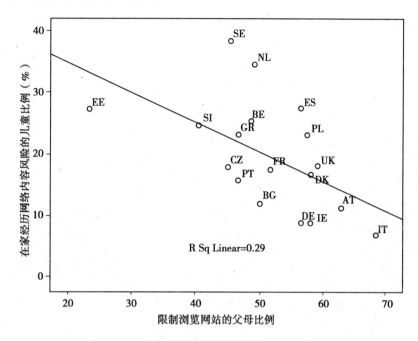

图 16.2　父母限制浏览网站与

儿童在家遭遇内容风险的关系图

来源：EC（2005）；Kirwil（2009a）

　　对 18 个国家进行的分析表明，限制儿童浏览内容不当的网站可以降低他们在家经历网站内容风险的可能性。[1] 统计分析也表明，儿童经历较少的网络内容风险在一定程度上与父母要求他们汇报在网络上遇到的烦恼有关。[2]

　　对社交介入、制定使用互联网的规则以及实施技术限制进行的类

---

　　[1]　父母限制浏览网站的程度表明了国家之间在儿童经历网络内容风险方面 29% 的差异（相关因子：r = -0.54，p = 0.01 单尾统计）。

　　[2]　父母制定非限制性规则，多少儿童主动向父母汇报在网络上遭遇的不愉快经历，这表明了国家之间儿童在家经历网络内容风险 21% 的差异（r = -0.46，p = 0.03 单尾统计）。

似分析表明，尽管这些方法的效力取决于各国的社会化文化，但每种方法都与降低儿童遭遇网络内容风险的可能性有关①。例如，细看时间限制在欧洲各国的效力就可知，采取时间限制的意义取决于各国不同的社会化文化（见图16.3）。

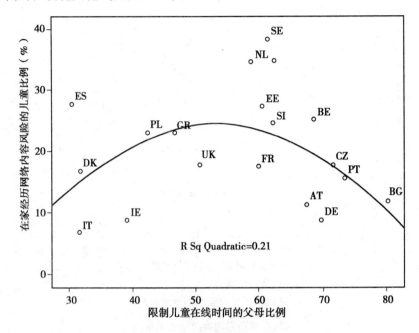

R Sq Quadratic=0.21

纵轴：在家经历网络内容风险的儿童比例（%）

横轴：限制儿童在线时间的父母比例

图 16.3　父母介入儿童上网的时间限制方式与儿童

在家经历网络内容风险的关系曲线图

来源：EC（2005）；Kirwil（2009a）

在诸如丹麦、荷兰、瑞典、比利时、爱尔兰和英国（北欧，在教育孩子方面大多推崇个人主义）这些国家，父母限制孩子在线时间的较多，孩子经历网络风险的也较多。在其他国家，如奥地利、法国、德国、葡萄牙、斯洛文尼亚和西班牙（欧洲天主教国家，在教育孩子

---

① 社交介入、制定使用互联网的规则和技术限制的百分比分别是26%、20%和5%。虽然相互关系不明显，但通过统计所有父母介入方法的百分比，得出的国与国之间的总差异是明显的，因为多数父母倾向于使用多种介入方式（见图16.1）。

方面适度推崇个人主义）以及保加利亚、捷克、爱沙尼亚和波兰（欧洲后共产主义国家，在孩子教育方面大多推崇集体主义），父母利用时间限制方法的较多，而孩子遭遇网络风险的较少①。因此，时间限制在保护儿童免受网络危害的作用和效力似乎因该国教育儿童时推崇的个人主义或集体主义价值观以及其历史宗教根源的不同而不同。

五、结语

父母的介入和儿童经历的网络风险之间的关系已经成为增强儿童在互联网上安全最重要的问题。虽然有关儿童使用互联网和父母介入的研究不断增多，而鲜有实验证据表明采取的哪些介入策略在保护儿童方面是有效的（Livingstone，2007；Livingstone and Helsper，2008）。互联网能让人进行交流和开展对等的交互式活动。父母管束互联网的使用似乎并不像管束电视节目或视频游戏那样有效。限制性的父母介入可能降低了风险，同时也减少了互联网带来的好处。较早的研究表明，限制时间是通过减少风险的机会而保护儿童免受网络危险，这种方法是有效的（SAFT，2003；Lee and Chae，2007）。我们的研究结果肯定了以前有关父母介入的一些发现，并提供了新的数据，新的研究数据表明父母介入儿童网络行为的效力取决于其所处的社会文化。

概括来说，我们发现了以下结果。第一，在介入儿童使用互联网方面，较之技术限制和限制性的规则制定，父母更偏爱社交介入方式。利用社交介入方式，他们更愿与儿童谈论其在线的行为，其次是在儿童上网时待在旁边或者与儿童坐在一起。如果他们使用技术限制措施，采取过滤软件多于监控软件。如果是制定有关互联网使用规则，相比指导性规则，他们更喜欢限制性规则。

———————————

① 这个关系曲线图告诉我们，国与国之间儿童在家经历网络内容风险存在21%的差异，这是由国与国之间多少父母限定儿童在线时间的差异决定的。

第二，在 2008 年，至少有四分之一（2005 年有三分之一）的父母完全没有介入儿童使用互联网。受教育程度较高的父母不使用技术软件来管束儿童上网，因为他们相信自己的孩子；而受教育程度较低的父母可能不知如何使用这类软件。管束儿童网络行为的规则更多的是因品行恐慌和经济因素所致，而非网络行为带来的风险意识。

第三，父母更愿意采用多种介入方法，而不是只用一种。

第四，父母介入取决于父母的特质，也就是说父母的角色、受教育程度和互联网使用情况：

- 母亲常常比父亲介入得多；
- 总体上来讲，受过高等教育的父母相比只有中等或初等教育水平的父母，他们使用社交介入方式和监控软件更少，而是更多地选择在孩子上网时待在旁边；
- 父母使用互联网越多，他们利用社交介入方式和限制网络行为也越多，那些每天使用互联网的父母除外。

第五，父母介入取决于儿童的特质，年龄因素相比性别更为重要：

- 随着儿童年龄增长，父母减少了社交介入（这日益变得不积极）、技术介入和限制在线交互活动。限制青春期早期儿童的在线时间（购物、下载和玩游戏）的父母多于更年幼或更年龄大一些儿童的父母；
- 相比在网络上公布个人信息和与陌生人联系，父母更关心儿童在网络社区建立个人档案。

教子中推崇个人主义文化的父母对孩子使用互联网更多地采用各种介入方式，而那些推崇集体主义教子观的父母更多地不用任何介入方式，或者喜欢单一的限制性规则或技术限制措施。

第六，在保护孩子的网络安全方面，我们已经证实了一些介入方法可能有效：

- 选定一些网站予以限制，可以降低儿童经历网络风险；
- 父母鼓励孩子汇报在网络上的负面经历，也可降低网络风险；
- 限制在线时间可能降低或增加风险，具体取决于其所推崇的教子文化观。在集体主义文化观中，限制时间可以降低网络风险，而在个人主义文化观中，它可能会增加风险。

第七，看似任何有关儿童使用互联网的限制性规则和技术限制都与降低网络风险有关。然而，支持这些规则有效的证据不及对网站限制和时间限制及非限制性规则一样强有力。

由于父母介入本身受诸多相关因素影响，我们建议父母更深入地了解下列内容：

- 父母介入可能提高儿童的网络安全，但这不是一定的情况；
- 父母介入的多重方式可能比单一方式介入更为有效；
- 父母介入应当灵活，具体依儿童的发展水平而定。新的研究需能给个人主义和集体主义教子文化观提出具体的建议；
- 太强或太弱的父母限制效果可能本身会导致某些风险。

提倡父母介入互联网的使用，特别是在父母介入较少的集体主义文化观国家中，这是政策制定者的任务。政策制定者应当认识到，确保儿童网络安全的普遍规则是难以找到的，而应当根据当地的社会文化对父母使用策略予以指导，因为同样的策略可能产生不同的结果（免遭风险或增加风险）。

参考文献

Barkin, S., Ip, E., Richardson, I., Klinepeter, S. and Krcmar, M. (2006) ' Parental mediation styles for children aged 2—11 years', *Archives of Pediatrics and Adolescent Medicine*, vol 160, no 4: 395—401.

Eastin, M. S., Greenberg, B. S. and Hofschire, L. (2006a) ' Parenting the internet', *Journal of Communication*, vol 56, no 3: 486—504.

Eastin, M. S. Yang, M. -S. and Nathanson, A. I. (2006b) ' Children of the net: an emperical exploration into the evaluation of internet content', *Journal of Broadcasting ε Electronic Media*, vol 50, no : 211—230.

EC(European Commission) (2005) *Safer interner*, Eurobarometer 64. 4, Special no 250, December.

EC(2008) ' Basic bilingual questionnaire: TNS opinion and social' , Eurobarometer 69. 2: Safer internet, March-May.

Garitaonandia, C. and Garmendia, M. (2007) *How young people use the internat: Habits, risks and parental control*, Bilbao: University of the Basque Country and EU Kids Online(www. lse. ac. uk/collections/EUKidsOnline/) .

Halman, L. (2001). *The European Values Study: A Third Wave . Source book of the 1999/2000 European Values Study surveys.* EVS WORC Tilburg University WORC.

Kirwil, L. (2009a) ' Parental mediation of chilsre's internet use in different European countries', *Journal of Children and Media*, Typescript submitted for publication.

Kirwil, L. (2009b) ' The role of individualistic-collectivistic values in childrearing culture for European parents' mediation of Internet', Typescript prepared for publication.

Lee, S. -J. and Chae, Y. -G(2007) ' Children's internet use in a family context: influence on family relationshios and parental mediation', *Cyber Psychology ε Behavior*, vol 10, no 5: 640—64.

Livingstone, S. (2007) ' Strategies of parental regulation in the mediarich home' , *Computers in Human Behavior*, vol 23, no 3: 920—941.

Livingstone, S. and Bober, M. (2004) *UK children go online: Surveying the experiences of young people and their parents*, London: London School of Economics and Political Science.

Livingstone, S. and Helsper, E. J. (2008) ' Parental mediation of children's internet use', *Journal of Broadcasting ε Electronic Media*, vol 52, no 4: 581—599.

Lwin, M. O. , Stanaland, A. J. S. and Miyazaki, A. D. (2008) ' Protecting children's privacy online: how parental mediation strategies affect website safeguard effectiveness', *Journal of Retailing*, vol 84, no 2: 205—217.

Padilla-Walker, L. M. and Thompson, R. A. (2005) ' Combating conflicting messages of values: a closer look at parental strategies , *Social Deveopment*, vol 14, no 2: 305—23.

SAFT(Safety, Awareness, Facts and Tools) Project(2003) ' Parents know little anout children's internet use' (http: //web. archive. org/web/20041210145425/http: /www. saftonline. org/presse/1537/) .

第十七章

欧洲学校利用信息通信技术学习知识[*]

一、导言

在整个欧洲，互联网成了年轻人生活中不可分割的一部分。根据最近的"欧洲晴雨表"对更安全的互联网事项进行调查，截至 2008 年秋，欧盟 27 国当中所有 6 岁至 17 岁的儿童，其中有四分之三的儿童使用过互联网，稍大一些的青少年使用互联网的比例更高（欧盟委员会，2008：5）。所有国家最大的相似之处都是关心儿童在网络上花费的时间。

年轻人利用互联网主要是作为一种教育资源，或为了娱乐、游戏和玩，或寻找信息，当作社交网络以及与其他人分享经验（Hasebrink et al，2009）。他们也在学校或大学利用互联网完成功课（Medienpada-gogischer Forschungsverbund Sudwest，2007）。利文斯通和赫尔斯培（2005）总结了"英国儿童在线"项目得出的情况——计算机的使用在增加，92% 的学校开通了互联网。信息通信技术提供了许多机会：教育、参与、创造力以及特性和社会联系（Hasebrink et al，2009）。随着网络或学科上新技术的发展，学校在增强儿童应对信息通信技术带来的机会和风险的能力上发挥着重要的作用。

---

* 本章作者为英格里德·鲍斯－哈斯布林克、安德里亚·杜拉格、克里斯德·W. 威尼思和卡迪里·尤古。

本章将重点讨论在学校利用信息通信技术的情况。首先，从欧洲的视角简单地探讨学校对信息通信技术的态度。利用欧盟儿童在线项目数据库，本章重点阐述对信息通信技术和学校的研究情况。下一部分探讨整个欧洲学校的互联网利用情况，讨论欧洲各种"学校的信息通信技术"为主题的研究的不同结果。结论部分从学校利用信息通信技术学习的建设性观点开始，并提出在学校应对信息通信技术最佳实践的建议。

二、欧洲学校在应用信息通信技术方面的差异

在欧洲不同的国家，对待每种新媒介（例如书本、电台、电影）并将它融入学校的方式与这些国家的媒体环境（例如法律）、历史和政治发展、学校制度和教育目标、文化差异和孩童概念及对待媒介的理论（如学术论文或文化论著）的差异关系密切。在有些国家，比如英国或斯堪底纳维亚一带，学校的媒介教育有悠久的历史，而在其他国家，如意大利，只在家粗浅地教儿童使用新媒体（Krotz and Hase-brink，2001；Wjinen，2008）。历史上的媒介教育也影响对信息通信技术（即今天所称的"新媒体"）的态度。每当"新媒体"在社会上出现，人们类似地会对它多加防范和区分，也会注重参与和对社会的进步意义。讨论信息通信技术的机会和风险以及它们应当融入学校的方式，都与其他媒体有着许多共同之处（Wijnen，2008）。主要的区别是，现今的国家之间有了更多交流和合作，且欧盟在制定信息通信技术融入学校的政策方面扮演着日益重要的角色。因此，欧洲国家在应对新媒体的挑战问题上有许多共同点。

总体来说，欧洲国家在信息通信技术上的投资比前些年已经有了明显增长，学校在应用信息通信技术上的不同尝试也是显著的。此外，整个欧洲已经认识到仅可接触到信息通信技术是不够的；媒体知识教育也必须跟上。在欧洲，学校提供的信息通信技术设备有了大幅度增

长。来自欧律狄希（Eurydice，2005）的数据表明，那些以前在学校硬件设备不足的国家对计算机和互联网的投入比那些已是现代化的国家还要多很多，因此这些国家之间的差异正在减少。但是，在学校的互联网使用并不意味着年轻人可以不受成人控制；在多数欧洲国家，学校的互联网不能无限制、无条件地使用（Hasebrink et al，2009）。尽管所有欧洲国家都强调互联网知识和媒体教育的重要性，但学校开发互联网访问的投入并不像对信息通信技术使用的教育课程投入一样多。人们通常并不清楚互联网知识是怎么与学校知识结合的，但在大多数国家，互联网知识是学校总课程的一部分。有时候，这些行动是受到国家政府部门宣扬技术知识的巨大利益驱动，而很少留意随之而来的风险和机会（Hasebrink et al，2009）。

在此，我们提供了一些欧洲学校如何应用信息通信技术的例子。在教学课程上，国家之间有相当大的差异。一般来说，地区、学区、学校和老师在决定如何施用国家课程上有较大的自由度。在芬兰的国家课程中（OPH，2004：14），规定从一年级开始，将信息通信技术作为学习环境的一部分："必须向学生提供相关资料和图书馆服务，使之能积极、独立地学习。学习环境也必须支持学生作为信息社会一员的发展，并为他们提供使用信息通信技术及其他媒体技术的机会……"与之相对，英格兰开设了信息通信技术的专门课程，从5岁的儿童开始强制学习。他们的国家课程（国家课程，1999：36）规定，小学生应当有机会通过在所有学科学习中使用信息通信技术工具，来应用和提高他们的信息通信技术能力。对所需的信息通信技术知识、技能和对它的了解的规定相当清晰，为老师如何教小学生以及与学生讨论什么主题提供了指导。在奥地利的小学和中学（BMUKK，2008），媒体教育（包括信息通信技术相关的教育）已融入所有学科课程中，作为可自主学习的学习环境的一部分。在爱沙尼亚的国家课程中（ERT，2002），信息通信技术作为贯穿课程的主题，学校在教法定科目的同时，可以自主教信息通信技术。不仅在学习成果和能力条目中提及掌握信息通信技术技能，在几乎所有课程的介绍中也提及它。在英国的课程中，信息通信技术主要作为一种获得信息和提高使用技能的技术手段；因此，在开发学生的社交技能的潜能方面，信息通信技术没有被充分利用起来。总之，信息通信技术融入学校的方式不尽相同。

三、对信息通信技术和学校的研究

下列分析为欧洲有关信息通信技术和学校研究的现状。根据欧洲在欧盟儿童在线项目中的有关数据可用性和研究有限的报告，可以撰写两个主题为"信息通信技术和学校"的报告（Staksrud et al, 2007：19, 42）。第一，对老师的各种角色需要更多研究（比如他们在课堂上介入儿童使用计算机的角色；他们运用计算机和互联网的能力和知识；或者他们如何提高学生的认识和关于网络安全知识的教学方法）。第二，许多欧洲国家缺乏有关在线学习的证据。

为了获得有关信息通信技术和学校研究的概况，在欧盟儿童在线数据库中以"学校"或"老师"（目标群体是"老师"和"学校"）为关键词在研究标题和主题中搜索，得到一些相关研究数据。总共有63项研究基本符合这些条件。英国的相关研究最多（16项），另外15个欧洲国家各有1项到10项相关研究不等。

有些"主要研究"可以归类为五个主要研究领域（见表17.1）。分析表明，大多数研究的主要目标是在学校获得和使用信息通信技术，其次是学校和老师的角色。

表17.1　信息通信技术和学校的主要研究主题（多重编码）

研究类别	实例（研究数量）
在学校获得和使用信息通信技术	学校的媒体设施/能用上计算机；在学校使用计算机/互联网（包括在早期教育中）；为完成作业（34）
学校和老师的任务	信息通信技术社会化；老师的能力/知识/互联网安全；提高网络风险认识；管理规则/介入（23）

续表

研究类别	实例（研究数量）
老师对信息通信技术的认识	给老师培训信息通信技术知识；老师的信息通信技术利用/能力/技能/知识；老师的风险认知；老师对学生利用媒体的态度（14）
用信息通信技术学习	在线学习；用媒体学习；学习软件（16）
教育价值	学校信息通信技术的效果/影响；互联网成熟度；知识（18）

资料来源："欧盟儿童在线"数据库（2008年12月），www.eukidsonline.net。

总而言之，还缺乏对在线学习、教授互联网知识和评估学校的信息通信技术教育价值的深入研究。

四、学校利用互联网和为学习利用
互联网——全欧洲对比

平均来看，欧洲儿童在家里（67%）比在学校（57%）利用互联网多；此外，在家利用越多的人，在学校利用也越多（$r = 0.574$；$p < 0.002$）（EC，2008）。但在欧洲的学校，儿童利用互联网也存在差别，这些国家可以分成四类。学校互联网使用率最低的国家——立陶宛、希腊、罗马尼亚、保加利亚、意大利和西班牙，它们的使用率在25%—37%之间。在爱沙尼亚、塞浦路斯、拉脱维亚、比利时、斯洛文尼亚、爱尔兰、德国、葡萄牙、法国和马尔他，它们的学校互联网使用率在44%—56%之间；而在波兰、奥地利、芬兰、斯洛伐克共和国、瑞典、捷克共和国、荷兰和匈牙利，学校的互联网使用率在61%—75%之间。丹麦和英国的最高，分别为81%和89%。

儿童在家是否能获取信息技术设备与他们在学校是否能获取有关（Eurydice，2004：34）。有关欧洲学校的设备情况，2004年欧律狄斯声称，在大多数欧洲国家并没有政府规定每台计算机使用的学生最大人数，对于信息技术设备上的投资也是依当地的水平决定。根据"国际学生评估方案"（PISA）的数据，2000年欧洲的平均配给情况是每台计算机约为 16 名 15 岁的学生使用，而 2003 年的人数为 10 名。不过，国与国之间、国家内部也有差别，那些学生人数与计算机比率较好的国家，其使用互联网的比例也较高（见图 17.1）。

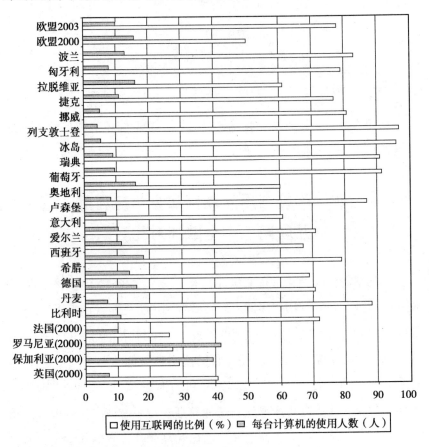

图 17.1　在学校使用互联网的比例（％）和人均使用
计算机的情况之间的关系

资料来源：Eurydice（2004）

五、互联网提供的机会

在大多数欧洲国家，儿童将互联网作为一种受教育的资源，或为完成学校布置的任务以及进行其他活动，比如玩游戏。欧洲学生通常在家利用互联网搜索信息来完成作业。此外，希腊的老师观察到，学生利用计算机加深计算机和互联网知识的占91%，用来完成家庭作业的占78%，用来玩游戏的占52%，用来与其他学校联系的占25%，而用来与其他学生/老师沟通的占22%（Tsaliki，2008）。而在意大利，11%的6岁到10岁学生、18%的11岁到14岁学生、25%的15岁到17岁学生和42%的18岁到19岁学生在学校（或大学）利用网络进行在线学习（Murru and Mascheroni，2008）。

在利用互联网完成学业相关事情上，存在着性别差异——女孩相比男孩，利用互联网通常更多的是为完成学习任务（如在保加利亚、挪威和西班牙的情况）。一般来讲，似乎年龄越大的儿童比年龄较小的儿童越可能多地利用互联网完成学习任务（如在丹麦、冰岛和瑞典的情况）（欧盟儿童在线调查，2008；Hasebrink et al，2009）。

此外，欧盟儿童在线调查各国的报告指出，利用互联网的差异取决于年轻人的教育程度和经济状况。受教育程度较高和经济状况较好的学生更多地利用互联网获得学校和学习相关的信息，而受教育程度较低和经济状况较差的学生可能更多地利用互联网来玩游戏或者下载音乐和电影（如西班牙、瑞典和荷兰的情况）。

有一些研究指出学校和老师与互联网知识的传播和网络风险认知的关系。"欧洲晴雨表"（欧洲委员会，2008）的数据表明，88%的欧洲父母认为，学校给予更多或更好的有关互联网使用的教育和指导，有助于儿童更安全地使用互联网。一项捷克研究指出，媒体是儿童提高网络风险认知的最重要来源，在学校由老师教他们网络风险知识的占45%，由父母教的占39%。在爱沙尼亚，12岁到18岁的儿童中，8%的女孩和5%的男孩从老师那里发现网络上的新鲜事物；19%的西班牙学生说他们从学校老师那里获知如何使用互联网，而21%的学生是从父母或者从其他人那里学会的（欧盟儿童在线调查，2008）。

在学校使用互联网的一个可能好处是它比在家里更安全，学生碰到让人担心的网站的可能性低。在家里使用互联网的儿童中，

12％碰到过有问题或者有危害性的内容，而在学校只有5％。塞浦路斯的国家报告中，将控制使用互联网视为学校的优势，这为儿童提供了一个更为安全的上网环境。在法国的报告中，声称在学校使用互联网是极其严格控制的，因此学生不能自由上网冲浪，不能聊天或者浏览博客，因此在学校遭遇风险的可能性是有限的（欧盟儿童在线调查，2008）。

六、学校应对信息通信技术的最佳实践建议

为了让学生用信息通信技术有效地学习，就有必要仔细考虑有建设性的范例。相比以前的教学假设模式，尤其是行为主义者方法，学习者现在被视为原动力，他们可以自己选择和处理信息，并鼓励他们提问和发现新信息。建设性方法可以作为应对信息通信技术的教学理论和实践的基础。根据这个观点，学习者利用他们自己的学习方法获得知识（McCormick and Paechter，1999）。学生处在一个受干预的世界，各种机会和风险兼具的互联网是他们日常生活的一部分。因此，鉴于当前的社会文化环境和年轻人的生活阅历，学会应对互联网应当概念化（Paus-Hasebrink，2006）。

奥地利的一项实验性研究"用Web 2.0学习"①（Paus-Hasebrink et al，2007）验证了在学校用信息通信技术学习的各种机会，并提议以学生相关的方式应对学习主题有助于增强学生和老师的动机。总的来说，像这样的研究项目为儿童懂得隐私权、所有权和著作权提供了诸多可能性。在学校，年轻人能学会如何认识风险，如何应对风险，如何从互联网提供的机会中获益。下面我们将为学校利用信息通信技

---

① 在此项目中，9所学校（包括9位校长、27位老师和169名11岁至13岁的学生）就"奥地利国家公园"的主题在学校的一个共享平台上合作。此外，老师可以在项目的微博中交流工作经验和想法。

术提供一些最佳的实践建议：

● 学校应当提供一个学习环境，学生在那里面对的是一个适合他们的生活世界，媒体发挥着重要的作用且提供可靠的信息和沟通空间（Paus-Hasebrink et al，2007：89）。例如，"着迷于媒体技术的学生"（McCannon，2009：547）通过在学校使用维基百科，可以增强他们的学习动机。

● 学校应当提供学习框架，从情感上以及逻辑上（McCannon，2009）将学生纳入其中，并让他们感觉到"仿佛他们是调研过程的中心"（McCannon，2009：547）。

● 需要适当的教学方案，将有关互联网有利的方面和儿童所需的知识，以多样化的方式融入课堂。

● 这意味着相比以前的教学假设，学习者应被视为主动选择和独自处理信息的个体，只需要鼓励他们提问题和发现新信息。

● 为了支持在积极的学校环境中学会使用信息通信技术，这意味着既要学会如何进行相关学习，又要学会如何用信息通信技术进行合作。乔纳森建议以支持、辅导和示范作为指导性方法。支持是帮助学习者完成任务的方法。辅导是针对学习者的动机并给予适当帮助和反馈的教学策略。示范指行为上或认知上的示范。在这种情况，老师必须是教练，他们能够鼓励学生使用包括自我决定学习在内的策略。

● 老师应当就学习进展提供反馈信息，并认可学生的个人学习空间。

● 教学应当主要以学生为中心（Slavin，2006）和以实践为基础。学习实践中应当包括像书本、计算机等不同的学习资料和专业人士的指导（Moser，2000）。

● 正如奥地利的实验研究所示（Paus-Hasebrink et al，2007：89），课堂上有效地使用信息通信技术（如维基百科）需要改变学校结构和教学。根据受采访的老师所言，为了有时间满足学生的需要，营造一个非官僚主义的工作环境就极其重要。这意味着有一个灵活的时间表且有机会在各学科间实践教学。

七、学校的信息通信技术要求以学生为中心的方法

　　儿童和年轻人在每天的生活中面对令人印象深刻的媒体内容，信息通信技术成为核心的部分。学校以两种方式让儿童应对新媒体的挑战。其一，帮助年轻人以适当的自主方式应对以信息通信技术为主导的媒体环境；其二，在学习中利用信息通信技术为他们练就满足知识型社会所需的最佳本领。学校得让风险最小化，同时又要增强使用信息通信技术的机会，因为所有儿童——无论出自怎样的环境——都必须上学。在这种情况下，学校可以降低儿童在数字化知识上的差距。本章已经探讨了结合这些任务的方法。从整个欧洲来看，对信息通信技术有各种不同的态度。在这个背景下，为了以学习者为中心提出最佳实践建议来有效应对信息通信技术，本章提供了有关信息通信技术和学校的研究的概况，以及学校使用互联网和为学习而使用互联网的概况。

参考文献

BMUKK(Bundesministerium für Unterricht, Kunst und Kultur-Austrian Federal Ministru for Education, Arts and Culture) (www. bmukk. gv. at/schulen/unteericht/lp/Volkschullehrplan3991. xml) .

EC(Europena Commisson) (2008) *Towards a safer use of the internet for children in the EU-A parets'persective, Analytical report*, Flash Eurobarometer Series#248, conducted by The Gallup Organisation, Hungary, Lucembourg: EC(http://ec. europa. eu/information_ society/activities/sip/docs/eurobarometer/analyticalreport_ 2008. pdf) .

eRT(Elektrooniline Riigi Teataja) (www. riigiteataja. ee/ert/act. jsp?id = 174787) .

EU Kids Online(2008) *National reports for the cross-national comparisons,* London: EU Kids Online(Deliverable D3. 2) (www. lse. ac. uk/collections/EukidsOnline/) .

Eurydice(2004) *Key data on information and communication technology in schools in Europe.* Luxembourg: Eurydice European Unit with the financial support of the European Commission (http: //eacea. ec. europa. eu/ressources/eurydice/pdf/0_ integral/048EN. pdf) .

Euridyce(2005) *Key data on education in Europe* 2005, Luxembourg: European Commission(http: //digm. meb. gov. tr/belge/EU_ KeyData_ Eurydice_ 2005. pdf) .

Hasebrink, U. , Livingstone, S. , Haddon, L. and Ólafsson, K. (2009) *Comparing children's online opportunties and risks across Europe: Cross-national comparisons for EU Kids Onlie*(2nd edn) , London: London(Deliverable D3. 2 for the EC Safer Internet Plus Programme) .

Jonassen, D. (1999) ' Designing constructivist learning environments' , in C. Reigeluth (ed) *Instrucional-design theories and models. Vol II: A new paradigm of instructional theory.* Mahwah, NJ: Lawrence Erlbaum Associates: 217—239.

Krotz, F. and Hasebrink, U. (2001) ' Who are the new media users?' , in S. Livingstone and M. Bovill(eds) *Children and their changing media environment: A comparative European study,* Mahwah, NJ: Lawrence Erlbaum Associates: 245—62.

Livingstone, S. and Bober, M. (2005) *UK children go online. Final Report of key project finndings,* London: Department of Media and Communications, London Scool of Economics(http: //eprints. lse. ac. uk/399/) .

McCannon, R. (2009) ' Media literacy/media education: solution to big media?' , in V. Strasburger, B. Wilson and A. Jordan(eds) *Children, adolescents, and the media*(2nd end) , Thousand Oaks, CH: Sage Publications: 519—69.

McCormick, R. and Paechter, C. (1999) *Learning and knowledge,* London: The Open University and Paul Chapman Publishing.

Medienpädagogischer Forschungsverbund Südwest(2007) *JIM-Studie* 2007*: Jugend, Information, (Multi-) Media. Basisstudie zum Medienumgang 12-bis 19-Jähriger in Deutschland [JIM-study* 2007*. Youth, information, (multi) media. Basic study on the media use of 12-to*19*-year-olds],* Stuttgart: Medienpädagogischer Forschungsverbund Südwest (www. mpfs. de/fileadmin/JIM-pdf07/JIM-Studie2007. pdf).

Moser, H. (2000) *Abenteuer Internet. Lernen mit WebQuests[Adventure Internet. Learning with WebQuest]*, Zürich/Donarwörth: Pestalozzianum.

Murru, M. and Mascheroni, G. (2008) *National reports for the cross-national comparisons: National report for Italy*, Londn: EU Kids Online (Deliverable D3. 2) (www. lse. ac. uk/collections/EUKidsOnline/).

National Curriculum(http: curriculum. qca. org. uk/).

OPH(Opetushallitus-Finnish National Board of Education, or FNBE) (1999) ' Prospectus' (www. oph. fi/SubPage. asp?path = 1, 17627, 1558).

Paus-Hasebrink, I. (2006) ' Medienpädagogische Forschung braucht gesellschaftskritischen Handlungsbezug: Besondere Verantwortung gebührt sozial benachteiligten Kindern und Jugendlichen'*[Research in media education needs to critically refer to society. There is a need for responsibility concerning socially disadvantaged children and youth] Medien* ε *Erziehung*, vol 5: 22—8.

Paus-Hasebrink, I. , Jadin, T. and Wijnen, C. W(2007) *Lernen mit Web* 2. 0*: Bericht zur Evaluation des Projekts Web* 2. 0*-Klasse[Learning with web* 2. 0. *Report on the evaluation of the project*' Web 2. 0 Class' *], Salzburg: Abteilung für Audiovisuelle Kommunikation am Fachbereich KommunikationswissenschaftvUniverität Salzburg* (www. telekom. at/Content. Node/verantwotung/sponsoring/projekte/web20klasse-evaluationsbericht. pdf).

Slavin, R. E. (2006) *Educational psychology: Theory and practice*, Boston, MA: Pearson and Allyn and Bacon.

Staksrud, I. , Livingstone, S. and Haddon, L. (2007) *What do we know about children's use of online technologies?A report on data availability and research gaps in Europe*, London: London School of Economics and Political Science, EU Kids Online(Deliverable D1. 1 for the EC Safer Internet Plus Programme).

Tsaliki, L. (2008) *National reports for the cross-national comparisons: National report for Greece*, London: EU Kids Online.

Wijnen, C. (2008) *Medien und Pädagogik international: Positionen, Ansätze und Zukunftsperpektiven in Europa und den USA[Media and pedagogy international. Positions, approaches and future perspectives in Europe and the USA]*. Munich: Kopaed.

第十八章

媒 体 知 识[*]

一、导言

　　整个欧洲内外，提高儿童及成人的媒体知识已成为急迫要务。传统知识已不能满足今天社会的需要。人们需要具备媒体文化素养，才能更有效地应对今天高度媒介化社会的信息洪流。各地的老师、政治人物和政策制定者都在努力把握媒体文化中的这种快速转变，而更大的责任则落在大众自身，即在新媒体环境中的如何获取他们的幸福。因此，人们要把握可得的机会并对随之而来的风险有警觉意识，掌握媒体知识就变得更为重要了。

　　本章的主题是如何获得媒体知识，并从三个方面进行阐述。第一，我们用特定的文献资料调查了在数字化知识中媒体知识是如何日益重要的。第二，我们调查了在政策框架内媒体知识如何作为技术快速变革的回应。第三，我们对主导大多数当前政策的"技术知识"发表了看法（Hasebrink et al, 2007），并在更深入了解青少年的媒体和互联网习惯的基础上，提出了新想法。

---

　　[*]　本文作者为布赖恩·欧·尼尔和英冈恩·哈根。

二、媒体知识的定义

媒体知识到底包括哪些方面，对这个问题的争论由来已久。虽然我们一直以来没有就它的定义达成一致，但仍视其为一个好事物（O'Neill and Barnes，2008）。在"获得、了解和在各种环境中沟通的能力"的定义下（Livingstone，2004：5；CEC，2007a：6），人们对媒体知识的重要概念参数日趋达成共识。根据奥夫德海德的观点（1997），将媒体知识定义为"所有媒体的重要自主关系"，以一系列共同教条或规则组成，且认同媒体是具有商业、意识形态和政治含义的综合体。数字化知识是众多新知识之一（Coiro et al，2007），与信息社会相关的计算机或技术知识（CEC，2009）也被包括在内，现在这成为是否为媒体知识所需的争议点。

不过，重要的是记得知识的概念本身仍是受争议的概念（Luke，1989；Livingstone，2004）。传统的知识指读写能力，而它在媒体或数字化环境下运用时就同时显示出优势和劣势来（Livingstone，2008）。积极的一面，它吸收了丰富的传统，拓展了知识和文化。而消极的一面则是，它并不能常从教育转为政策；也不能常常很好地转化为其他语言。例如，在挪威语中有类似的情况，digital kompetanse 和 mediekompetanse 两个词都是指更偏向技术的知识。数字化知识在英语中也与能力或技能有关，并且没有了原来的读写意思。白金汉所说的"数字化媒体知识"（2007）强调知识是一种结果——获得知识和技能——而对于媒介教育，他定义为媒体的教与学的过程。

数字化媒体知识的一个假设情况是，青少年应当具备必要的批判和概念性知识，以让他们应对身边的媒体文化，而不是一味地保护。根据1989年巴萨尔格特的观点，白金汉（2007）主张数字化媒体知识的目标是确保年轻人既能懂又能参与到这种新媒体中去，这样做也确保了他们的民主权利。现在随着数字知识的广泛传播，进一步假定了拥有这种技能对我们的生活和社会来说是极其重要的（CEC，2007b）。互联网作为信息、通信、娱乐和贸易的共同网络，将社会上这种相互活动扩展成为全球性的。

为了探究这种定义争议的各个不同方面，有必要简单地探讨"媒体知识"定义中的四个关键元素：即在多种沟通情况下，能够获取、分析、评估和创建信息。

1. 获取

在这第一部分，指的是寻找媒体内容所需的技能和能力。对数字化知识，通常重在其功能方面，即人们是否实际访问互联网，或者是否能够操作个人计算机及操作一些网站的基本功能。在这方面主要关心的是所谓数字化差别。然而，据利文斯通于2004年的调查，评估和利用可得到的媒体内容及服务都是动态的社会过程，因此单单硬性规定是不够的。在白金汉看来，"获取"也包括通过对潜在风险的认识而自我管理媒体使用的能力。互联网是一个极其复杂的技术系统，但从使用简便的角度来看，它也是极其容易获得的。然而，虽然连接上互联网可能很容易，但更多复杂的运用还是需要更高的能力（Gentikow，2009）。

2. 分析

分析，不只是破解视频媒体信息的能力（Hall，1980）。虽然知道文体类型和媒体的修辞手法是有用的，但分析还需要"了解相关的文化传统和价值观"（Livingstone，2004：6）。分析还包括能够解构制作流程、媒体所有者的发布、公共机构的权力和媒体代表（Buckingham，2007）。利文斯通（2004）在巴萨尔格特（1998）和白金汉的研究基础上提出，洞察媒体机构、媒体类别、媒体技术、媒体语言、媒体受众和媒体代表的问题是分析能力的核心部分，但重要的是分析类别，这对新媒体需要予以调整。

3. 评估

评估是数字化知识的一个重要方面，但有时因考虑技术而被忽视。评估需要批判和分析的技能，但也需要了解具体内容产生的文化、政治、经济和历史环境。由于互联网的观点、信息和宣传范围都极其广，因此质疑权威的能力和评估客观性及确切性的能力是关键。利文斯通形象地描述说："想象这样的情形——当面临海量的信息和服务，互联网用户不能辨别过时的、有偏颇的或滥用的资源，也不能作出明智的选择。"（2004：6）

4. 创建

这是指用不同媒体工具进行沟通、发出自我表达的内容、参与公众讨论和与其他人互动的能力。"Web 2.0"的定义说明了沟通渠道的易得和日常媒体制作技术的广泛可用性。容易获得的表象可能掩盖了潜在的复杂性，而媒体教育在其中起核心作用。白金汉（2007）提出，越来越多的研究表明，儿童获得的经验是因为能够通过媒体创造展示他们的经验和关心的问题。实际制作是第一步，为了成为数字时代实际的读者和作者，儿童需要熟悉和掌握不同文化的表达方式。厄斯塔德（2008）提出，"再编撰的途径"是内容创建的重要方面，互联网提供了更多机会让年轻人再编撰内容和创造新内容，而不是原先确定的内容。

三、数字化知识有什么与众不同之处？

数字化知识与媒体知识、与阅读书面内容或看电视节目所需的知识有何区别呢？一方面，新增的交互性、超文本内容和多媒体形式需要新阅读模式，打破印刷品和视频媒体的直线型阅读习惯。此外，在数字化环境中，媒体知识也必须包括用户与数字媒体的所有参与活动（信息查找、娱乐和玩游戏、通信和创建内容），而不是印刷品和视频知识流传下来的旧有知识形式。尽管有用是出发点，但数字媒体知识最重要的是从用户实际经验中学习，并在日常数字环境中媒体知识的基础上提高。

白金汉（2007）强调指出，当知识的定义对权力和控制含有规范和评估的意义，且需要公开协商和讨论时，这种定义必定充满挑战。数字化知识就有批判的可能，例如，如果牵涉到影响互联网发展的经济和政治力量及互联网运行的商业压力。最好的一面，数字化媒体知识为年轻人提供了阅读、写作、评估和创造技能，这些是今天社会生存的基础。然而，在政策范围内，知识时常丧失了证实可能性的意味（Livingstone，2008），而是限于更有限的目标上。

四、媒体知识和公共政策

在社会环境中，尽管沟通已经成为媒体知识概念的核心特征，但它最近才成为公共政策所关注的事情。英国的媒体管理机构 Ofcom（通信局）担当起宣传媒体知识的责任，这为国家认识到推动公众更好地认识和理解媒体内容和流程的责任提供了首个欧洲范例（Ofcom，2004）。媒体管理更大的趋势是从直接管理变为共同管理或自我管理模式，媒体行业本身因此被视为最适合负责管理媒体内容（Penman and Turnbull，2007）。在媒体知识的分布渠道和获得方式日益复杂的情况下，这种"适度宽松"的管理被视为更适合治理新媒体平台（Helberger，2007）。欧盟的《视听媒体服务指令》很显然表达了能使市场环境如此自由化的政策，其中灵活的管理体制对整个欧洲现有的和即将出现的视听媒体服务的广告及内容的限制较少（CEC，2007c）。由于这种宽松的管理，该指令推广了媒体知识以及"让消费者安全有效地利用媒体所需的技能、知识和了解"（CEC，2007c：31）。重要的是，《视听媒体服务指令》要求欧盟委员会自 2011 年起汇报所有成员国的媒体知识水平。

除了《视听媒体服务指令》之外，许多与欧洲媒体政策关系密切的其他机构也将媒体知识推广作为战略目标。例如，欧洲议会（欧洲委员会，2006a）倡导国家公共认识计划的发展，还为专职人员、老师和儿童保护机构提供有关在校安全使用互联网的培训。他们还着重提出一些具体针对儿童的互联网培训计划，还提出针对负责任地使用互联网的综合教学方法。欧洲有关终生学习的政策也同样强调利用信息技术的信心及其核心能力（欧洲委员会，2006b），欧盟委员会在2008年有关数字化环境下媒体知识的通信也倡导在社会和教育上更大力度优先推广媒体知识（CEC，2007b）。具体来说，它要求成员国确保所有相关当局宣扬媒体知识、鼓励研究和增强年轻人利用信息通信技术的意识，并在终生学习的框架内推广媒体知识。

与此同时，在媒体政策框架内一些媒体知识的应用明显地倾向于市场自由化（Goodwin and Spittle，2002）。人们的共识日趋增多——从人权的角度来看，媒体或数字化知识很好理解（Frau-Meigs，2006）。2008年，《联合国人权宣言》发表60周年为保护未成年人的政策和提升人们在数字化环境中的利益提供了重要的基础。例如，欧洲委员会已就互联网的公共服务价值（2007a）、赋予儿童在新通信环境下的权利（2006）和促进言论和信息自由（2007b）拟定了相应的政策。这类政策介入作为一种召唤，强化了"统一的信息知识和培训战略，有助于让儿童及其老师尽可能地利用信息通信服务和技术"（Council of Europe，2006）。

过去，联合国教科文组织对媒体知识的支持也是果断的，在20世纪70年代就积极提出媒体教育的概念，且所有发达国家为其应用而各持己见（Zgrabljic-Rotar，2006：10）。1982年的《格林瓦尔德宣言》为媒体教育的国际合作提供了首个平台（UNESCO，1982），联合国教科文组织也将媒体和信息知识作为人们终生学习的内容之一而大力推广。

五、数字化环境下的媒体知识

尽管这提高了形象，但媒体知识在其当前的规划中仍然有许多未解决的紧张状态，比如其中的技术偏袒和"宽松"管理。数字化知识常显示出很强的技术偏袒，例如欧盟委员会关于"数字化环境下的媒体知识"的通讯（CEC，2007b），这是欧洲媒体知识政策的第一份声言。在"i2010"这项壮大欧洲信息社会和媒体服务内部市场的政策基础上，媒体知识与获得技术技能密切相关，这也表明更好地了解媒体是如何在数字世界运作可更广泛地利用信息通信技术，从而帮助欧洲成为全球媒体和信息技术方面的领头羊。

　　在广泛宣传数字化知识的过程中，这种技术偏袒作为用户能力反复提及，并通过评测获得技能的数据表予以强化（Ala-Mutka et al，2008）。青少年作为媒体知识的受众，有望成为数字化时代的新行家或先行者（Tapscott，1998；Prensky，2001；Bennett et al，2008）。由于年轻人非常着迷于技术，有时认为新一代具有高深的技能并需要本质上不同于传统教育的方法（Buckingham，1998）。相比之下，我们认同敦克尔斯2007年的观点——必须避免对儿童能力的传奇化，而是要了解他们的数字媒体经验和技能。儿童的互联网经验及其看法完全不同于成年人，这也突出了儿童作为互联网用户和成年人作为互联网的使用规则制定者和控制者之间的认识鸿沟。

　　根据目前的定义，有关媒体知识的另一个方面是其中的"宽松"管理。无论是互联网服务提供商的操作准则，还是视频游戏内容的分级（泛欧洲游戏信息分级系统），欧洲的媒体管理模式是自愿的共同管理或自我管理，始终将行业的需求优先于百姓或者消费者。诸如欧洲政策的许多方面，媒体知识也是屈从于附属原则，个别成员国从当地或国家层面制定媒体知识的相关条款。结果，媒体知识的传播仍然是分散的、各自为政，且依靠个别组织去宣传，具体又因资源、流行文化和政治环境而异。

六、结语

　　在政策中重点推介媒体知识，这是源于对信息社会所牵涉面的广泛讨论——确保所有人都能跟上快速的技术发展——也与日益关注获得未受管制内容和有潜在危害内容（特别是在互联网上）有关。在阐述这些关注的问题时，特别是在数字知识的情况下，存在一种危险的做法，那就是可能采用一种非常狭隘的方法，限于数字能力或技能的评估方面。我们期望的是，这些技能在学校得到提高，老师为此接受培训。然而，当前政策的偏向就暗示了结果往往会是职能性或指导性的。我们主张，为了超越当前占据众多政策日程的"技术知识"，需要采用新的办法，该办法基于儿童的媒体和互联网习惯，基于有关媒体和数字化知识的研究。这就需要较为完善的媒体和数字化知识课程，以让儿童能得益于媒体和互联网使用带来的机会，也能熟练而巧妙地避免风险。

慎重思考数字化知识的概念是否纠缠于中产阶级孩童的标准这一危险境地，这是当前的重点。有关数字化知识的创举都必须考虑更广泛的社会范畴，特别是关乎阶层和性别因素，日益边缘化的危险会导致学校数字化知识课程产生意外的副作用（Sefton-Green et al, 2009）。数字化知识不是一个不偏不倚的授权过程，而是许多具体社会机会的入口。

欧洲政策或欧洲委员会（2006）提倡的繁荣数字化知识的目标仍是一个重要的、积极的目标。所有儿童都应熟练掌握新信息和沟通环境，有必要的技能去创建、制作和发布内容和进行沟通，这是大目标；而这类技能应能够更好地使他们应对可能有危害的内容，这是我们时代的重点优先教育内容之一。为有效地实现这些目标，相关举措必须具备全面、彻底的知识水平。一方面，媒体和数字化知识教育必须基于儿童的实际经验、需要和期望，并通过有关年轻人如何使用信息通信技术和互联网的知识和研究来教育他们。另一方面，这也必须向他们灌输媒体和互联网应用的相关社会观点，以及新沟通环境的健全道德和法律意识。精心编制的推动数字化媒体知识的优先课程向教育政策制定者提出了严峻挑战，也向公共资源稀缺且经济压力日益增大的学校提出了严峻挑战。然而，正如白金汉（2007）提醒我们的，媒体教育超过课程表上的其他多数教育，它提升的技能和知识会远远超过课堂的范围，且成为当代社会行使权利和享有自由的核心。

参考文献

Ala-Mutka, K. , Punie, Y. and Redecker, C. (2008) *Digital competince for lifelong. Lecerning Policy Brief JRC*48708—2008, Brussels: European Commission(http: //ftp. jrc. es/EURdoc/JRC48708. TN. pdf) .

Aufderheide, P. (1997) ' Media literacy: from a report of the National Leadership Conference on media literacy' , in R. Kubey(ed) *Media literacy in the information age*, New Brunswick, NJ: Transaction Publishers: 79—86.

Bazalgette, C. (1989) *Primary media education: A curriculum statement*, London: British Film Institute.

Bennett, S. , Maton, K. and Kervin, L. (2008) "The ' digital natives' debate: a critical review of the evidence", *British Journal of Educational Technology*, vol 39, no 5: 775—86.

Buckingham, D. (1998) ' Children of the electronic age? Degistal media and the new generational rhetoric' , *European Journal of Communication*, vol 13, no 4: 557—66.

Buckingham, D. (2003) *Media education: Literacy, learning and contemporary culture*, Cambridge: Polity.

Buckingham, D. (2007) *Beyond technology: Children's learning in the age of digital cullture*, Cambridge: Polity,

CEC(Commission of the European Communities) (2007a) *Report on the results of the public consultation on media literacy*, Brussels: European Commission.

CEC(2007b) *A European approach to media literacy in the digital environment. Communication from the Commission to the European Parliament, the Council, the European Economic and Social Committee and the Committee of the Regions*, Brussels: European Commission.

CEC(2007c) *Audiovisual Media Services Directive(AVMSD)*, Brussels: European Commission.

CEC(2009) *Citizens speak out: A louder call for European E-participation*, Brussels: European Commission.

Coiro, J. , Knobel, M. , Lankshear, C. and Leu, D. (eds) (2007) *Handbook of research on new literacies* London: Routledge.

Council of Europe (2006) *Recommendation Rec(2006) 12 of the Committee of Minis-ters to member states on empowering children in the new information and communications environment Council of Europe*, Strasbourg: Council of Europe.

Council of Europe (2007a) *Recommendation CM/Rec(2007) 16 of the Committee of Ministers to member states on measures to promote the public service Value of the Internet Council of Europe*, Strasbourg: Counci of Europe.

Coumcil of Europe (2007b) *Recommendation CM/Rec(2007) 11 of the Committee of Minesters to member states on promoting freedom of expression and information in the new information and communication environment Council of Europe*, Strasbourg : Council of Eu-rop.

Council of the European Union (2006a) *Recommendation of the European Parliament and of the Council of 20 December 2006 on the protection of minors and human dignity and on the right of reply in relation to the competiveness of the European audiovisual and on-line information services industry*, Brussels: Council of the European Union.

Council of the European Union (2006b) *Recommendation of the European Parliament and of the Council of 18 December 2006 on key competences for lifelong learing*, Brussils: Council of the European Union.

Dunkels, E. (2007) Bridging the distance: children's strategies on the internet', Un-published PhD dissertation, Umeå, Sweden: Sweden: University of Umeå.

Erstad, O. (2008) ' Trajectories of remixing-digital literacies, media production and schooling' , in C. Lanksear and M. Knobel (eds) *Digital literacies. Concepts, policies and practices*, New York, NY: Peter Lang: 177—202.

Frau-Meigs, D. (2006) *General report. Pan-European forum on human rights in the information socity: Empowering children and young people*, Strasbourg: Council of Eu-rope.

Gentikow, B. (2009) ' Media literacy for det 21 Århundre' [' Media literacy for the

21st century'] , *Medievitenskap,* vol 3, no 2, Bergen: Fagbokforlaget.

Goodwin, I. and Spittle, S. (2002) ' The European Union and the information society: discourse, power and policy' , *New Media Society,* vol 4, no 2: 225—49.

Hall, S. (1980) ' Encoding/decoding' , in*Culture, media, language: Working Papers in cultural studies,* 1972—79, London: Hutchinson: 128—38.

Hasebrink, U. , Livingstone, S. , Haddon, L. , Kirwil, L. and Ponte, C. (2007) . *Comparing children's online activities and risks across Europe: A priliminary report comparing fndings for Poland, Porland and UK,* London: EU Kids Online(Deliverable D3. 1 for the EC Safer Internet Plus Programme) .

Helberger, N. (2007) ' The changing role of the user in the "Televison Without Fronties Directibe", *IRIS Special: Legal Aspects of Video on Demand,* Strasboustg: European Audiovisual Observatory.

Livingstone, S. (2004) ' Media literacy and the challenge of new information and communication technologies' , *The Communication Review,* vol 7: 3—14.

Livingstone, S. (2008) ' Engaging with media-a matter of literacy?' , *Communication, Culture ε Crtique,* vol 1, no 1: 51—62.

Luke, C. (1989) *Pedagogy, printing, and protestantism: The discourse on childhood,* New York, NY: State University of New York Press.

O'Neill, B. and Barnes, C. (2008) *Media literacy and the public sphere: A contexual study for public media literacy promotion in Ireland* , Dublin: Broadcasting Commission of Ireland.

Ofcom(Office of Communications) (2004) *Ofcom's strategy and priorities for the promotion of media literacy-A statement,* London: Ofcom.

Penmen, R. and Turmbull, S. (2007) *Media literacy-Concepts, research and regulatory issues,* Canberra, Australia: Australia Communications and Media Authority.

Prensky, M. (2001) ' Digital natives, digital immigrants' , *On the Horizon,* vol 9, no 5: 1—2.

Sefton-Green, J. , Nixon, H. and Erstad, O. (2009) "Reviewing approaches and rerspectives on " digital literacy", *Pedagogies: An International Journal,* vol 4, no 2: 107—25.

Tapscott, D. (1998) *Growing up digital: The rise of the net generation*, New York, NY: McGraw-Hill.

UNESCO(1982) *The Grünwald Declaration on media education*, Grünwald, Germany: UNESCO.

Zgrablijic-Rotar, N. (2006) *Media literacy and civil society*, Sarajevo: Mediacentar.

第十九章

结　语*

一、研究未成年人的网络生活

在经历了大约十年的研究之后，我们现在对未成年人的网络生活有多少了解呢？近年来，虽然许多有关儿童与互联网的实验研究只是泛泛的描述——用图表统计获取网络、使用网络和在线活动的情形，但这些研究的数量在稳步增长，研究范围也逐步扩大。有一些熟知的研究理论上基于儿童与电视节目关系的传统研究，同时加深了对儿童在全球化数字时代参与主流的大众媒介的认识。另一类研究试图在广泛研究儿童生活的基础上，并辅以孩童、青少年和家庭的相关理论分析，从而摆正互联网在其中的位置。其他一些研究则以特定的内容为研究重点——如正式和非正式的学习理论、信息系统和数字化知识或儿童福利和保护。理想地来说，这些多方面的理论和观点会互为补充，共同得出对儿童与互联网技术关系的多角度描述。而实际上，研究存在各种各样的假设和看法，它们可能或不可能存在有建设性的交集，因而导致这一新兴领域里的观点各异。在几年前，还能说对这方面知之甚少，但是现在不能再这样说了（Livingstone，2003）。

然而，我们知道得越多，我们知道我们未知的领域也越多，对快

---

* 本文作者为索尼娅·利文斯通和莱斯利·哈登。

速发展的"互联网"来说尤其如此。在许多国家，儿童已经通过其他平台（如移动电话、游戏机或其他设备）上网，这就带来了自主权、隐私和风险等新问题，而目前大多数研究只涉及"固定网络"（Ito et al, 2008；Ling and Haddon, 2008）。大多数研究关注我们对"Web 1.0"技术所能反思的——仅是搜索和浏览网页，而不是创建信息或在"Web 2.0"保护标签下所做的各种运用。更积极的研究针对创建内容（本书第六章）、社交网络（本书第七章）和新的学习形式（本书第十七章），以及儿童存在问题的在线行为（本书第十二章），着手制定有价值的研究计划。正如本书第二章阐述的观点，虽然研究者一直认为"需要更多的研究"，在这个领域得出这类结论也是不可避免的；正如本书所述，当证据当作制定政策的指导时，拥有当下的相关发现就变得尤其重要（见本书第四部分）。

近年来，有关儿童在线行为研究的方法已大为改进，出现了儿童参与其中良好的研究做法，特别是有关网络环境方面的研究（本书第三章），还有就是将各国进行比较的跨文化方面的研究（本书第四章）。有关儿童的研究常令研究者束手无策，这些研究让研究者认识到——他们非常成人化的意识可能引发年轻受访者的社会预期偏见；成年人默认的假设和不当措辞可能误导儿童的回答；儿童的一些生活是成年人根本无法深入了解的。更严重的是他们在询问儿童那些令人苦恼的话题时面临的道德挑战，比如问及恐吓行为或者性骚扰问题。此外，还有在快速变化的网络沟通氛围中的习惯做法，特别是在固定网络、移动和综合平台上，类似行为日益增多。面对这些挑战，经验丰富的研究人员主张"与儿童"一起研究，而不是"对儿童"进行研究（Greig and Taylor, 1999），欧盟儿童在线研究项目的最佳实践研究指导（Lobe et al, 2008）和本书第三章证实了这一点。

目前仍缺少一些重要的证据。大多数研究重在关注十几岁的儿童，对于许多马上就会接触网络的学龄儿童的重要证据是缺乏的（本书第二章）。此外，虽然由于好的方法和道德的原因，有关较年幼儿童的研究趋于采用定性方法或者依靠父母们对儿童行为的描述，但这使得难以估计较年幼儿童中某种习惯的发生频率，也难以比较年龄、性别或其他群体的差异。与此同时，由于十几岁的儿童是主要的被调查者，发现缺乏年轻人自身的经验和认知，因此应进行定性研究。如本书第五章所讨论的，一些证据的特征受理论或者方式的影响较少，而特定的文化、政治和经济环境产生的影响更大，这影响资助研究项目的基础，也影响制定政策期望的证据的氛围。

二、上网——带来新机会吗？

本书所述的研究清晰表明，当有机会时，儿童对各种在线活动抱有很大热情，其中包括娱乐、学习、参与、创造、个性展示，特别是沟通和社交。其中最为平常的是信息搜索，有时候这是教育所需，但最有价值的是用于音乐或体育方面的兴趣和爱好，以及像旅行、购物和当地服务这类实际事务。另外日常进行的各种沟通——社交网络、即时通信、电子邮件等等——通过对应的网络弥补面对面的沟通也非常普遍（本书第七章）。尽管公共政策方面乐观地认为互联网可能战胜年轻人对政治的冷漠，但在线的政治参与活动还是他们最不愿参与的。此外，也许更令人惊讶的是，很大一部分年轻人似乎并没有利用机会去创建和宣传自己的网页、博客、艺术作品、故事或音乐（本书第六章）。

为了弄明白进行各种在线活动的差异，本书第二部分的几位作者援引了利文斯通和赫尔斯培（2007）的"机会之梯"理论，认同公民学习的"参与之梯"，并强调了四个阶段。对新用户而言，第一阶段通常是搜索信息，无论是用于娱乐还是学习。大多数儿童越过了这一阶段，会使用电子邮件和玩游戏，成为"中等用户"。而许多较年幼的儿童停留在这一阶段，使用网络频繁的用户和年龄较大的儿童位于第三阶段，成为"广泛用户"，他们延伸了对等的参与活动（例如，

儿童上网之机会与风险

下载音乐或电影和进行即时通信）。最后阶段，主要是每天使用互联网的用户，大多数十几岁的未成年人成为"全能者"，他们进行交互式、创造性或日常生活的活动，比如为别人创建网站、制作图像或编写故事，在公告栏留言，做小测试，投票或签名。这种情形反映了两层意思。第一，使用互联网的简单事实可能并不意味着儿童实现他们的潜能或者从中获益最多，因此需要进一步支持和鼓励他们或者扩大他们的活动。第二，儿童在线玩游戏的事实可能并不像焦虑的父母那样认为是在"浪费时间"，因为这可能是进行更高层次活动的必由之路。游戏有趣，能给儿童信心，也能提高他们的技能（Jenkins，2006；Ito et al，2008）。

在线机会变得越复杂、越令人兴奋，所有儿童就越要成为合格的"数字人"或者"信息行家"。实验研究发现，在儿童中也存在相当大的差别，部分原因是并非所有儿童都选择以一种极复杂的方式运用互联网。如本书第六章所讨论的，儿童在兴趣、掌握的技能和动机方面各不相同，他们在慎重考虑互联网能够给他们带来什么之后再做决定。另一方面，儿童也可能因一些影响他们日常生活的随意性因素而限制其在线活动，这可以解释为什么本书第二部分的几章都稍显悲观。的确，虽然政府和个人方面在家庭、学校和社区已有十年的互联网投入，但儿童生活中的结构性限制仍然有影响，且存在持久的差异和欠缺。正如本书第九章中所讨论的，数字化划分几乎不是个人的错，因为这源于影响儿童的不平等的社会和环境资源。然而，个人得承受这种结果，因此，需要普遍支持媒体知识的传播（本书第十八章）。

近年来，数字化覆盖面的分析已经从简单的有或没有转为对分层的"机会结构"（能进行或禁止在线活动）更细微的认识，这些向人们提出了涌现的易变数字化知识的特别要求，且通常是难以实施的（Livingstone，2009）。从欧洲及其他地方现有的研究来看，国家之间或者国家内部仍有分界情况。从不同国家来看，相比在那些互联网已经遍布家庭、学校和社区的国家，似乎许多儿童（特别是那些最近才有

246

机会使用互联网的国家的儿童）使用互联网的频率相对较低或受限制。在一些国家，即使所有人基本能获得互联网的使用，但是持续的社会经济差异，长期的教育、区域和其他不平等因素，使得中产阶级家庭的儿童比那些较低层家庭儿童拥有更多在线机会。

数字化不平等应可终结，且不必具有同质性，因为谁也不期望所有儿童以相同方式利用互联网。本书第八章提出，观察到的差异是否是真正的紧要关系——它们反映的是机会不平等还是仅仅出于喜好的不同（Peter and Valkenburg, 2006)？如儿童社会化的认知和社会学理论所解释的，关于在线活动，因参与者年龄的差异，在年幼儿童成长为十几岁少年的过程中，可以明显看到他们拥有互联网知识和机会的差异。但是，年龄差异似乎并不会反映不平等因素或者喜好上的差异，而性别差异则是一个鲜明的因素。在最初引入计算机的时候，研究发现，女孩在获得计算机、花费的时间、拥有的技术知识、获得老师和父母支持、环境、动机和自信心方面，都处于劣势（Bird and Jorgenson, 2003)。今天，在大多数国家，虽然有微小的差别存在，但男孩女孩在家里和学校都差不多能同样地使用互联网。除此之外，在互联网的使用上存在差别，这能直接反映不同性别的喜好，以及自信心和自我理解力的差异，这可认为是一种不平等。男孩很可能更喜欢玩游戏，而女孩更喜欢言语表达，男孩在今后的沟通活动中将占优势，但反之亦然；目前还不清楚哪种网络技能在成年劳动力市场更有利。

三、上网——会带来新风险?

如果教育工作者、父母、政策制定者和业界人士都大力提倡儿童使用互联网，那么他们一定会确信这不会同时给儿童带来伤害。开始，欧盟儿童在线项目试图客观评估儿童使用互联网的风险性质和程度，正如本书第十章中阐述的观点，我们认识到，风险同时也是客观的现实和社会组成部分。对儿童真正造成伤害的可能性必须认真予以探讨。

然而，由于过于简单地将某类事物标为"危险"（Kelly，2000），这种对伤害的担忧，特别是在经过大众媒体放大的情况下（本书第十三章），可能带来自身的问题（Smith and McCloskey，1998）。根据风险的定义"人类行为或事物本性可能会导致影响人类所珍视的东西的后果"，克林克和雷恩（2001：159）有效地区分了风险评定（估算风险的可能性和重要性）、风险评价（确定给定风险的可接受性）和风险管理（将风险减少到社会接受的水平）。实际上，欧盟儿童在线项目的研究网络寻求对儿童使用互联网技术进行风险评定（Hasebrink et al，2009）。本书第三部分汇集了这些研究发现，下面的描述表现了欧洲儿童的在线风险经历（见 ISTTF，2008）。

首先，虽然有效证据的质量、范围和相似性存在局限性（Hasebrink et al，2009），且还有一些风险没有进行比较研究，比如"种族"偏见、商业利用和自我伤害（本书第十一章），但各国的风险类别评定似乎非常相似。散布个人信息是最常见的风险（网络上十几岁的儿童近一半这样做），或许更好的是将这视为产生风险的条件，而不是置身风险中或本身是冒险的。如本书第十章中所指出的，只是简单地建议使用社交网站或类似网站的儿童不要散布个人信息，这通常对他们几乎没什么作用，因为这些网站都是依真实姓名和其他个人信息进行注册使用的，这样，风险的复杂性就立即显现了。更突出的是，自主联络也可能存在风险，因为它让参与者"去个性化"，消除了传统的联络约束，因而可能增加风险。

对欧洲大约40%的儿童来说，在线浏览色情内容是第二大常见风险。浏览暴力或者充满仇恨的内容是第三大常见风险，有大约三分之一的儿童经历过。受恐吓或者骚扰位居第四，大约有五分之一或者六分之一的儿童受影响。在德国、爱尔兰和葡萄牙，约十分之一的儿童收到过骚扰的性言论，而在冰岛、挪威、英国和瑞典，近三分之一或四分之一的儿童有此经历，波兰的儿童更是高达一半。最后，在现实生活中会见网友似乎最不常见，但是最危险的。虽然波兰、瑞典和捷克共和国的儿童会去见网友的比例高达20%，但整个欧洲的情况显现出相当的一致，约9%的儿童会去见网友。

综观整个描述，我们必须认识到儿童的异质性。虽然很不幸，我们对年幼儿童与网络风险了解甚少，但清楚的一点是，儿童的风险经历因性别和家庭社会经济地位差异而不同。因此，在大多数国家，似乎来自社会经济地位低家庭的儿童会更多地暴露于风险中（本书第十一章），这意味着安全意识方案和媒体知识介入可有效地针对较弱势的家庭、学校和社区。此外，遭遇风险也存在性别上的差异，主要是由男孩和女孩选择各自喜好的在线活动而引起的。男孩更多地寻找色情或者暴力的内容，就更可能去见在网上遇到的人，并向别人提供个人信息；而女孩更多地反感暴力和色情内容，更愿与陌生人在网上聊天，她们会收到令人讨厌的性方面的言语，被索要个人信息；男孩女孩都处于网络骚扰和暴力威胁的危险中。

虽然欧洲内外有上述研究，欧盟儿童在线项目也比较了各国的研究发现，以便认识到各国儿童在使用互联网的范围及其面临风险的程度上的差异。研究结果的分类（见表19.1）表明，互联网使用与风险之间存在正比关系。使用频率高、风险高的国家看似要么是富有的北欧国家，要么是新加入欧盟的国家。南欧国家的儿童面临的网络风险相对较低，部分原因是他们使用互联网的机会较少。此外，如果使用互联网的频率高且风险低，那么这为制定"机会最大化且风险最小化"的公共政策提出了挑战。普通使用可能面临高风险，这意味着在一些新加盟国家（东欧）存在具体问题，这些国家的管理设施不够完善，安全意识欠缺。使用频率高也只存在一般风险，这是公共政策更期待的。这在一些北欧国家很明显，这些国家管理最完善，安全意识也最强。

在表19.1中，有许多能描述各国差异的可能因素，每个因素为介入策略提供了不同的可能性，也对制定政策有着特殊意义（本书第十四章；如哈斯布林克等人于2009年探讨的）。但是，如果这方面的风险评估囿于缺乏足够全面和直接的证据，使得在此总结的发现成为试验性的，而非确定性的，那么难以对目前的分析做更深入探讨。

表 19.1　　　　各国儿童使用互联网和在线风险的情况

在线风险	儿童使用互联网		
	低于欧盟平均水平（<65%）	平均水平（65%—85%）	高于欧盟平均水平（>85%）
低	塞浦路斯　意大利	法国　德国	
中	希腊	奥地利　比利时爱尔兰　葡萄牙　西班牙	丹麦　瑞典
高		保加利亚　捷克共和国	爱沙尼亚　冰岛荷兰　挪威　波兰斯洛文尼亚英国

来源：Hasebrink et al（2009）

　　然而，风险分析的下一步——风险评估和风险管理——更具争议性。风险评估引出了一个特别难的问题，因为在大众看来，尤其是媒体，通常认为对儿童无风险才是可接受的。但是，在另一方面，人们也越来越多地认识到无风险的环境（即使有）会剥夺儿童通过自身经历学会控制风险的机会。这样会给儿童（过分限制他们的机会）和成年人（父母负担过重，损失合理的成人自由且加大管束力度）带来不能接受的成本。为了在儿童拥有上网机会的权利和保护他们免遭网络风险之间寻求平衡，也必须认识到风险证据并非实际危害的直接证据。一些国家的研究表明，约五分之一的儿童碰到一定程度的风险或者感到受威胁。从临床医生和执法部门的研究中也得出，此类伤害是真实存在的，至少对一小部分儿童如此（Finkelhor，2008；Quayle et al，2008；Livingstone and Millwood Hargrave，2009）。但是，网络危险经历的程度、分布情况和后果仍然少有全面的描述。如果谈及风险管理，那么，政策必定是建立在不怎么牢固的基础上。

四、政策含义

这里不想就评定、评价和管理儿童的网络机会做类似的分析，因为虽然研究文献提供了各自对在线教育、参与或沟通的评论和建议，但整体描述甚少。这部分原因是对在线活动还没有制定出像对网络风险那样的普遍措施，也是因为所谓"机会日程表"在很大程度上仍是以数字化知识和数字化覆盖的先决条件为主。然而，如本书强调的，儿童的网络经历与有介入管束的情况，都不能在机会与风险之间找到一条清晰的分界线。这有几个重要的原因，首先是已经讨论过的心理上的急迫感，也就是说，儿童必须抛开界限，去发现他们自己的长处，并了解自己能或不能应对的东西。

另一个原因是定义。如本书第一章所述，儿童认为有些事情是机会，而成人视之为风险（交新朋友、分享私密事情、散布个人信息、下载音乐、给予性方面或健康方面的建议等等）。这在家庭内造成误解，也给制定切合实际的安全指南带来困难。这些困难是因对风险严重性的不良叙述造成的。比如，取笑何时成了恐吓？或者自我展示何时成了色情？或者"朋友的朋友"何时成了"陌生人"？另一个原因指向了设计问题。例如，搜索引擎通常并不区分性别建议内容和色情内容，搜索"青年性"就会得到两方面的内容。虽然主要的搜索引擎服务商的社会责任部正在就这方面做改进，但同样地，搜索"药品"和"厌食症"也会得到毒品和药品的信息。由于这种技术原因，当可信的网站要求提供个人信息时（比如 BBC 儿童频道），人们也会采取"忽视"的做法，在儿童看来，这就"教"他们"可以忽视成人所提的'永远不要在网上发布个人信息'的建议"。

实验研究得出，儿童的机会和风险体验是积极相关的，这结论不足为奇（Livingstone and Helsper, in press）。如果对这种关系没有敏锐的认识，为最小化风险制定的政策可能会过度影响到机会，而另一方面，为增加机会制定的政策也可能带来风险。因此，要实现理想的平衡是一项艰巨而重要的任务。其实，本书在前面已经肯定了两种方法。第一种方法，为了明确证据是否支持具体的举措或指令，需对各方利益相关者可利用的一系列政策手段进行调查。如本书第十五章所述的，伊丽莎白·斯泰克斯鲁德呼吁政策制定者重新考虑儿童单独面临风险的情形，以及玛丽卡·卢德斯等向主流的匿名上网观点提出质疑，就是这种方法的实例。第二种方法，不太普遍，为了优先某些举措，对网络风险的竞争性解释的预期价值进行考核。这种方法实际上是考察风险大还是机会大，从而确定影响的因素。例如，在本书第十四章中，比较风险高和风险低的国家是为了确定父母介入是否能降低儿童的网络风险，以及在什么时候能降低这种风险（见本书第十六章）。

　　不管是好是坏，"儿童在一种虚拟媒体文化中成长，且这已经成为他们生活中不可或缺的一部分"（Montgomery，2007：212）。在本书中，我们重点关注了网络风险，因为利用网络技术带来的经历是以前儿童日常生活几乎不可能体验到的。比如，越来越多的色情图片唾手可得，骚扰信息从学校大门漫延到儿童卧室，可获知自杀的专业知识，推崇厌食或种族歧视，侵犯隐私的方式，这些都难以察觉，且儿童信任许多交互行为，而其真实性却是不确定的，因而容易被人利用。

　　我们也以呼吁对儿童的机会做更多的公开讨论来结尾。也许令人惊讶，这些讨论通常是想当然的，而非明确的，且当有人倡议制定儿童利用网络的"积极"、"有益"的规定时，这很容易遭到"以成年人为中心、为商业利益或者为精英阶层"的批评（Livingstone，2008）。网络环境的特点加大了出现风险的可能性，比如容易制作和操纵图像、容易搜索和保存图像、快速实现交互行为、匿名或暴露隐私、在线沟通的暂时体验性质，这种环境下同时也提供了许多机会（Boyd，2008）。我们要确保这些特点（而非风险）位居公众日程的首要位置，以各种适合儿童利益、权利和需求的方式真正让他们受益。这也是研究者和政策制定者们未来十年面临的核心任务。

参考文献

Bird, S. E. and Jorgenson, J. (2003) ' Extending the school day: gender, class and the incorporation of technology in everyday life' , in M. Consalvo and S. Paasonen(eds) *Women and everyday uses of the internet: Agency and identity*, New York, NY: Peter Lang: 255—74.

boyd, d. m. (2008} ' Why youth ♥ social network sites: the role of networked publics in teenage social life', in D. Buckingham (ed) *Youth identity, and digial media*, vol 6: 119—42, Cambridge, MA: MIT Press.

Finkelhor, D. (2008) *Childhood vicimization: Violence, crime, and abuse in the lives of young people*, Oxford: Oxford University Press.

Greig, A, and Taylor, J. (1999) *Doing research with children*, London: Sage Publications.

Hasebrink, U., Livingtone, S., Haddon, L. and Ólafsson, K. (2009) *Comparing children's online opportunities and risks across Europe: Crossnational comparisons for EU Kids Online* (2nd edn) London: London: London School of Economics and Political Science, EU Kids Online (Deliverable D3. 2 for the EC Safer Internet Plus Programme).

ISTTF(Intetnet Safety Technical Task Force) (2008) *Enhancing child safety and online technologies: Final Report of the ISTTF to the Multi-state Working Group on Social Networking of Sate Attorney Generals of the United States*, Cambridge, MA: Berkman Center for Internet and Society, Harvard University(http: //cyber. law. harvard. edu/node/4021).

Ito, M., Horst, H., Bittanti, M., boyd, d., Herr-Stephenson, B., Lange, P. G. et al (2008) *Living and learning with new media: Summary of findings from the digital youth project*, Chicago, IL: The John D. and Catherine T. MacArthur Foundation.

Jenkins, H. (2006) *An Occasional Paper on digital media and learning. Confronting the challenges of participatory culture: Media education for the 21st century*, Chicago, IL: The John D. and Catherine T. MacArthur Foundation.

Kelly, P. (2000) ' The daangerousness of youth-at-risk: the possibilities of surveillance and intervention in uncertain times', *Journal of Adolescence*, vol 23, no 4: 463—76.

Klinke, A. and Renn, O. (2001) ' Precautionary principle and discursive strategies: classifying and managing risks' , *Journal of Risk Research*, vol 4, no 2: 159—74.

Ling, R. and Haddon, L. (2008) ' Children, youth and the mobile phone' , in K. Drotner and S. Livingstone(eds) *International handbook of children, media and culture*, London: Sage Publications: 137—51.

Livingstone, S. (2003) ' Children's use of the internet: reflections on the emerging research agenda', *New Media ε Society,* vol 5, no 2: 147—66.

Livingstone, S. (2008) ' Eine Bestandsaufnahme der Möglichkeiten für vorteilhafte, kindgerechte Online-Ressourcen: Die Gesichtspunkte Vertrauen, Risiken und Medienkomptewnz'(' Mapping the possibilities for beneficial online resources for children: issues of trust, risk and media literacy'), in W. Schulz and T. Held (eds) *Mehr Vertrauen in Inhalte: Das Potenzial von Ko-und Selbstregulierung in den digitalen Medien[More trust in contents: The potential for co-and self-regulation in digital media]*, Berlin: Verlag: 19—57.

Livingstone, S. (2009) *Children and the internet: Great expectations, challenging realities,* Cambridge: Polity.

Livingstone, S. and Helsper, E. J. (2007) ' Gradations in digital inclusion: children, young people and the digital divide' , *New Media ε Society,* vol 9, no 4: 671—96.

Livingstone, S. and Helsper, E. J. (in press) ' Balancing opportunities and risks in teenagers' use of the internet: the role of online skills and family context', *New Media ε Society.*

Livingstone, S. and Millwood Hargrave, A. (2009) *Harm and offence in media content: A review of the empirical literature*(2nd edn), Bristol: Intellect.

Lobe, B. , Livingstone, S. , Olafsson, K. and Simoes, J. A. (2008) *Best practice research guide: How to research children and online technologies in comparative perspective*(Deliverable D4. 2), London: London School of Economics and Political Science, EU Kids Online.

Montgomery, K. C. (2007) *Generation digital: Politics, commerce, and childhood in the age of the internet,* Cambridge, MA: MIT Press.

Peter, J. and Valkenburg, P. M. (2006) ' Adolescents'internet use: testing the"disappearing digital divide"versus the"emerging differentiaation"approach', *Poetics*, vol 34, nos

4—5: 293—305.

Quayle, E. Loof, L. and Palmer, T. (2008) *Child pornography and sexual exploitation of children online: A contribution of ECPAT International to the World Congress III against Sexual Exploitation of Children and Adolescents*, Rio de Janeiro, 25—28 November.

Smith, D. and McCloskey, J. (1998) ' Risk communication and the social amplifecation of public sector risk' , *Public Money and Management*, vol 18, no 4: 41—50.

van Dijk, J. (2005) *The deepening divide: Inequality in the information society*, London: Sage Publications.

附 录 1

国家缩写代号表

AT	奥地利	IT	意大利
BE	比利时	LT	立陶宛
BG	保加利亚	LU	卢森堡
CH	瑞士	LV	拉脱维亚
CY	塞浦路斯	MT	马耳他
CZ	捷克共和国	NL	荷兰
DE	德国	NO	挪威
DK	丹麦	PL	波兰
EE	爱沙尼亚	PT	葡萄牙
EL	希腊	RO	罗马尼亚
ES	西班牙	RUS	俄罗斯
FI	芬兰	SE	瑞典
FR	法国	SI	斯洛文尼亚
HU	匈牙利	SK	斯洛伐克共和国
IE	爱尔兰	UK	英国
I	冰岛		

附 录 2

各国儿童与父母利用网络情况一览表

国家	人口（百万）	互联网（宽带）普及	不同年龄儿童2008（2005）年使用互联网				2008（2005）年不同年龄儿童使用互联网
			全部	6—10岁	11—14岁	15—17岁	
欧盟27国	489.1	60.7（31.6）	75（70）	60	84	86	84（66）
奥地利	8.2	68.3（32.8）	77（66）	49	90	93	87（76）
比利时	10.4	67.3（48.1）	71（84）	58	75	80	92（80）
保加利亚	7.3	32.6（10.0）	81（41）	64	89	93	84（34）
塞浦路斯	0.8	41.0（12.6）	50（44）	28	57	64	57（35）
捷克共和国	10.2	48.8（16.5）	84（78）	58	94	97	91（73）
丹麦	5.5	80.4（63.2）	93（95）	83	98	99	98（96）
爱沙尼亚	1.3	65.4（36.8）	93（90）	85	97	96	92（83）
芬兰	5.2	83.0（53.3）	94（89）	87	98	100	98（96）
法国	62.2	64.6（30.3）	76（78）	53	86	91	85（67）
德国	82.4	67.0（33.5）	75（65）	56	88	94	89（75）
希腊	10.7	46.0（3.9）	50（39）	25	59	79	54（24）
匈牙利	10	52.5（21.8）	88（65）	68	95	95	80（41）
爱尔兰	4.2	58.0（13.9）	81（61）	61	94	96	89（60）
意大利	58.1	48.6（16.4）	45（52）	34	48	54	82（62）
拉脱维亚	2.2	59.0（22.3）	83（73）	59	92	99	87（54）
立陶宛	3.6	59.0（19.6）	86（70）	69	94	96	83（45）
卢森堡	0.5	74.9（44.1）	75（88）	47	89	93	92（87）
马耳他	0.4	23.5（20.6）	88（68）	71	93	97	63（41）
荷兰	16.6	82.9（65.6）	93（92）	83	96	100	97（97）

国家	人口 （百万）	互联网 （宽带）普及	不同年龄儿童 2008 （2005）年使用互联网				2008（2005） 年不同年龄 儿童使用互联网
			全部	6—10 岁	11—14 岁	15—17 岁	
波兰	38.5	52.0 (21.6)	89 (62)	72	97	98	82 (44)
葡萄牙	10.7	39.8 (23.8)	68 (54)	54	81	75	65 (37)
罗马尼亚	22.2	33.4 (n/a)	70 (42)	57	72	82	58 (35)
斯洛伐克 共和国	5.5	49.6 (11.6)	78 (68)	55	87	86	76 (59)
斯洛文尼亚	2	64.8 (33.5)	88 (81)	73	95	96	84 (74)
西班牙	40.5	66.8 (29.3)	70 (52)	52	86	79	72 (50)
瑞典	9	8.7 (50.8)	91 (86)	77	97	100	97 (98)
英国	60.9	70.9 (44.1)	91 (90)	87	94	95	92 (72)
其他							
冰岛	0.3	90 (72.2)	94 (93)	87	97	100	98 (98)
挪威	4.6	86 (57.3)	93	n/a	n/a	n/a	n/a (97)

附 录 3

"欧盟儿童在线"项目网络

一、目标和概况

"欧盟儿童在线"（2006—2009）项目是一个课题网络，考核欧洲儿童安全使用互联网和在线技术的文化、环境和风险因素的研究。该项目由欧洲委员会的安全互联网项目资助，与伦敦政治经济学院合作，并得到国内国际政策顾问的指导。该项目目标是明确和比较现有的和正在进行的下列研究，并从中得出结论：

- 儿童（18岁以下）及其家人。

- 在线技术，特别是互联网技术。

- 欧洲有关风险和安全的实验研究和政策。

来自21个成员国（奥地利、比利时、保加利亚、塞浦路斯、捷克共和国、丹麦、爱沙尼亚、法国、德国、希腊、冰岛、爱尔兰、意大利、荷兰、挪威、波兰、葡萄牙、斯洛文尼亚、西班牙、瑞典和英国）的研究团队遍布各国，研究多样化。

二、具体目标

通过七个方面的努力，达到下列目标：

- 数据有效性：明确和评估儿童/父母使用互联网和在线技术的有效数据，注意到证据的片面性。

- 研究环境：了解国内国际研究环境，制定未来的研究日程表。

259

- 跨国比较：比较欧洲各国的研究发现、环境相似性和差异，从而明确机会、风险和安全的情况。

- 良好的研究方法：给研究者在面临研究全国儿童在线行为的方法挑战时予以指导。

- 政策建议：就提高认识、媒体知识和其他促进互联网安全使用措施提出基于证据的政策建议。

- 宣传：向公众、学校和政策受众宣传研究发现、方法指南、建议和所有研究成果。

- 网络管理：整个欧洲的网络研究者分享和比较数据、发现、理论、原理和方法。

三、在线资料库（数据库）

欧盟儿童在线网络建立了一个可搜索到的公开数据库，其中包括在整个欧洲所做的和确定的实验研究数据。该数据库信息可从网站www. 1se. ac. uk/collections/EUKidsOnline 上获得。有近400 项独立研究的详情（其中335 项为单一国家的研究；如果跨国研究项目中分别计算每个国家的研究发现，则研究总数超过600 项）。

每项研究按国家、主题、儿童年龄、方法、范例等分类。这为政府部门、院校、政策制定者、基金会、管理部门和非政府组织的研究者提供了资料来源。

数据库收集方针描述了包括的和不包括的内容（详情见项目网站www. eukidsonline. net）。简而言之，包括下列内容：

- 分析是在欧洲进行的实验研究项目（非出版物）。

- 报告必须是有效的，且按编辑读取，有充足的详细方法来评估其质量。

- 相关研究包括（首先是）：（a）有关儿童与互联网/在线技术的实验研究；（b）有关儿童在线经历的风险研究；（c）有关父母、老师等对儿童的在线行为进行介入或管理的研究，这也包括更大范围的；（d）有关父母使用互联网经验的研究；（e）有关儿童利用其他技术的研究。

- 定义：（a）"欧洲"包括25个欧盟国家，重点是欧盟儿童在线项目内的18个国家；（b）"儿童"指18岁以下的孩子；（c）"在线"包括互联网、在线游戏、移动网络、网上学习等等。

虽然我们不能保证其中的所有研究都有最高的质量，但这些都是按某些质量控制标准进行的。每项研究（项目）根据其主要特征进行描述，比如研究的范例、方法和主题，研究的国家，出版物详情等等。这些特征或者自由正文搜索都可能用于查找数据库。

项目网络成员

国家	组织	研究者
奥地利	萨尔茨堡大学	英格里德·鲍斯哈 安德里亚·杜拉格 克里斯蒂娜·奥特纳 曼弗雷德·拉斯莫塞 克里斯廷·W. 威尼恩
比利时	天主教勒芬大学 布鲁塞尔自由大学	利恩·哈尼斯 维罗妮卡·多诺索 比克·扎曼 乔克·鲍温斯 尼科·卡彭特 卡蒂娅·西格斯
保加利亚	GERT（性别、教育程度、研究和技术）	吉维卡·马里诺瓦 玛丽·迪米特罗瓦 克里斯蒂娜·哈拉兰瓦 玛丽·吉切瓦 黛安娜·博特瓦
塞浦路斯	塞浦路斯神经科技研究所	伊尼斯·拉奥里斯 塔特加纳·塔拉索 埃琳娜·阿里斯托德穆
捷克共和国	马萨里克大学	韦克拉·斯特卡
丹麦	哥本哈根信息技术大学	古特·斯泰尔德 杰普·杰森
爱沙尼亚	塔图大学	维罗妮卡·卡尔穆斯 皮尔·普卢尔曼 – 韦格菲尔德 皮尔·朗内尔 安德拉·斯巴克 卡迪里·尤古 安达·祖勒 – 拉皮马

国家	组织	研究者
法国	法国通信研究开发中心 里昂第三大学	贝诺特·列朗 塞德里克·弗拉克格
德国	汉堡大学德国 布雷道媒体研究所	尤韦·哈里布林克 克劳迪娅·兰珀特
希腊	雅典大学	丽莎·特萨里克
冰岛	冰岛大学 阿克雷里大学	索伯乔恩·布罗达索 古德堡·琼森 基嘉坦·奥拉夫逊
爱尔兰	都柏林科技大学 国家教育技术中心	布赖恩·欧·尼尔 海伦·麦克奎兰 西蒙·格雷汉
意大利	天文台通信 圣天主教大学	福斯托·科隆博 皮尔马科·阿罗尔德 巴巴拉·塞福 乔凡娜·马斯切诺尼 玛丽·弗朗西丝卡·默鲁
挪威	奥斯陆大学 挪威科技大学	伊丽莎白·斯泰克斯鲁德 彼特·贝·布兰德扎格 英冈恩·哈根 托马斯·沃尔德
波兰	华沙社会心理学学校	威斯劳·戈德齐 露西娜·柯威尔 巴巴拉·吉撒 托马兹·利萨科斯克
葡萄牙	新里斯本大学	克里斯蒂娜·庞特 卡蒂娅·坎迪亚斯 乔斯·艾伯托·西蒙斯 尼尔森·维拉 丹尼尔·科多索 安娜·乔格 托马斯·帕特辛尼 索菲亚·维塞 艾玛·索菲亚·利塔
斯洛文尼亚	卢布尔雅那大学	博贾纳·洛贝
西班牙	巴斯克大学	卡梅珞·加里塔南迪亚 马娅伦·加门迪亚 杰理·马蒂尼兹·费尔南德斯
瑞典	哥特堡大学国际儿童、 青年与媒体交流中心 于默奥大学	埃尔扎·邓克尔斯

续表

国家	组织	研究者
荷兰	荷兰社会研究所 阿姆斯特丹通信学校	乔斯·德·哈恩 玛丽昂·杜格尔 琳达·阿德里切 帕特·M. 瓦尔肯堡 乔切·彼得
英国	伦敦政治经济学院 斯旺西大学	索尼娅·利文斯通 莱斯利·哈登 兰加纳·达斯 帕纳约塔·洽特索